JN239866

地域発エクセレントカンパニー

地域を超えて地域に貢献する「在地超地企業」

明治学院大学名誉教授　神田 良
新潟国際情報大学教授　髙井 透
一般財団法人とうほう地域総合研究所　著

生産性出版

はじめに

私ども一般財団法人とうほう地域総合研究所は、１９８２年7月に東邦銀行40周年記念事業の一環として設立されました。創立の基本精神は、福島県内における経済一般および諸産業の動向等の調査研究を通じて、県内経済産業の振興を図るとともに、県下の社会、文化、福祉の向上に寄与することとしています。

この間、私ども福島県民にとりましては、バブル崩壊、リーマンショックに加え、東日本大震災、福島第一原子力発電所事故等さまざまな困難が立ちはだかりました。しかし、どんな状況下にあっても、私たちは、ともに支え合い、何度も何度も立ち上がってまいりました。特に東日本大震災、原子力発電所事故からの復興は、未だ途半ばではございますが、筆舌に尽くしがたいものがあります。必ずや本当の意味での「真の復興」を成し遂げなくてはならないと心に誓っております。

これまで約3年間にわたり、公益財団法人日本生産性本部との共同企画として、「地域発！ 現場検証シリーズ」の取材を行いました。明治学院大学の神田良名誉教授、日本生産性本部の高松克弘部長とともに、福島県内の企業25社を訪問し、創業の経緯、事業内容、成長・変革のポイント、今後の経営戦略等について、現地、現物、現実の「三現主義」を大切にインタビューし、日本生産性本部の『生産性新聞』、当財団の『福島の進路』に共同掲載を行ってきたものです。

今般、その集大成としての意味合いも込めて、福島に生まれ、福島で成長し、広く全国および世界的に事業展開する「6社」を「在地超地企業」とし、新潟国際情報大学の髙井透教授のご協力も得て、改めて取材させていただき、本書『地域発エクセレント・カンパニー』として、新規出版する運びとなりました。今回登場する株式会社アリーナは、狭隣接高密度実装技術を、株式会社ノーリンは、日本の林業を再生する循環型ビジネスモデルを、株式会社くつろぎ宿は、全国でも珍しい三旅館一体型での事業再生によってビジネスモデルを県外へと広げています。また、株式会社ハニーズホールディングスは、グローバルでのSPA確立による地方発ファッションを、大七酒造株式会社は、日本酒醸造の生酛づくりブランドを、日本全薬工業株式会社(ゼノアック)は、しゃくなげ会の獣医師等との連携による動物用医薬品を、全国そして世界へと事業展開、挑戦されています。その数々のドラマ、ストーリーは、これから起業を考えておられる方、より一層の事業変革を志向される方、金融機関の方、地方創生に取り組まれている方々などに大いに役立つものであると自負いたしております。

地域に生まれた企業が、地域で育まれ、全国にそして世界に羽ばたく。地域経済は、人口減少や社会構造の変化により縮小傾向にあることは事実ですが、広くグローバルに目を向けますと、その市場規模は飛躍的に拡大します。広い視座から鳥瞰し、「鳥の目、虫の目」で視野を広げることも大切ではないでしょうか。「企業は誰のために存在するのか」、今まさに、それが我々に問いかけられています。

企業経営においては、人材不足、エネルギー・資材価格高騰、金利上昇などもあり、大胆な事業変革(イノベーション)が求められています。事業変革とは、行動変容であり、その前に決断が必要です。その際のキーワードは、主語を他人事から、自分事へ、つまり、変革の主体は自分自身と認識することではないでしょうか。経営者が自ら考え、自ら動くことが求められています。人は、共感・信頼・尊敬・ロマンを感じた時、利害関係を超えてついていくと言われています。傾聴→共感→承認→共創を大切に、「見る」「観る」「診る」「看る」「視る」。五感で「み続けること」が大事です。

地域に働く多くの人々は、地域を愛し、地域に対する熱い想いを持ち、地域の繁栄を強く願っています。地域が持続的に発展するために、できる限り尽力したいと考えております。混沌とした時代、先の見えない不透明な時代の処方箋は、地域に生きる人々の協働であり、すべての関係者の知見、想いの結集であると考えております。我々が、本当に見るべきは、5年後、10年後の「地域」であり、そこにおられる「人々の営み」です。

このような環境下、起業を志す方々は、今と未来を紡ぐ触媒であると思います。我々は、これからの将来を憂うだけではなく、起業という種を、苗をこの地に植え、しっかりと肥料や水をやり、ともに地域を育んでいく責務があります。そういう意味からも、今、目の前に見える景色よりも、これから起こるであろう景色をしっかり見捉えて戦略・戦術を考えていかなければなりません。これからの社会というのは、経済的発展ももちろん大事ですが、ノウハウや繋がり、想い、人脈など、バランスシート等に現れてこない無形・非財務資産をいかに見える化し、極大化していくかがとても大切だと考えます。

東日本大震災、福島第一原子力発電所事故直後の２０１１年8月、福島県で開催された第35回全国高等学校総合文化祭で福島県の女子高校生が「福島に生まれて、福島で育って、福島で働く。福島で結婚して、福島で子どもを産んで、福島で子どもを育てて、福島で孫を見て、福島でひ孫を見て、福島で最期を過ごす。それが私の夢なのです。あなたが福島を大好きになれば幸せです。」というメッセージを発信しました。福島を愛し、福島の再生に格闘する不撓不屈の精神が、全国の人々と繋がり、確かに紡ぎあっています。本書が「福島復興」の、さらには、その他の地域の「地方創生」の一助になれば幸いです。

本書は、多くの福島県の企業のご協力により刊行することができました。関係いただきました多くの皆様に心から感謝申し上げます。

地域全体に変革が求められている中、「できるか、できないか」ではなく、「地域のためにやるか、やらないか」自分事化し、一人称で語れる地域人材の育成が必要になっています。地域の企業が、真の地域貢献企業になるためには、組織的、継続的に、必死で人材育成に取り組まなくてはなりません。困難な状況は多々訪れますが、決して諦めずに、前に進むことが、地域に生きる「覚悟と矜持」であると確信しております。

能登半島地震、奥能登豪雨で亡くなられた方々のご冥福をお祈りするとともに、被災されたすべての方々に心よりお見舞いを申し上げます。

２０２５年2月

一般財団法人とうほう地域総合研究所　理事長　矢吹　光一

地域発 エクセレント・カンパニー 目次

第2章　株式会社ノーリン——日本の林業を再生する循環型ビジネスモデル——

第3章　株式会社くつろぎ宿──顧客に支持され続ける温泉宿── 113

第二部　海外へと事業を伸長させる

第5章　大七酒造株式会社 ――日本酒でグローバル・ブランドに挑戦―― 197

序　章

地域を超えて、地域に貢献する「在地超地企業」

1 「在地超地企業」とはなにか

地域資産を生かして成長機会を追求する

少子高齢化の影響を受け続ける日本経済。この社会変化は大都市でも大きな影響を及ぼしているが、地方のほうがより大きな影響が生じている。市場の縮小は地方のほうがより速く進み、労働人口の減少速度もより加速しているからである。地方経済圏では、消費といった需要においても、商品サービスの提供といった供給においても、市場の縮小が進んでいる。

高度経済成長期の時代には、地域経済も拡大を示し、地域経済圏の中で企業成長のための需給バランスは好循環をみせていた。しかし、いまやそれは望みようもない。企業にとっては地域経済圏を超えて、成長機会を探索することが、ますます求められるようになっていると思われる。

成長に向けて他の地域経済圏を見つける一つの方法は、縮小する地域から離れて、市場規模が大きい市場へと事業機会を求めて事業基盤を他地域へ移転することである。とはいえ、そこでも多くの場合は熾烈な競争が待ち受けている。移転しようとする地域には、すでに既存の競争企業が存在していて、相対的に優位性をもつ競合が待ち構えている可能性は大きい。新たな市場で拠点を基盤から築き上げつつも、競合と闘わねばならない状況に直面することを覚悟しなければならない。

しかも、すでに築き上げてきた事業基盤は簡単には移転できないことも事実である。例えば、大企業が工場を立地させている場所で、コストが見合わなくなった場合、より好条件である場所が見つかったなどの理由で、移転コストなどを含めた総合的な判断から、その地を去ることは比較的容易であろう。しかし、その地域で創業し、そこで企業活動を推進してきた多くの中小・中堅企業にとっては、こうした歴史を捨ててまで他の地域に事業基盤を移すことは困難であろう。

そこで、もう一つの方法は、創業の地で培ってきた経営基盤を生かし、その地域に拠点を置きつつ他の地域に向けて事業を広げていくことである。もちろんこの場合であっても、決して楽な戦いが待っているわけではない。とはいえ、少なくとも創業の地で獲得したビジネス上のノウハウは当然として、その地を基盤として築いてきた他の経済主体などとのつながりも含めた関係性資源を活用することは可能である。この意味で、地域資産を生かしながら、地域外へと成長機会を求めることができる。

実際、多くの地域企業は創業の地を大切にし、地域経済に対して雇用は言うに及ばず、経済的・社会的な貢献を意識して行動してきている。これらの経験を活かして地域外へと成長する事業展開パターンは、一気には実現できないことも事実である。段階的に地域外に成長を求めて事業を組み立てていくことになる。それゆえに、時間を要する事業戦略となる。しかし、時間を要するからこそ、早くから手を打ち、事業を組み立てていくことで、市場や競争の捉え方を深く検討し、競争力をつけていくアイデア、ノウハウやスキルを構築していかねばならない。

こうした地域を超える成長戦略は、地域経済にとっては、企業が引き続き地域経済に貢献しつつ、その貢献度を向上させていくことにもつながりうる。地域に存在して、さらにその地域を超えて事業展開する企業となることで、地域経済により貢献する経済主体となるわけである。これら企業は、「在地超地企業」と呼ぶことができる。地域密着型企業だけでなく、彼らもまた地方経済活性化の役割を担う企業群である。

2 在地超地企業の実像

こうした問題意識をもち、われわれはまず福島県の在地超地企業の全体像、その実態を把握した。超地としては、国内で他の県に取引先・顧客をもつ「県外進出企業」と、日本を超えて海外にまで取引先・顧客を持つ「海外進出企業」に分けて定義した（詳しい実態については、巻末付録のアンケート調査結果を参照）。

地域の中小・中堅企業

アンケート調査は2024年1月、県内企業525社を対象として、郵送法により質問票で回答を求めた。回答企業は308社で有効回答率は58・7％であった。製造業134社（43・5％）、非製造業174社（56・5％）で、その内訳も多岐にわたり、特定の産業に偏ることはなかった。福島県は広大な広さを誇り、面積ランキングでは北海道、岩手県についで第3位に位置づけられている。回答企業の本社所在地は福島県でいうところの浜通り、中通り、会津といった3つの地域に分散していて、おおむね県内の企業分布を反映していると思われる。
ちなみに、本社所在地の相違によって県外進出と海外進出の活動での統計的に有意な差異はみられなかった。また、本社所在地に関しては、県外に本社を持つ企業(県外企業)は４・５％あった。しかし、県内企業と県外企業の間では、超地活動において統計的に有意な差はなかった。

企業規模では、従業員数で１００人未満が65・９％、３００人未満で87・３％と、中小・中堅企業が多くなって、地域の中小・中堅企業の超地活動を表しているサンプルになっている。創業年でみると、最も多いのは戦後の高度経済成長期で、52・９％と半分を超えている。戦前、そして１００年を超える老舗企業は、それぞれ８・１％、８・８％となっていて、戦後の創業企業が８割を超えている(図表 序-1)。

図表 序-1
創業年と企業規模の割合

創業年：時代区分	%
老舗・100年企業（1922年以前）	8.8
戦前（1923～1945）	8.1
戦後・高度成長（1946～1973）	52.9
バブル崩壊前（1974～1990）	20.1
バブル崩壊後（1991～）	7.5
無回答	2.6

企業規模：従業員規模	%
10人未満	7.5
10人以上50人未満	34.7
50人以上100人未満	23.7
100人以上300人未満	21.4
300人以上500人未満	4.2
500人以上	8.4

県外へ進出している企業は71%

県外進出している企業は70・5%と、多く存在している。県外への進出時期では、30年以上前からすでに県外を市場として事業活動を行ってきている企業は63・6%と最も多い。比較的早くから県境を越えて事業を展開してきている企業は多いことが理解できる。また、県外売上高比率では半分以上を県外取引に依存している企業は53・0%と半分を超えている。すでに県外経済圏でも順調にビジネスを展開している企業が多いことがわかる（図表 序-2）。

県外市場への進出時期と売上高比率との間の関係をみると、早くから進出している企業ほど、県外事業に対する依存度が高まっていることがみて取れる。県外での事業活動を成果に結びつけるためには、やはり時間が必要

図表 序-2
県外進出時期と県外売上高比率

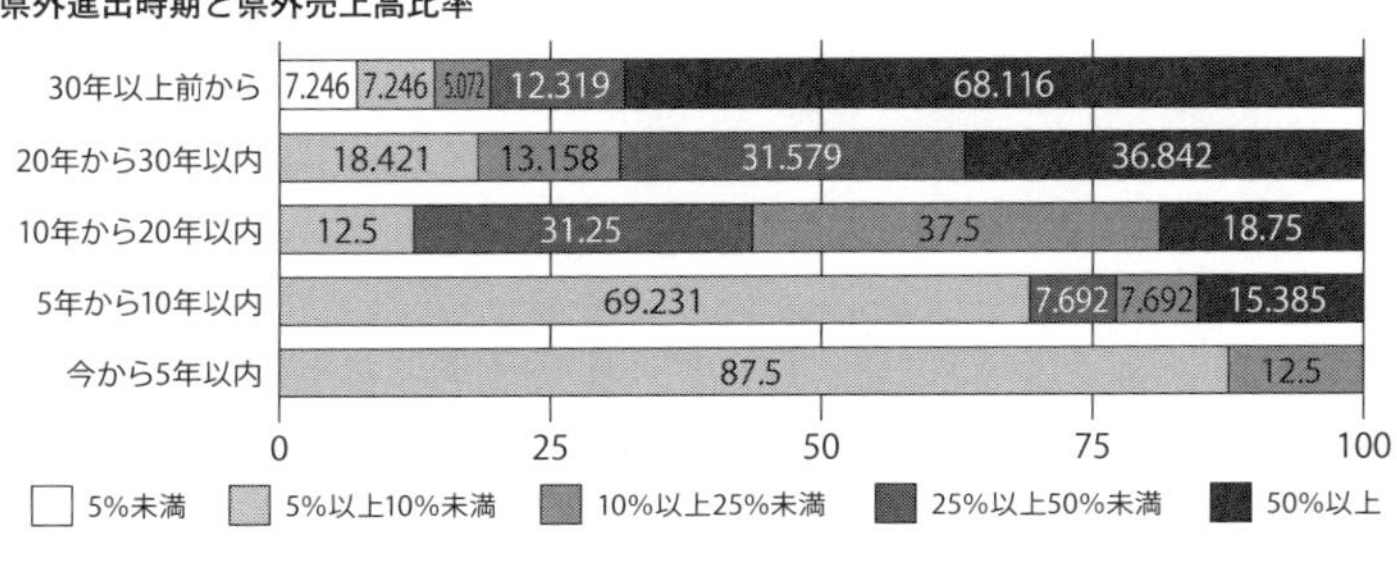

となることが確認できる。とはいえ、30年以上前から進出していても、いまだに売上を伸ばし切れていない企業が存在することも事実である。当然のことであるが、県外での事業展開では、必ずしも時間をかければ問題を解決できるというわけではない。戦略や管理での工夫、知恵が必須なのであろう（図表序-3）。

県外へ進出した企業群の、進出のきっかけを平均値でみると、「自社の営業活動」「顧客からの紹介」「顧客からの問い合わせ」といったことが役立っているのがわかる。その他のきっかけは、2点台ないしは1点台であることから推察すると、これらのきっかけはそれほど役立っていないことも理解できる。自社の営業活動を展開することは当然としても、顧客からの直接的な問い合わせ、既存顧客からの紹介と

図表 序-3
県外進出のきっかけと課題

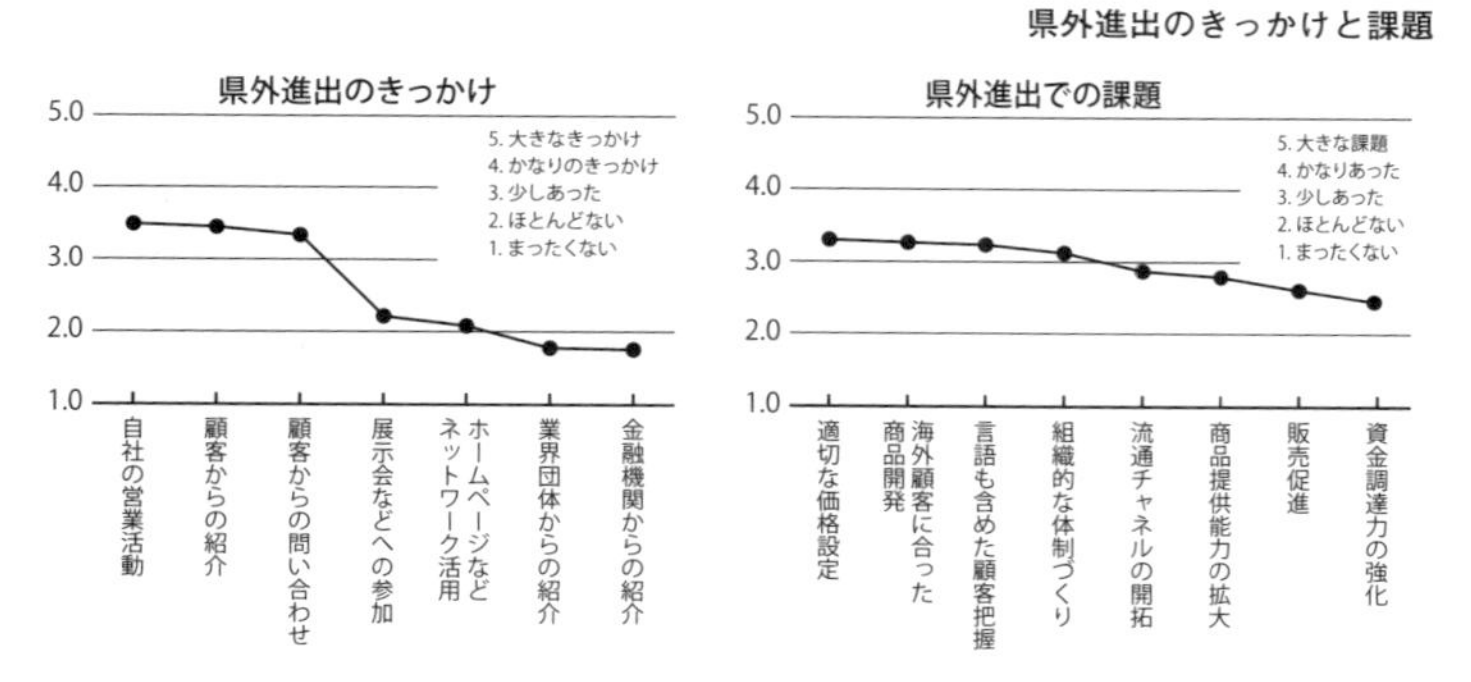

いったきっかけは、顧客との結びつきをいかに強化するのか、顧客資産をいかに活用するのかということが、事業拡大では重要であることを改めて認識できる。

同様に、県外進出での課題をみてみよう。「適切な価格設定」「顧客の把握」「顧客に合った商品開発」が、相対的に重要な課題になっている。その他の課題は2点台、つまり、ほとんど課題とはならないとの判断であることを考慮すると、まずは明確な顧客層を把握して、彼らに対応した価格、商品を提供することがもっとも重要な課題になっていることが理解できる（図表 序-4）。

きっかけと同様、課題においても顧客対応が鍵となっている。実際、これらの顧客に関連したきっかけと課題との間の関係をみてみると、それらが密接

図表 序-4
県外進出のきっかけと課題（相関分析）

	きっかけ			課題		
きっかけ	自社の営業活動	顧客からの問い合わせ	顧客からの紹介	適切な価格設定	顧客の把握	顧客に合った商品開発
自社の営業活動						
顧客からの問い合わせ	.174*					
顧客からの紹介	-0.066	.390**				
課題						
適切な価格設定	.169*	.160*	.274**			
顧客の把握	.270**	.169*	.252**	.643**		
顧客に合った商品開発	.193**	.202**	.227**	.662**	.621**	

** 1%水準で有意（両側）

* 5%水準で有意（両側）

に連動していることも確認できる。県外への進出では、やはり顧客に対する働きかけを、それぞれ関連づけて管理することが重要になっている。

海外へ進出している企業は17%

海外市場に進出している企業は16・6%であった。海外進出時期では15年以前からが最も多く、56・9%と半数を超えている。海外進出でも、比較的早くから事業展開している企業が多い。海外売上高比率では、1%以上5%未満が最も多くて29・4%であるが、20%以上が21・6%、5%以上10%未満および10%以上20%未満はともに15・7%と、売上比率はかなりばらついている。県外に比べて、海外のほうがすぐには売上に結びつきにくいことを反映しているものと思われる。

図表 序-5
海外進出時期と海外売上高比率

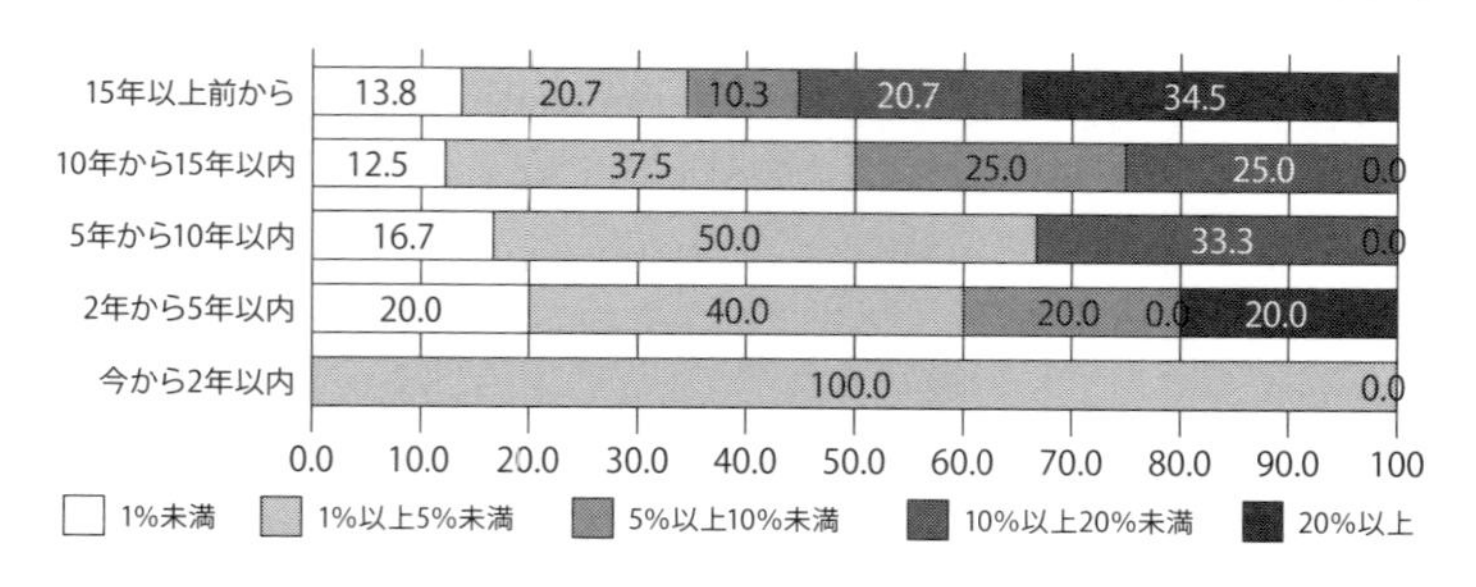

実際、進出時期と海外売上高比率との関係をみても、早く進出した企業のほうが、売上高比率が高くなる傾向を示すものの、統計的には有意な関係ではなく、必ずしも早く進出していることが売上増加には結びついていない。国内での県外進出に比べると、時間の経過とともに、経験知が自動的に積み上げられていくわけではないと考えられる(図表 序-5)。

海外進出のきっかけでは、県外進出と同様、「自社の営業活動」「顧客からの紹介」「顧客からの問い合わせ」が重要なきっかけとなっている。自社努力と顧客対応が重要なきっかけとなっているわけである。また、課題についても同様に、「適切な価格設定」「海外顧客に合った商品開発」「言語も含めた顧客把握」が重要な課題となっている。これに加えて、海外進出では、「組織的な体制づくり」も重要な課

図表 序-6
海外進出のきっかけと課題

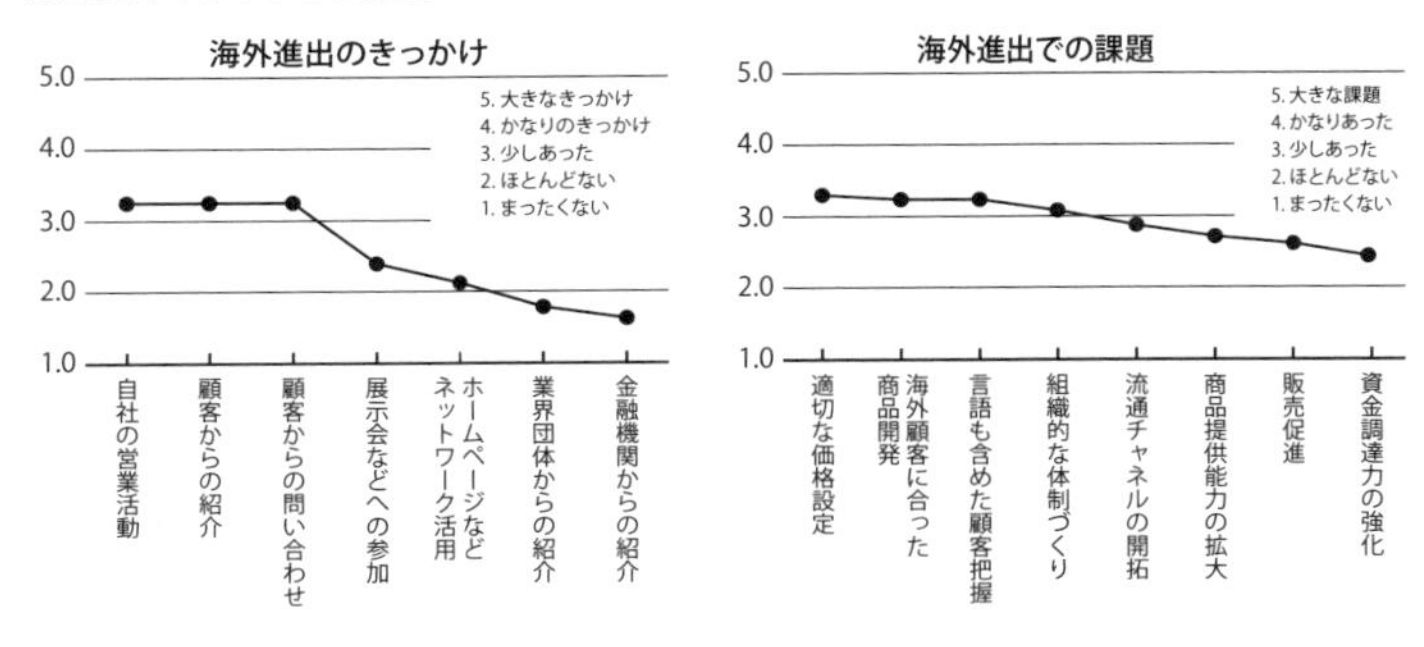

題となっている。国内での県外拡大では、既存の組織体制で臨めるのに対して、海外進出では、海外活動に向けた組織づくりが必要になることが確認できる。市場特性を知るだけでなく、組織づくりにまで課題が広がっていて、それだけ難しい成長戦略であることが、改めて認識できる(図表序-6)。

海外進出のきっかけと課題との間の関係をみると、県外進出に比べると、連動性は弱くなっている。きっかけでは、顧客からの問い合わせと顧客からの紹介という顧客対応は連動しているものの、自社営業活動と顧客対応との間では連動がみられない。課題においても、市場から判断しての適切な価格設定、海外顧客に合った商品開発、言語も含めた顧客把握といった顧客対応関連の課題群は

図表 序-7
海外進出のきっかけと課題(相関分析)

	きっかけ			課題			
きっかけ	自社の営業活動	顧客からの問い合わせ	顧客からの紹介	適切な価格設定	海外顧客に合った商品開発	言語も含めた顧客把握	組織的な体制づくり
自社の営業活動							
顧客からの問い合わせ	0.010						
顧客からの紹介	-0.041	0.551**					
課題							
適切な価格設定	0.004	-0.011	0.094				
海外顧客に合った商品開発	-0.080	0.193	0.015	0.649**			
言語も含めた顧客把握	0.221	0.347*	0.091	0.541**	0.541**		
組織的な体制づくり	0.277	0.140	-0.137	0.047	0.082	0.447**	

** 1%水準でえ有意(両側)

* 5%水準で有意(両側)

連動しているものの、それらは組織体制づくりとは結びついていない。さらには、きっかけと課題の間でもほとんど相関がない。県外進出では密接に関連し合っていたことからすれば、進出のきっかけと、進出での課題認識との間での結びつけが、より難しくなっていることを示唆しているものと思われる(図表 序-7)。

3 超地活動での特徴

地域を超えて企業活動を展開している企業は、国内・県外では71%、海外では17%であった。10社のうち7社は

図表 序-8
分析のフレームワーク

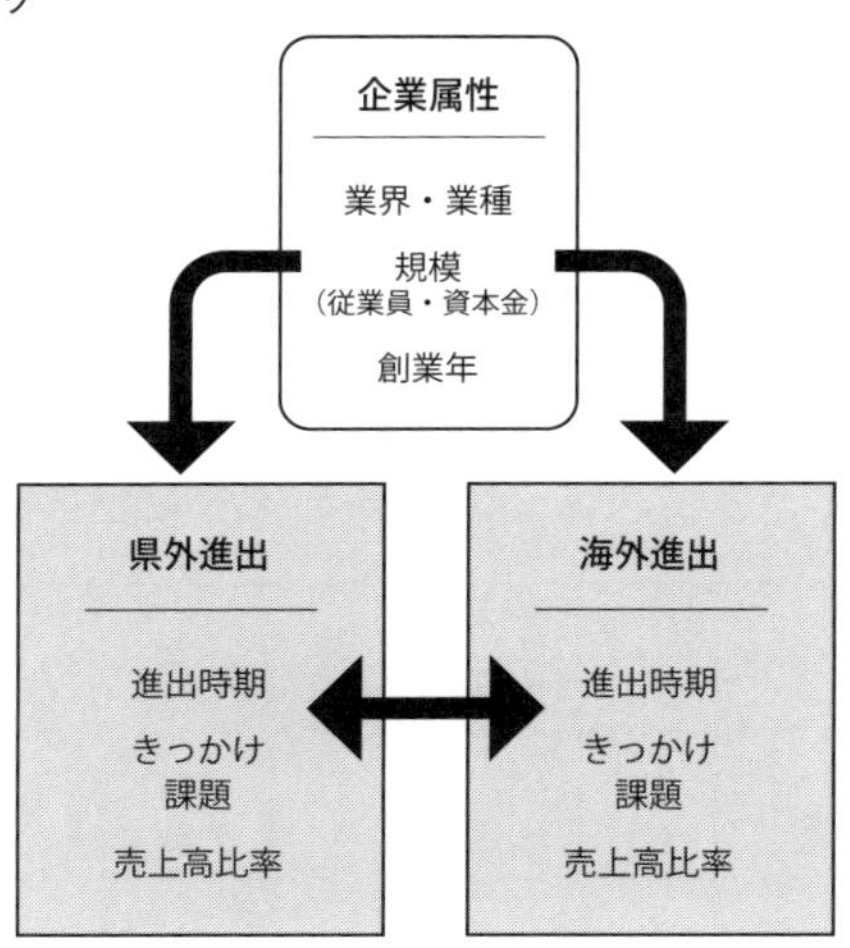

県外に、6社のうち1社は海外にまで事業を拡大している。他の県と比較するデータを持ち合わせていないので、この数値が福島県の特徴を表すのかどうかはわからない。しかし、この結果はわれわれの想定を超えていた。考えていたよりも多くの企業が「在地超地企業」として活動していることが確認できた。

そこで、「超地」活動に関して、データから読み取れるいくつかの特徴を、前頁のフレームワークに基づいて整理してみた（図表 序-8）。

中小・中堅企業も頑張っている

超地行動に進んでいる企業は、製造業、非製造業を問わずに多くの産業に分布しているが、両者を比較すると、製造業のほうが、県外活動、海外活動ともにより活発に行っている（図表 序-9）。

図表 序-9
海外・県外取引における製造・非製造業の比較

業種	海外取引　%	
	あり	なし
製造業	26.3	73.7
非製造業	9.4	90.6

X2有意確率＜.001

業種	県外取引　%	
	あり	なし
製造業	88.7	11.3
非製造業	58.2	41.8

X2有意確率＜.001

規模でみると、大きい企業ほど、県外および海外に進出する傾向がみて取れる。資本金10億円以上の企業はすべて県外取引を行っているし、半分以上（55・6％）は海外進出している。しかし、注目すべきは、規模でみれば一番小さいカテゴリーに属している1000万円未満の企業も、県外活動では平均値に近い7割程度（68・8％）が県外進出を果たしていることである。また、海外取引でも平均値に近い18・8％が海外に進出している。中小・中堅企業も県境を越えて積極的に事業展開を図っている姿が浮かび上がっている（図表序-10）。

ところで、創業年による相違は、製造業・非製造業の分布、県外取引、海外取引において有意な差をもたらしていない。創業時の相違によって業種に偏りが出たり、県外市場への進出や海外市場への進出

図表 序-10
資本規模でみる県外・海外進出

資本金規模	海外取引 %	
	あり	なし
10億円以上	55.6	44.4
1億円以上10億円未満	30.3	69.7
5千万以上1億円未満	23.3	76.7
1千万以上5千万未満	10.3	89.7
1千万未満	18.8	81.3

X2有意確率＜.001

資本金規模	県外取引 %	
	あり	なし
10億円以上	100.0	0.0
1億円以上10億円未満	93.9	6.1
5千万以上1億円未満	80.0	20.0
1千万以上5千万未満	63.8	36.2
1千万未満	68.8	31.3

X2有意確率＜.001

に違いが生まれたりはしないことが確認された。創業時期が県外・海外に向けた企業活動に大きな影響を及ぼすことはない。

県外進出では、きっかけの活用と課題対応が重要

県境を越えた事業展開でのきっかけと課題について、県外売上高比率との関係をみてみた。われわれの質問票では、きっかけも課題も5点法で判断してもらっている。点数が高いほうがきっかけを活用し、課題を認識している程度が高いことを表す。そこで、県外売上高比率のカテゴリーごとに回答者が判断した点数の平均値を算出し、それらの間に統計的に有意な差がないかを分析した（一元配置分散分析）（図表 序-11）。

きっかけに関する分析の結果をみると、すべてのカテゴリー間で有意な差が現れたわけではないが、有意差があるときには県外売上高比率の低いグループのほうが、高いグループに比べて、平均値が低くなっている。つまり、きっかけをより活用している企業のほうが売上という成果に結びついていることが示唆された（図表 序-12）。

課題に関する分析結果でも、同様に、必ずしもすべてのカテゴリー間で有意な差が現れるというわけではなかったが、有意な差があるときには売上高比率の低いグループの

図表 序-11

自社の営業活動

県外売上高比率	平均値
5%未満	2.67
5%以上10%未満	3.00
10%以上25%未満	3.20
25%以上50%未満	3.90
50%以上	3.75

「5%未満」と「25%以上50%未満」、「5%未満」と「50%以上」の間に有意な差（有意水準.001）

顧客からの問い合わせ

県外売上高比率	平均値
5%未満	2.84
5%以上10%未満	2.75
10%以上25%未満	3.35
25%以上50%未満	3.63
50%以上	3.71

「5%未満」と「25%以上50%未満」、「5%未満」と「50%以上」、「5%以上10%未満」と「50%以上」の間に有意な差（有意水準.001）

顧客からの紹介

県外売上高比率	平均値
5%未満	2.83
5%以上10%未満	3.47
10%以上25%未満	3.50
25%以上50%未満	3.37
50%以上	3.43

「5%未満」と「50%以上」との間に有意な差（有意水準.001）

図表 序-12

適切な価格設定

県外売上高比率	平均値
5%未満	3.28
5%以上10%未満	3.33
10%以上25%未満	3.30
25%以上50%未満	3.90
50%以上	3.56

「5%未満」と「25%以上50%未満」との間に有意な差（有意水準.001）

顧客の把握

県外売上高比率	平均値
5%未満	3.03
5%以上10%未満	3.19
10%以上25%未満	3.60
25%以上50%未満	4.03
50%以上	3.54

「5%未満」と「25%以上50%未満」、「5%以上10%未満」と「25%以上50%未満」との間に有意な差（有意水準.001）

顧客に合った商品開発

県外売上高比率	平均値
5%未満	2.75
5%以上10%未満	2.93
10%以上25%未満	2.85
25%以上50%未満	3.54
50%以上	3.32

「5%未満」と「25%以上50%未満」との間に有意な差（有意水準.001）

ほうが、高いグループに比べて、平均値が低くなっている。課題認識が高い企業ほど県外売上高比率が高くなっている。課題認識の高さは、その課題に対してより積極的に対応しているとの仮定に立てば、課題対応が売上に対してプラスの影響を与えていると捉えることができる。また、現れた両者の関係からは、こうした仮定が成り立つとも考えうる。

県外進出は海外進出の引き金になる

最後に、県外進出と海外進出との間の関係について、分析した。

まずは県外取引をしている企業ほど、海外取引をしていることが確認された。県外取引をしているグループは22・1％の企業が海外取引に取り組んでいるのに対して、県外取引をしていないグループでは3・5％の企業しか海外取引に取り組んでいない。圧倒的に県外取引をしている企業のほうが、

図表 序-13
県外取引と海外取引

県外取引	海外取引　%	
	あり	なし
あり	22.1	77.9
なし	3.5	96.5

X2有意確率＜.001

海外取引にまで挑戦していることが理解できる。県外取引は、海外取引への挑戦に役立っていることが示唆される。国内と海外での超地活動は、緩やかな関係かもしれないが、連動しているものと思われる。

海外進出に関しても同じ分析を行ったが、きっかけ、課題ともに、海外売上高比率との間に有意な関係を見出すことはできなかった。海外進出では、国内のようには単純な形で進出行動が成果に結びつくのではないことが示唆された。

ところで、県外売上高比率と海外取引の有無、さらには県外取引進出時期と海外取引の有無との間でも関係性を分析したが、ともに有意な関係は現れなかった。県外での売上が上がること、つまり県外で事業をより成功に導くこと、さらには県外で活動を長く行うこと、つまり県外事業での経験を積み上げることは、海外進出には影響を及ぼさないことが確認された。県外取引は海外取引を推進させることには影響を及ぼしても、県外での事業の成功、経験は必ずしも直接的には海外取引にはプラスの影響を及ぼさないのである。県外取引と海外取引とでは異なる経営ノウハウが必要となることが示唆されている。

県外での事業拡大は県境を越えて企業を成長させるという意味では企業家精神を高揚

させ、海外に向けても挑戦することを後押しするものの、だからといって海外での事業を成功に導くことにはつながらないという、厳しい現実を反映しているものと思われる。

ここでは、福島県の在地超地企業の現状を全体的に概観した。しかし、こうした全体的な概観は大枠としての在地超地活動を把握できるものの、具体的にどのようにしたら、県境を越えた事業展開、超地行動を成果に結びけることができるのかは教えてくれない。そのため、在地超地企業の具体的な事例を、超地行動の時系列的な動きに基づいて、整理、分析することで、次章から「どのようにしたら」という問いに答えていこう。

第一部

県外へ事業を拡大する

第1章

株式会社アリーナ

狭隣接高密度実装技術で世界に

福島県相馬市石上

従業員25名でチューナー組み立て事業を立ち上げた「八幡電気」。テレビアンテナ部品や、コードレス電話機などの発信機などを製造し、大きく成長してきた。現在、「アリーナ」として未来のデジタル化を支える技術、電子基板を小さく・軽くするためにたゆまぬ努力を続け、2018年、経済産業省から「地域未来牽引企業」に選定された。また「新価値創造展2019」では新価値創造賞を受賞している。

電子部品の小型化と高性能化

われわれが日常的に何気なく使っている携帯電話、PCなどの小型電子機器。これらの機器が提供する機能の進歩、そして機器の小型化には、目を見張るものがある。機能アップと小型化、この二律背反する課題を解決するのが、部品の小型化と高性能化である。可能な限り狭い空間に、できる限り多くの機能を盛り込んだ部品を集積させ、それを機器に内蔵して、携帯電子機器を作り込んでいく。この製造プロセスに関わる部品設計から始まり、部品の製造、また多くの部品を完成品に向けて組み立てる最終工程に至るまでのそれぞれの工程が、これを可能にしている。さらには多くの電子機器といった組立型の製品は、いくつかの階層からなる、いわゆる下請け制度に依存している。発注元の大企業だけでなく、パートナーとして、それに部品などを供給するサプライヤーとしての協力会社の技術能力も欠かせない産業基盤になっているのである。

こうした協力会社の一つに、福島県相馬市に本社を構え、電子部品実装組立を生業とする株式会社アリーナがある。

「電子部品の世界では小さいことが決定打になります。それが競争優位性の源泉になり

うるからです。とはいえ、個々の部品がいくら小さくなっても、それらをすべて全体として組み合わせて、正確に、緻密に並べて、できるだけ部品の間の無駄な空間を少なくして、基板に実装していくことができなければ、実際には小型化された電子機器は完成できません。

当社は、この技術、超狭隣接高密度で部品を実装することを得意としています。この技術では、世界で最小の部品を、最狭隣接で実装できます」

〈高山慎也株式会社アリーナ代表取締役社長〉

世界一の最狭隣接搭載技術

事実、アリーナが実現している最小部品の搭載は、通称「0201」と言われる、縦横0・2ミリメートル、0・1ミリメートルの部品である。また、最狭隣接では、0・05ミリメートルの隙間しか空けずに部品を並べて実装できる技術を有している。

製造装置は真空状態が保たれ、無塵状態を維持している。その中に基板が流れていき、順次、背の低い部品から搭載され、実装工程が進んでいく。

基板はあらかじめ設計図に基づいて印刷されている。この基板上には、部品が搭載さ

図表 1-1
基板の製造工程

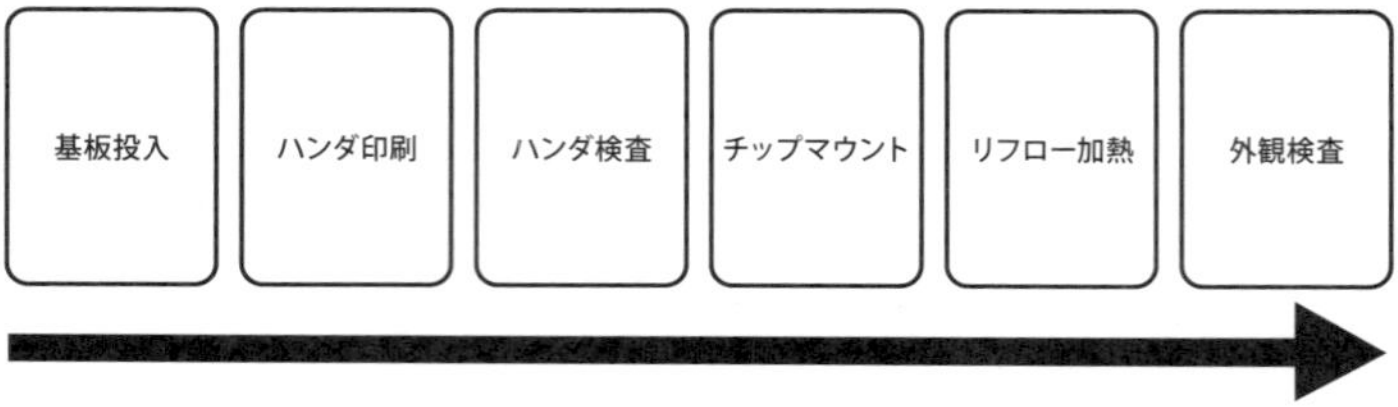

基板投入 → ハンダ印刷 → ハンダ検査 → チップマウント → リフロー加熱 → 外観検査

れるところにはペースト状のクリームハンダで印刷され、ハンダが塗られた上に自動的にピックアップされた電子部品が搭載され、すべての部品を定位置に載せ終わると、最後に高温のリフロー炉を通過する。２２０℃を超えると、ペースト状のハンダが溶けて、部品は化学的に接合されることになる。その後、製造装置内で、基板を冷却する工程を経て、最終製品が仕上がることになる。

「基板全体の温度を均一にして、同じタイミングでハンダをつけることが理想的な状態なのです。しかも、冷却でも毎秒２℃くらいずつ下げていかないとハンダが割れてしまいます」と、半田勝徳第１製造部技術営業部長。予備加熱ゾーン、そして冷却工程にも管理が行き届いている。しかも、工場室内は温度・湿度が一定に保たれていて、静電気対策も講じられている。

完成した部品は、製造装置に自動外見検査装置というカメラが内蔵されており、画像処理によって自動的に、すべての部品が設計図通りに搭載されたことを検査する、全数検査が行われている。

こうした製造工程は、すべてが最初にプログラミングされていて、パソコンで自動制御される。

「発注先から最初に図面をいただき、わが社のエンジニアが、過去の設計図や自分たちのノウハウを生かしてプログラミングします。ごく稀ですが、全くの新規で、われわれの手に負えないものがあれば、メーカーさんと相談してプログラミングすることもあります」〈半田部長〉

製造ラインを6本抱える工場は、最大

最小部品とマチ針との比較

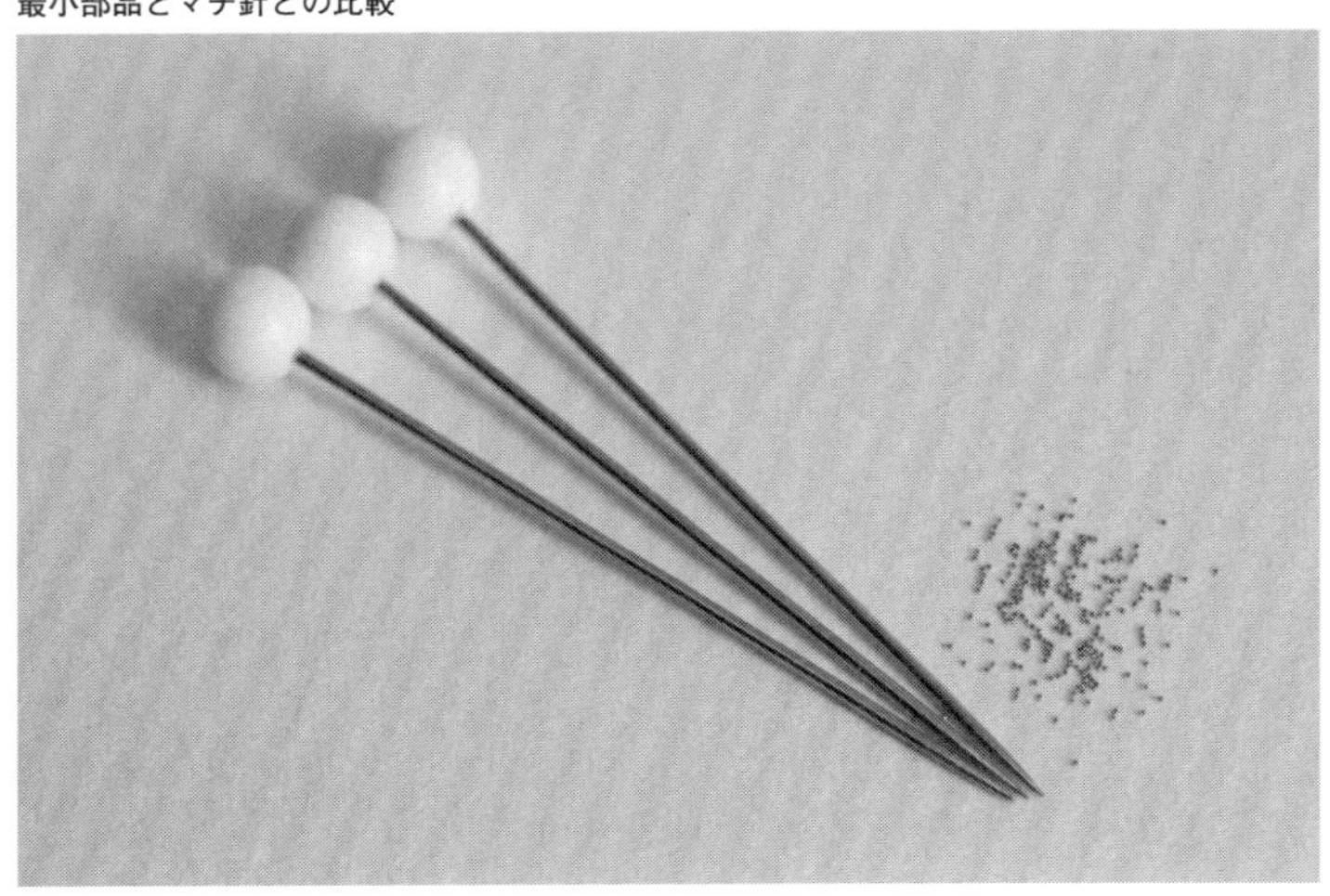

で月に1億個のチップを搭載できる能力を持つという。こうした製造能力を発揮させるためには、当然、設備の高度なメンテナンスが求められる。このラインでは随所に、独自の工夫が凝らされていて、メンテナンスでも培われてきた独自ノウハウが生かされることになる。設備の活用にも、アリーナが培ってきた知識や知恵が具現化されている。

一般的には、汎用機を納入する製造設備メーカーは、一定のスペックを保証している。とはいえ、設備を据え付ける工場の状況は異なることがありえる。また、メーカーが製造設備の品質には十二分の注意を払い、保証するスペックが出せるように生産管理を実施しているものの、極限までの隣接加工を要求する搭載工程では、許容される範囲で生じるであろう微妙な誤差も命とりとなる。さらに、こちらが要求する精度を実現することが難しくなることもありうる。その場合には、設備メーカーに装置を返し、求める精度を出せるものを納品するように要求することもできる。

しかし、アリーナの製造現場では、そうしたことはしないという。自分たちで工夫して専用の治具までつくり、精度を出すために設備を自分たちで保守・改善する。こうした現場での工夫、努力も、同社のノウハウの維持、強化に役立っているからである。ここでも、世界一の最狭隣接搭載技術に向けた組織的な対応が繰り返されている。

「ここまでやらないと、0603、0402、0201という部品を、最狭隣接で搭載することが難しいのです」〈半田部長〉

アリーナはこうした最狭隣接搭載技術を武器として、県内だけでなく、県外からの取引先からも精密電子部品の生産を請け負う企業として成長し続けている。

1 協力会社としての成長

チューナー組み立てから始まった

そもそも高山家は、現社長の祖父が鍛冶屋を営んでいた。刀に代わって鋤(すき)や鍬(くわ)などの農機具を対象とした鍛冶屋が生業であった。父である照敬現会長の代になると、この生業を継ぐべきかどうか悩んだが、家電製品が町に普及し始めたことに注目して、「町の鍛冶屋さん」から、「町の電気屋さん」になろうとビジネスの転換を考え、電気屋さん事業に手を出し始めていた。

ちょうどそのころ、アルプス電気（現アルプスアルパイン）が相馬市に工場を設立して、電子部品の製造に乗り出した。そうした電子部品の組み立てに必要となる部材である巻き線コイルやスイッチなどの構成部品を製造する協力会社を必要としていた。電気屋さんであった高山家にも、協力要請がかったのである。

これを受けて１９７０（昭和45）年、福島県原町市に、従業員25名で会社を立ち上げ、テレビのチューナーを組み立てる事業に進出した。会社名は「八幡電気」。住まいが八幡地区にあったことから、この社名になったという。

「最初は小さい企業でしたが、テレビの普及とともにテレビチューナーに対する需要が急増していったため、それに合わせて、工場を建てるなどして、規模を拡大していきました。一時は、山形県のほうにも工場を建てるまでに成長しました。最大規模のときには、従業員が４００人くらいまで増えました」〈高山社長〉

事実、創業時から3年後には、福島県相馬市に八幡電気相馬工場を設立して、従業員70名で、テレビアンテナ部品の組み立て業務を開始する。5年後の１９７６（昭和51）年には、会社を株式会社に改組して八幡電気株式会社とした。10年後には従業員30名で、相馬郡小高町に工場をつくり、チューナー業務を拡大した。

図表 1-2

沿革　1970 年から 2000 年(アリーナHPより作成)

1970年	高山照敬が福島県原町市に従業員25名で八幡電気を創設　チューナー組立業務開始
1973年	福島県相馬市に八幡電気相馬工場を従業員70名で設立　テレビアンテナ部品組立業務開始
1976年	八幡電気を株式会社に改組　八幡電気株式会社を創立
1980年	福島県相馬郡小高町に従業員30名で八幡電気小高工場設立　チューナー組立業務拡大
1983年	福島県相馬市に八幡電気相馬工場第二工場を従業員50名で設立 プリント基板にチップ部品の実装(マルチマウントタイプ)を開始
1986年	コードレス電話の発振機(VCO)生産開始
1987年	福島県相馬市石上に八幡電気株式会社を集結
1989年	中速の表面実装機を2系列導入
1990年	高速の表面実装機を2系列導入　山形県酒田市に従業員80名で酒田工場を設立 BSチューナーの一貫生産開始(酒田工場)　LNB生産開始(酒田工場)
1991年	八幡電気を株式会社アリーナと社名を改称　自挿機(ラジアル・アキシャル)導入
1992年	1005チップ生産対応開始
1993年	アルプス電気の協力会社としてISO9001登録
1994年	鉛フリーはんだ対応開始
1997年	0603チップ部品生産対応開始
2000年	ホームページ開局
2001年	相馬工場3号棟完成 0603チップ部品生産にクリーンルーム導入
2002年	相馬工場1号棟を静電床に改装
2003年	相馬工場1号棟クリーンルームに改装 取締役経営企画室長高山慎也が代表取締役社長に就任 同時に代表取締役社長高山照敬が会長に就任
2004年	相馬工場4号棟完成
2004年	相馬工場2号棟静電床に改装　クリーンルーム拡大
2006年	0402サイズチップテストラン生産　及び技術確立 元気なモノづくり中小企業300社(経済産業省中小企業庁　認定)
2008年	C4実装開始
2011年	3月11日東日本大震災より復旧
2012年	太陽光発電開始　サポイン採択
2013年	独立行政法人産業技術研究所と共同プレス発表
2014年	医療機器製造業資格取得
2015年	03015実装／隣接50μm実装　保税工場許可取得
2016年	0201実装
2017年	地域未来牽引企業　選定
2019年	新価値創造展2019　新価値創造賞　受賞

チップの実装を開始する

協力業務を増やしていく過程で、1983（昭和58）年には、相馬工場に第二工場を増設して、50名でプリント基板に半導体チップ部品を実装（マルチマウント）する業務に進出した。ここに、現在の中核事業へと発展する業務が始まった。以後、高周波製品に強みを持つ、アルプス電気の相馬工場がコードレス電話の事業を展開するのに応じて、電話器用の発振器（VCO：Voltage Controlled Oscillator）の生産を開始した。VCOは周波数の振れ幅を統制することにより、電子機器を正常に動作させる役割を担う部品で、安定して電子機器が動くようにする重要な部品である。携帯電話の幕開けに応じて、新商品に組み込まれる、新たな電子部品の生産に乗り出したのである。

1987（昭和62）年には、現在本社がある相馬市石上に工場機能を集結して、生産体制を整備したうえで、中速の表面実装機、高速の表面実装機を導入するなどして、生産能力を強化・拡充させていった。

1991（平成3）年、八幡電気を株式会社アリーナへと改称するとともに、実装能力を強化するために、部品を自動的に基盤の上に挿入する自挿機を導入した。半導体には、部品の両端からリードが出ているアキシャル部品と、一方からだけリードが伸びているラジアル部品とがある。これら両部品に対応して自挿機を導入することで、作業効率を大幅に向上させた。

2代目、「社長の息子」入社する

実装業務を強化するアリーナ。そうした動きに連動するかのように、本人曰く「社長の息子」と呼ばれていた、高山慎也現社長が入社した。当時のことを、高山社長は次のように語る。

「私は大学で経営学を学び、そもそも文科系の思考を持つ人間でした。卒業後も、最初はサラリーマンとしてコンピュータを売る営業マンになりました。この会社に戻る気はなかったんです。でも、父が心臓の病で倒れたというので、急遽、帰ってきたのです。幸い、父は再び元気になって社長に復帰し、今ではゴルフもやっていて、ピンピンしていますが……」。

昔気質の父からの厳命で、最初は取引先のアルプス電気の現場で3年ほど修業し、取引先の事業を学んだ後に、アリーナに入社した。「エンジニアではなかったので、むしろ新しいことを学べて、おもしろかったことを覚えています」と、高山社長。

「マウンターという機械を使って、アルプス電気さんの設計に基づいて、部品を搭載します。一般的にはアルプス電気が用意する専用機を使って、スペックに応じた部品を作るのです。でも、詳しい経緯はわからないのですが、わが社は汎用機を使っていました。仕事が増えたときに、専用機を待って導入していたのでは間に合わないということで、わが社で汎用機を用意しますから、それで対応しましょうと提案したみたいです」

〈高山社長〉

専用機は、特定の設計に沿った機構を持つことから、迅速に搭載作業を進めることができる。しかし、特定の製品しか生産できないという欠点を持つ。他方、汎用機では相対的に生産スピードは専用機ほどのものは期待できない。しかし、どのような部品の搭載作業にも使うことができる。結局、専用機は特定の協力業務に対してしか活用できず、特定のノウハウの蓄積にしか活用できない。一方、汎用機を効率的、効果的に使うためには、不具合を改善し、状況に合わせてノウハウを蓄積、強化していくことが必然的に求められる。いわば、こうした学習能力を常に維持・強化しなければ、受注量を確保、拡大することができないというリスクを主体的に受け入れようと、覚悟を決めたのである。

「父の時代は、数をこなすことが至上命題でした。不良品が多少出たとしても、受注先が求める数量をともかく確保するという経営スタイルでした。でも、私が入社してからは、汎用機の使い方を自分たちで工夫して、汎用機の使い方ノウハウを向上させることで、受注先からの要請に応えていこうというスタイルで、汎用機活用ノウハウを企業の特徴にすることに取り組みました」〈高山社長〉

伝説のエンジニア、恩師との出会い

当時、アルプス電気に納品した部品は、その後同社で、さらに完成品にまで組み立てられ、その製品がソニーに納品されるという流れであった。そうした縁で、ソニーで部品の表面実装に関わっていた伝説のエンジニア、高山金次郎氏がアルプス電気の相馬工場に講演にくるということを聞きつけ、その講演を聞かせてもらうことになる。その時のことを、高山社長は次のように語った。

「1992年のときに、高山金次郎さんの講演を聞きに行きました。表面実装での不良品が出ないようにするにはどうするべきかという話でした。懇親会のときに、もう二度と会わないであろうと思ったし、酔った勢いもあって、高山さんに向かって、『そうは仰いますが、現場は大変なんです。どうやっても、不良品はできてしまうんです』と申し上げました。そうすると、『どう大変なんだ』とお尋ねになりました。それで翌日には、『昨日、おもしろい話を聞いたから、現場を見せろ』と、会社に来られたのです」

汎用機械の活用で、独自のノウハウを蓄積しようと悩んでいることを吐露した若社長と、それに意気を感じた熟練技術者の出会いであった。ここから、二人は師匠と教え子の関係となり、伝説のエンジニアから直接の手ほどきを得て、品質管理を学ぶことになった。師匠は1年間で不良を10分の1にする、と約束した。

師匠の指摘は微に入り細に入り、適切であったものの、製造の全体にわたったプロセス管理の導入であった。自社だけで対応できる、搭載機械への部品の投入場所や角度、埃などを取り除く清潔化などの工程上の変更は、比較的容易に達成できた。しかし、場合によっては自社だけでは対応できない、実現には困難を伴うものもあった。とりわけ、機械設備上での変更を伴うものは、設備メーカーにも要求しなければならないものもあった。

師匠は「そんなことは、設備メーカーに言えばいいではないか」と、いとも簡単に言った。それではということで、当時パナソニックの設備を使っていたので、装置の変更依頼を半信半疑でメーカーに掛け合った。しかも、変更を引き受けてくれて、自分たちのスペックに沿った設備部品をメーカーから納入されたときには、要求した図面通りになっているか、寸法などを図り、受入検査までも実施することになった。

2 オープン・イノベーションの始まり

技術革新への第一歩

こうした事態に直面した九州松下電器（当時）では、「変な田舎の機械なんかわかるはずのない中小企業が、おかしな依頼をしてきた」ことが社長にまで伝わり、おもしろいからということで、社長自らが会社にまで訪ねてきたという（高山社長談）。来社した社長に対して、指導を受けている現状を説明して、求める設備について詳しくスペックを示した。その結果、設備変更はすべて受け入れることを快諾してくれた。

『無料で変更を引き受ける。ただし、できあがったものは、われわれが図面を書き、

それを持ち帰ることを条件とする』と、言われました」〈高山社長〉

もちろん、アリーナは同意した。製造工程での製品品質を向上させ、生産効率を高めるために、設備メーカーに設備変更を依頼したのであって、そうした設備変更から生じる設備そのものに関するノウハウを自社で獲得することは目的ではなかった。自社で図面を持つことには、価値がなかったからである。

こうして、製造装置を納入する製造機メーカーである九州松下電器、その設備を活用してチップの搭載事業を展開するアリーナ、さらには搭載部品の納入先であり、それを使って自社製品を組み立てるアルプス電気、この3社がアリーナの製造現場で、アルプス電気の製品を納品する先であるソニーのエンジニアの指導の下、製造装置・工程を協力して改善・開発するという取り組みが始まったのである。

携帯電話の小型化が日進月歩で進む中、最終商品の量産化に向けて、協力会社の工場も含めた生産現場では、それに合わせて生産機能の向上を図るために、絶えず生産工程に工夫を加え、改善・改良を続けなければならない。生産工程に関わる利害関係者が、直接顔を突き合わせて、互いに知恵を出し合うことは、こうした時代の要請にかなったものであったのかもしれない。実際、アリーナの工場現場では、互いにノウハウを隠すことなく、ウィン・ウィンの関係を前提として、生産設備の改善に取り組んだ。その場は、企業の境界を超えて、多くの関係者がイノベーションに関わる開放的な技術革新の場となり、オープン・イノベーションが実践された。

「生産設備を向上させると、それだけでは終わらないんです。設備が良くなってくると、次に搭載する部品・材料はこうでなければならないということになるのです。搭載部品を供給するメーカーにまで、変更を要求しようということになっていきました」〈高山社長〉

例えば、搭載部品であるコンデンサーは四角柱の形状になっている。それぞれの辺の長さが0・4ミリメートルと0・2ミリメートルという、極小のものにまで進んでいく。こうした極小部品を、当時は0・1ミリメートルといった狭隣接で、狭い基板の上に並べて搭載していた。コンデンサーのメーカーは部品の大きさについては、要求されるサイズに対して、例えば±0・05ミリメートルまでの誤差を約束している。ところが狭隣接の搭載では、プラスへの誤差は致命的な欠陥となる。隣同士の部品がくっついてしまい、不良品となってしまうからである。そこで、メーカーに対して、マイナス誤差はいくらでも容認するが、プラス誤差だけはゼロにするように依頼することとなった。

ともに学ぶ場を創る

変更を依頼する先は、その他のものにまで及んだ。ハンダクリームや溶剤など、製造工程で使用するものを供給する材料メーカーに向けて、製造工程の物理的な改善や改良に伴い、材料の改善や変更を依頼した。具体的には、例えば製造工程を変更し、生産効率、製品品質を上げるためには、現状の材料では、溶剤の残渣（ざんさ）が残ってしまう。残渣が残らないように溶剤の配合などを変えてもらえないかと、抱えている問題を的確に説明し、その解決策を相談したのであった。

依頼されたメーカーにとっては、提供する部品や材料について、納入先が抱えている課題を具体的かつ的確に指摘され、改善のための方向性を示唆されることになる。それは、複数ある納品先が、現在ないしは将来において直面する改善課題にもなりうることが想定される。また、仮に実需には結びつかないかもしれない。つまり先取的、先端的なニーズでないとしても、自社の技術力の向上には寄与しうるかもしれない。場合によっては、むしろ温度調整や工程改善など、アリーナでは考えることができなかった製造工程の改善によって、現状での部品や材料でも課題は解決できるかもしれない。自分たちの専門知識をユーザーの現場で活用できる機会として受け取ることもできる。実際、こうした改善提案も多く提供されてきたという。依頼されたメーカーにとっては、ユーザーニーズに対応して、自社のノウハウを蓄積・強化できる場でもあった。

興味深いことに、こうした製造工程改善のための議論は、秘密保持契約を結ぶことなく、随時、必要に応じてなされていたという。依頼されたメーカーの技術者も、新たな改善課題に触れて、あたかも研究会のような気持ちで、一緒になって解決策を模索したのかもしれない。

「互いに解決策に関して確信がないうちから話し出すんです。すでに持っている技術であれば、特許などに抵触することもあるでしょうが、手探りの状況での話し合いだったので、これもありうる、あれもありうるといった具合に議論が進んでいきました。そのうち正式に技術に関連した書類を作らなければということを言い合っても、結局、書類をつくらないで終わってしまうこともあったように思います」と、高山社長。「当時は皆さん、おもしろいから集まって、知恵を出してくださったのだと思います。おもしろがってくださって、次は何？　いつやるの、というような感じでした」。

取引先へ納品する製品の品質を向上させる。そのためには、生産工程そのものの継続的な安定化、効率化を推し進める。しかも、それを推進するためには、製造に必要となる部品を供給してくれる部品メーカー、生産設備を納品してくれるメーカー、生産設備を稼働するために必要となる部品・材料を提供してくれるメーカーを、生産工程の改善に巻き込む必要がある。これらの関係者に向けて、改善のための課題を発見し、その解決策を考え抜く学びの場に招き入れる。アリーナの製造現場を、こうした学びの場に変え、ともに学び、その成果を共有することを仕掛け、それを組織することになっていた。これを意図したか否かはわからないが、従来の取引関係をベースにして、その関係性の在り方を変革したところに、高山社長のオープン・イノベーション・オーガナイザーとしての役割をみて取れる。

「結局のところ、私は『みなさん助けて』と言っただけなんです」と、高山社長は謙遜(けんそん)する。

結局、最初は1年間という約束であった恩師からの指導は、最終的には2年間続いた。こうしてアリーナは、他社とは差別化できる同社の中核的経営資源である最狭隣接搭載技術とそれに関連する周辺技術を習得するとともに、そうした技術を習得するためには、どのようにして学習の場を創り込むのかといったノウハウも獲得することになった。これ以後も、こうした経験を活かして、オープンな情報交換に関するさまざまな限界を考慮しつつも、自社の強みづくりに欠かせない、組織の壁を超えて学び合う、オープン・イノベーションの場づくりを維持・強化する道を歩み続けている。

「その後も、こうした生産工程の改善を、外部の人にも参加してもらい続けています。もちろん、現在では、依頼先も絞り込むようにはなりました。とはいえ、かつては何となくやってできた、こうしたオープンな議論は、ますます難しくなっているのも事実です。企業の秘密情報に対する体制がより厳しくなっているからです。それでも限界があるとはいえ、こうしたオープンな学びの場を創り続けてきています」〈高山社長〉

学ぶ現場を醸成する

組織外の人達と現場で改善・改革を学ぶことを組織することは、現場に関わる社員の学びにも影響を与える。外部と連携して生産工程を革新するときには、当然、その場には現場の担当者たちが関わってくる。否が応でも彼らも学びの場に組み込まれることとなる。学ばざるを得ないともいえるし、実際に、そうした議論に参加した社員は多くを学んだという。

「私ができる、できないということは、想像するしかないのです。結局は、現場がやる

しかないのです。そのため、当然、現場の人間も会議に参加させています。もちろん、隣で聞いていてハラハラすることもあります。『社長、それはできません』と言ったりするからです。そこで、私は『できないとは言わない』を原則にしています」〈高山社長〉

学びの場を提供するだけではなく、学ぶための基本的な姿勢を組織に植えつけることも、リーダーとしての役割である。できないという姿勢ではなく、まずはやってみようということを出発点にしようと、口を酸っぱくして伝えているという。

リーダーの役割としてもう一つ心掛けていることは、たとえ挑戦が期待通りには進まなくても、社員が苦労して試みたことを「失敗にはしない」ということであるという。現象としては失敗に見えるかもしれないが、ここまではできた、これは学べた、これはこちらに使えるなど、失敗に終わらせることをしないことが重要であると考えている。これによって、筋のいい失敗と位置づけることが可能となり、挑戦することに不安を感じさせないようにしている。

こうした組織風土を創り込むことで、挑戦に対する壁が低くなっているし、新しく少しのひと工夫を施したり、試作品を作ったりすることに躊躇することが少なくなり、その結果として比較的成果も生み出しやすくなるという。まとまった大きな工夫や量産体制にまで持ち込む工夫となると、それなりに時間もかかる。あえて言えば、それなりの失敗も経験しなければならない。しかし、小さな挑戦があってはじめて、現場での改善が積み上がっていくことも事実である。こうした癖を組織的に体得させることも、企業の成長に向けた管理の要点の一つになっている。

3 企業として成長させる

製造の現場力を営業の最前線に

学習能力を高めつつ、企業を成長させ続けるアリーナ。電子基板の組み立て業務を引き受ける協力会社として、継続的に進化させつつある最狭隣接搭載技術といった差別的な経営資源、ノウハウを生かして、取引先へ営業を展開している。

「大手企業の皆さんと一緒に技術開発・製品開発をする機会に恵まれたので、知識として学んだものを実際に実践することができました。うまくいったり、うまくいかなかったりしましたが、本に書いてあることと同じようにやってもできない。こうした学びが

貴重でした。こうした技術を保有して、それを営業に生かすことができるようになると思っています」〈半田部長〉

同社の営業では、生産現場を任されている製造担当者が営業の最前線でも活躍している。生産ノウハウに基づいて、生産能力、生産計画、さらには生産コストなどを理解したうえで交渉できるからである。もちろん、生産会議などで社長の了承を得ることは必要となるが、原則的に、現場に判断が任されている。しかも受注前も、そして受注後の製造段階においても、取引先に対して品質改善などに関しての提案も、その判断が大幅に現場に任されている。これによって取引先の顕在的、そして潜在的なニーズに迅速に対応することが可能となる。この意味での現場力が活用され、それがまた、現場の能力向上にもつながっている。

自主的に動く現場をつくる

「大きな企業では難しいかもしれませんが、われわれのような規模の企業では、社長の指示のもと、一緒になって動けるという強みがあるのかもしれません」と生産と営業、両方の責任者、半田部長は言う。現場の役割と社長の役割を意識した連携がとれているように思われる。

実際、日々の生産活動に従事する現場では、次々に課題に直面し、それを解決しなければ仕事をこなせないこともある。いちいちすべてを社長に相談したうえで進めていたのでは、当然間に合わない。ましてや、現場では「できない」を言うことは禁じられていて、自主的に自分たちで課題に挑戦することが奨励されている。

私がインタビューで本社を訪れた日、社長と一緒に工場の現場へ視察に行くと、そうした場面に遭遇した。

搭載機では、納品された部品が次々に指定された場所に自動的に搭載できるように、パーツフィーダーという場所にセットされる。装置が自動的にパーツを1個ずつピックアップして、連続的に搭載していく。そのため、常に同じ場所に、同じ状態で正確に部品がくるようになっていることが求められる。ところがフィーダーはメカニクスなので、いくら加工精度を上げても微妙なバラツキが生じる。もちろん、電子的に位置決めを制御する機構になっていて問題はないとメーカーは言うが、それでも、自動搭載機では、その誤差が製造品質に影響を及ぼす。この誤差を確認できる治具を生産技術のメンバーが独自開発していた。その治具の試験が行われていたのである。

「私は聞いていないよ」と笑顔で言う社長に対して、平然と「今度の会議で提案するつもりでした」と半田部長。日常的に、こうしたことが繰り返されていると社長は説明してくれた。アリーナの製造現場での改善における強みを垣間見た瞬間であった。

地域を超えて成長を続ける優良企業

中核的技術を確認し、その強化・充実を中心にして企業成長を図ってきたアリーナ。2000年代に入っても、そうした方向性には迷いを見せず、生産能力を高め続けた。2001(平成13)年には相馬工場3号棟を完成させ、0603チップ部品の生産にクリーンルームを導入、その後、相馬工場1号棟を静電床に改装するなど、工場そのものの改善にも着手した。こうした中、2003(平成15)年には、創業者高山照敬が会長に就任し、高山慎也社長が誕生した。名実ともにアリーナを牽引する役割に就いたのである。

同社のこうした成長・発展は、0402チップの生産技術を確立した2006(平成18)年、経済産業省中小企業庁が「明日の日本を支える元気なモノづくり中小企業300社」として取り上げ、今後の中小企業のやる気を一層引き上げ、若者を中心にモノづくりに関心を持つきっかけとなりうる事例として取り上げている。

また、２０１８（平成30）年には、地域内外での取引実態や雇用・売上高を勘案して、地域経済への影響力が大きく、成長性が見込まれるとともに、地域経済のバリューチェーンの中心的な担い手として、経済産業省が選定する「地域未来牽引企業」として選定されている。相馬市経済圏で地域経済に貢献するだけでなく、地域を超えて成長する中小企業として、公に認められたのである。

4 さらなる成長機会を求めて

技術伝承を強化する

「われわれの世代は社長と一緒に、外部の人たちと学ぶ経験をしてきました。しかし、若い世代はコロナのせいで、そうした経験が少なくなってしまいました。実際に経験することが必要なのですが、そうした機会に恵まれなくなってしまいました。今、技術の体系的な伝承が必要だと考え始めているところです」〈半田部長〉

実際の経験を通して現場での技術力を培ってきたが、そうして獲得した技術を継承し、強化するために動き出している。責任者である半田部長が先頭に立ち、スローガン「知行合一」を掲げ、意思統一から着手している。学んだ知識を行動に一致させることが基本的な考え方であるという。実際には、実践する機会をつくることに注力している。そうした実践では、自分たちが経験してきた技術向上のノウハウを見える化して、それらを部分としてではなく、全体として経験させることを試みている。一作業での部分的な経験だけだと、それでいいと考えてしまうかもしれないからだという。

また実践的な経験では、取引先などの外部からの依頼に応じた課題に、先輩と一緒になって取り組むことも必要だと考える。自分たちで取り組む革新活動と、外部からの依頼によるものとでは、取引と直接的に関わるか否かといった重要な要素が違ってくるからである。言い換えれば、過去のノウハウの共有と現在進行でのノウハウ活用の共有との2つの方法で、中核的な技術力を継承・強化しようと動き始めているのである。

挑戦し続ける長期的な視点が必要

現場での学びの強化は、現場力を強化することにつながる。しかも、それは現場への権限移譲を高めることにもなるので、経営トップは経営トップでしかできない役割に専念できることになる。

そもそも、アリーナの成長の礎は、その製造現場での外部とのオープンなイノベーションによって築かれた。当時は携帯電話がますます小型化し、それに合わせて内蔵される部品の高機能化と小型化が同時に素早い動きで進められるときであった。そうした背景が、オープン・イノベーションを後押ししたとも言える。しかし、こうした大きなイノベーションのうねりがいったん収まり、必要とされる技術革新が相対的に日常的な改善活動の動きの中で対応できるようになると、オープン・イノベーションに対する要請も、決してなくなるわけではないが、相対的に低くなってくると思われる。

こうした環境変化に対応して、既存の取引先の要請に応じた現場の技術革新対応能力を維持・増強しつつも、オープン・イノベーションを必要とする新たな学習の場を創造し、さらに一歩進んだ事業機会を模索することも、アリーナの企業成長のためには必須条件となる。当然、同社では大学との共同研究などを進めたり、医療機器産業への進出のために医療機器製造業資格を取得したりして、新たな事業機会の開拓に取り組んできた。こうした取り組みの先頭に立つのが、高山社長である。当然、そうした挑戦がすぐにビジネスに結びつくことはなかなか難しい。長期的な視点が必要になる。だからこそ、挑戦し続けなければならないとも言える。

航空宇宙産業への一歩

現在、果敢に取り組んでいるのは、航空宇宙産業への参入である。

東日本大震災と原子力災害によって大きな被害を被った福島県浜通り地域。ここでの産業復興に向けて、新しい産業基盤の構築を目指し「福島イノベーション・コースト構想」が国家プロジェクトとして始まっている。このプロジェクトでは廃炉、ロボット・ドローン、エネルギー・環境・リサイクル、農林水産業、医療関連、そして航空宇宙の6つがテーマとして掲げられ、進められている。福島県も「福島イノベーション・コースト構想推進機構」を設けて、これを支援する体制を整えており、この航空宇宙プロジェクトにアリーナも参加している。このプロジェクトでは、テトラ・アビエーション株式会社も参加していて、次世代モビリティとして注目されている「空飛ぶクルマ」の開発に取り組んでいる。新たな地域産業の立ち上げに向けて、動き出しているのである。

「航空宇宙でのベンチャー企業との協力関係は、まさにオープン・イノベーションです。テトラ・アビエーションの中井社長は、『飛ぶかどうか』が課題であると言って、その

解決のためには何でもするという姿勢の持ち主です」〈高山社長〉

新たな課題に対する意思決定が迅速で、かつ焦点が絞られている改善課題でベンチャー企業と協力関係を組むことで、勃興しつつある地域産業での協力会社としての位置づけを模索し始めている。同時に、航空宇宙産業でより広範囲な協力基盤を構築することにも乗り出している。この産業に向けて多くの団体が発足したが、それぞれがバラバラで活動して総合力を必ずしも生かせていない。そのため、事業にはうまくつながっていない。こうした問題意識から、高山社長は関連団体が協力して活動するための組織、福島県航空宇宙団体連絡会（ＦＡＬｃｏｍ）を立ち上げた。自らが調整役として、南相馬航空宇宙産業研究会、ふくしま次世代航空戦略推進協議会、福島県航空宇宙産業技術研究会、福島空港エリア航空産業研究会、福島県輸送用機器関連産業協議会、そして東北航空宇宙産業研究会の６つの団体を結びつけ、ハイテクプラザや次世代産業課などといった行政とのつながりも強化することで、この産業での事業化を推進することを試みている。

連絡会では情報を交換し合い、勉強会なども公開し合うなどして、広くビジネスチャンスを共有することを仕掛けている。こうした試みは、徐々ではあるが、実際にビジネスに結びつき始めているという。分散している地域資源を連動させることで、地域経済の発展に連動した、新たな事業機会の創造に向けて、着実に歩みを進めている。

5「協力能力」を高度化する

中核的な技術力で量を追求する取引スタイルからの脱却

アリーナの創業は、大手企業が地元に工場進出し、取引機会を生み出すという地域資産を生かすことで始まった。地方自治体などがこのように大手企業をターゲットとして地元へ工場を誘致することは、一般的にはエコノミック・ハンティングと呼ばれている。ハンティングされた企業はそれ自身が地域の雇用を生み出すだけでなく、多くの協力会社を必要とすることから、地元協力企業に事業機会を提供する。こうした地域資産を活用して、地域外企業との取引関係を構築して事業を生み出したと考えられる。この意味では、創業から地域経済を超えていたとも言えよう。

ところが、エコノミック・ハンティングには弱点があると言われる。せっかく誘致することができた工場も、場合によっては、それぞれの企業の経済的な理由から、他の場所に移転してしまうことも決して稀ではないからである。実際、多くの日本企業は、その製造拠点を海外も含めて移転している。そうなると、突然、地域企業との取引がなくなってしまうこともありうる。築かれた協力関係が消滅することになるのである。もちろん、大手企業の移転に対応して、協力企業も移転することで事業継続を実現するという選択肢もありうる。それには、地元企業も新たな投資というリスクに挑戦することも必要になる。何よりも地元経済の地域外移出になってしまう。

これに対してアリーナは、協力企業としての魅力を高めることで、取引先との協力関係を強化、拡大する道を選択した。オープン・イノベーションという手法で最狭隣接搭載技術という自社の中核的な技術力を強化することで、取引先の競争優位性の構築に貢献する。それによって他の協力企業では提供できない付加価値を提供している。その結果、電子部品実装を必要とする多くの地域外の大手企業と取引関係を結ぶだけでなく、たとえ発注企業が自分たちの地域を離れたとしても、同社への発注を継続しようとする誘因をつくり込むことにも成功している。

もっとも、こうした魅力は一方でマイナスとなる可能性も持ち合わせているという。

取引先企業は、一般的に1社だけでなく、複数社と取引関係を結んで、リスク分散している。そこでは、差別的な技術力ではなく、むしろ、どこに依頼してもよいという、平均的な技術力が求められることがある。生産量に合わせて、発注量を適時変更することが可能となるからである。また、協力企業間では、大手企業の発注量に応じて、仕事の譲り合いもある。ここでも、どの協力企業でもできる仕事も売上の重要な構成部分となっている。しかも、こうした仕事を引き受けることで、より高い技術力を必要とする仕事も受注する機会も出てくるという。

いずれにしろ、こうした高い技術力を持つことで、より付加価値の高い仕事を選択できる能力を持つことになり、仕事の量を求めるのではなく、質の追求も可能となる。実際、アリーナは技術力を武器として、量を追求する取引スタイルから脱却しているという。

協力する力を蓄積・強化する

中核的な技術力の蓄積・強化で事業基盤を構築してきたアリーナ。その成長手法は、一方で、そうした技術力を求める取引先の開拓も欠かせない。すでに成熟化した産業では、多くの場合、大手企業内で蓄積されてきた技術・ノウハウで対応可能である。むしろ産業が勃興し始めていて、協力企業など関連する事業体も含めて、より多くの技術革新を必要とする場でこそ、同社の存在価値がより高く評価される可能性が高い。

アリーナは、福島県で生まれ始めている航空宇宙産業にその可能性を確信して、新たな事業成長の機会を開拓しようとしている。イノベーション・コストという技術革新を必要とする場で、新しい取引関係を、より多くの利害関係者と一緒になって、創造し始めている。

地域を超えた企業と取引関係を結び、そうした取引の場で、協力企業として、取引先に対して自社の中核的な技術力を高度化することを通して、取引先貢献度を高める。こうした協力能力という関係性資産を蓄積・強化する。地域を超えて企業成長を追求するアリーナの原動力は、こうした経営スタイルにあるのであろう。

第２章

株式会社ノーリン

日本の林業を再生する循環型ビジネスモデル

福島県喜多方市慶徳町

森林組合の植林事業の下請けとして創業したノーリン。現在は、グリーン発電会津、バイオパワーステーション新潟、ノーリンエクスプレス、ウッドチップ工業、グリーン・サーマルの５社で、林業で培ったノウハウをもとに、時代に合わせた先進的な取り組みを具現化し、発展し続けている。

新たな産業や雇用を生み出し続ける地域貢献企業

国土に森林を多く抱えながらも、衰退産業として位置づけられる日本の林業。衰退産業であるがゆえに、国土の約３分の２に当たる約２５００万ヘクタールの人工林の半数が、植林から50年を超えて伐採時期を迎えているにもかかわらず、伐採が進んでいない。この衰退産業の復活に向けて、既存の林業で培ったノウハウを生かし、成長産業への転換に取り組んでいる企業が、株式会社ノーリンである。

今までの林業のようにただ伐採するだけではなく、そのまま山林に放置されてきた未利用材から木質燃料チップを製造し、そのチップを使いバイオマス発電を行うという循環システムを構築することで、持続的に成長してきた。現在のＳＤＧｓの先駆け的な企業であると同時に、地域に雇用も生み出し続けている。まさに地域貢献企業と言えるのがノーリンである。

1 農業と林業の二刀流

林業の道へ踏み込む

ノーリンの齋藤邦雄代表取締役の家は、もともと農業を生業としていた。しかし、1978（昭和53）年に大きな転機が訪れる。森林組合の職員をしている同級生の依頼で、林業を新しい事業として始めることになったのだ。最初は森林組合の下請けとして、4人でスタートした会社であった。農業と林業の両方の事業を生業としたことから、現在の社名「ノーリン」となっている。会社を設立することは、以前から望んでいたことでもあった。齋藤家には先祖代々の大福帳などがあり、いずれは自分の思うように事業を展開したいと思っていたのだ。

もともと家業が農業であった関係もあり、その合間に林業の業務を行うという経営スタイルであった。春から夏までは農業を主力事業として、冬季は林業に主力事業を移すという形での事業運営である。二つの業務が可能だったのは、森林組合の部分的な請負業務だったからである。具体的には、育林、下刈り（造林木に覆い被さっている雑草木を刈り払う作業）・除伐（造林木を成長させるため、成長を妨げる他の樹木を除去する作業）・枝打ち（優良な材を生産するため、枝を幹から平滑に切り落とす作業）業務がメインの仕事であった。とは言え、下請け業務であったため仕事量自体は多くはなかった。

立地優位性から得た新規事業

そこで、林業での新規事業として目をつけたのが、シイタケ栽培用のホダ木（シイタケの菌種をつけるための原木）の製造であった。

この地域は、広葉樹、特にナラの木が多く分布しており、樹齢20〜30年で伐採し、薪などの燃料として利用していた。ところが、灯油が普及してくると薪は使われなくなり、伐採期を迎えたナラの木が伐採されずに山に残ったままになってしまった。そこで、もともとこの地域でシイタケ栽培が盛んだったこともあり、シイタケ栽培用のホダ木を製造することになったのだ。シイタケ栽培には、樹齢20〜25年のナラの木が適しているとされており、それ以上の古い木になると、菌の回りが遅すぎて思うような生産量を上げることができない。この地域の木の太さや長さ、樹齢など、すべてシイタケ栽培に適していた。

このシイタケ栽培に適した立地優位性を生かし、夏季は組合からの下請け業務をメインに、冬季には手がすく農家の人々の労働力を活用してシイタケのホダ木を生産するというビジネスを展開できたのだ。創業者である父親のビジネスを手伝いながら育った長男の齋藤大輔ノーリン専務は、当時を振り返り、二つのビジネスで収益を上げられるので、将来自分も地元に残れる可能性があると感じていたという。

当時はキノコのホダ木栽培を支援する農業施策があり、農家の新しい生産物として成り立ってきており、シイタケ生産組合などが各地域にできあがっていた。まさに時代の流れに乗るビジネス展開だったと言える。シイタケ栽培が全国に広がりを見せていたことから、ビジネスは右肩上がりで成長していくことになる。創業時、林業の先輩方から取引相手を紹介してもらい、取引は全国へと拡大していった。そうして、シイタケのホダ木販売は十万本ほどの実績を残すまでになっていた。地域にあっても地域を超える、まさに在地超地のスタートであった。

「当時、原料山はブローカーから仕入れることがスタンダードでしたが、私は原料となるナラ林を一軒一軒訪ね、今でいう直接仕入れをしていました。伐採したホダ木は当初、

商社を通して販売していましたが、そのうち全国の生産組合と直接取引をするようになりました。この直接仕入れ、直接販売が現在の事業の基礎となっています」〈齋藤邦雄代表取締役〉

建築工事現場でみた可能性

しかし、良い時代は長く続かなかった。商品としての木材の単価が下がり、ビジネスとして成り立たなくなってきたのである。伐採代金と引き換えに伐った木を持っていってくれと言われた時代でもあったが、木の単価も低く、実際に計算してみると、ビジネスとしては採算が取れなかった。そこで、思いきって請負単価が高い関東へと事業を展開していくことを決断する。

折しもこの時期、知人の紹介で、関東をはじめ日本各地の会社から建築材の伐採や林地開発の伐採業務を請け負うようになり、その中で、事業の大きな転機であるダム建設の準備作業としての伐採工事を引き受けることになる。そこでダム工事の現場で稼働する大型機械と、それを使った生産効率の高い仕事を目の当たりにし、林業も機械化すれば成長が見込めるのではないかということに気がついたのだった。

林業と違い、建設業は当時から機械化と分業化が進んでいた。例えば、岩に穴をあける機械、土砂を運ぶ機械、その土砂をならしたり、締め固めたりする機械、さらにはその土砂を運ぶダンプカーなど、大型機械をベースにした業務ごとの分業体制ができあがっていた。同じ3K（きつい・きたない・危険）と揶揄されていた建設現場の姿を見て、労働人口が減る林業においても、機械化に向けて設備投資をすれば、衰退産業のポジションから抜け出せる可能性があると感じた。

経営のターニングポイント

その可能性は、思わぬ形で現実のものとなる。会津若松市にあったある林業会社が事業をたたむことになり、信頼している林業機械整備会社の社長が、必ず役に立つからと仲介に入ってくれ、その会社の林業機械をそのまま買い取ることになったのである。この会社は、国有林の伐採・搬出業務を専門としており、最盛期には百数十名の職人が在職し、東北ではトップの素材生産取扱量を誇る優良企業であった。その会社は、仮設のロープウェイのような集材装置を使って空中にワイヤーロープを張り、伐り出した木を集積場まで安全に吊るして運ぶ架線集材を強みとしていた。しかも、東北では珍しく高性能林業機械も所有していた。当時は、林野庁の管理する国有林を営林署が管轄しており、販売方法も、今のように樹木が山に生えている状態（立木）で販売する方法ではなく、請負事業者に樹木を伐採させ、丸太に加工してから販売するという、素材販売方法が主流であった。この会社は、営林署の直轄の下請けだったため、業績も良かった。また当時の森林は、材質の良い木が多かったので、伐り出すだけでそれなりの商品として販売でき、生産高は上がっていた。

しかし、木材の価格が下がってくると、コスト的な面で素材販売から立木販売へと変わっていくことになる。この販売方法の変化は、この会社にとって致命的なダメージをもたらす。売上が落ちるだけではなく、立木販売では、強みである架線集材の技術を活かすことができなかったからである。木材も徐々に値を下げている状況で、先行きを考えれば、これ以上の事業継続は困難と判断したのであった。

こうしてノーリンは、その会社の作業員や設備をそのまま引き受けることになった。林業の設備も競合他社にはない高性能林業機械を持っていただけではなく、熟練の作業員も多く抱えていた。彼らは地元だけではなく、他県に行って仕事をすることになんら抵抗感を持たない人達であった。つまり、ノーリンがその後、事業を飛躍させるために活用できる基盤、潜在的な経営資源を手に入れたとも言える。まさに経営のターニングポイントの一つとなった。

この件について、齋藤大輔専務は次のように述べている。

「会津に1台しかなかったその高性能林業機械を低価格で購入できたのは、相当ラッキーなことでした」

ノーリンは高性能林業機械と熟練の職人を手に入れ、経営資源の高度化を実現し、事業の採算も合うようになり、その後、一度も赤字に転落することはなかった。事実、その年は、前年対比を大幅に超える成長と利益率の向上を成し遂げている。

2 新たな危機を乗り越える

2つの事業に迫りくる影

順調に軌道に乗ったかに見えたノーリンの経営だが、本業である林業の衰退は予想以上に進行していった。日本は、戦後すぐの復興計画の中で、住宅ブームなどにより国内の木材需要が大幅に増え、供給が足りない状態となった。その頃は為替の影響で輸入材がまだ高かったため、国産材を増加させるという国の政策により、広葉樹から針葉樹へと切り替えていった。そうした針葉樹、スギやヒノキへの転換はまた、山林所有者にとっては個人的な投資として財産蓄積にもなり、一層転換が進んだ。さらに、特定の地域にとっては、伐採後の造林・植林事業そのものも、非常に大きな収入源となっていた。国の政策と事業主の利害が合致したため、針葉樹林が大きく拡大していった。

しかし、針葉樹の場合、およそ50年から60年かかる成育期間の中で、人間が手を加えなくてはならない期間はだいたい30年であるといわれる。樹齢の若い木であっても、25年ぐらいまでは手をかける必要がある。植林した後に5年間下草刈りをし、その後、25年間は除伐（曲がって育ってしまった木など除去する作業）が必要となる。ただし、最初に手入れ作業をするまでに放置する期間が長くなるので、草より少し大きめの灌木（かんぼく）が生えてくる。柴の成長のほうが針葉樹より速いので、それらの繁茂により日が当たらなくなり、いつの間にか柴山になってしまう。灌木を刈ることになるが、そのタイミングで1回目の枝打ち（余分な枝や枯れた枝を、ナタなどを使用して一本一本伐って落とす作業）をする。25年までの間に何度かこの作業を行い、50年で伐採を終える時期を迎えた時に、地主の了解を得て成木を切り、それを売ることになる。つまり、植林の後、継続して仕事があるわけではなく、断続的な手入れ作業はあるものの、25年から30年の目安で一度大きな伐採があるだけで、仕事が途切れてしまうのが林業の業務プロセスなのである。

ところがこのプロセスも時代とともに変化し、国産材が売れなくなり、海外からの安い輸入材が国内市場に氾濫してくる。国内材が売れなくなると、伐採せず再造林されないため、国からの補助金も出ないという悪循環に陥る。実際、地主の中には山林を手放す人も少なくなかった。

そしてさらに、ノーリンに逆風が吹く。もう一つの主要事業であるシイタケ栽培用のホダ木製造までもが、外国の輸入産シイタケの脅威にさらされ始めたのである。昔は菌などが入った製品を輸入することは、国内の生態系に影響を与える可能性があり禁止されていた。

しかし、燻製処理などの技術が発達したことで輸入が可能となり、国内産よりも圧倒的に安い値段で、中国産のシイタケが市場に出回るようになったのだ。こうして、国内産シイタケの売上は激減していった。

事業転換を模索する

農業と林業という二つの事業の間には、もともと設備機械のシナジーが効かないという課題が存在していた。一見すると、ノーリンの事業展開では、夏季は農業、冬季は林業と一年中仕事があるように見える。しかし、それぞれの重機で用途が異なるため、減価償却をしながら1年間使い続けることができなかった。人材活用においても、同様の仕事では同じ人が作業に当たるのがベストである。しかし、仕事上必要となるスキルの関係で、農業と林業では違う人を雇用せざるを得なかった。つまり、この二つの業種では、設備や人材などの面において、どちらか片方の事業だけの投資になる傾向があった。

特に人材の問題は深刻であった。それまでは、夏と冬の繁忙期に柔軟に人を採用することが可能であった。当時、会津には大手半導体企業の工場があり、住民も多かった。地元の人は、それら大手工場にパートなどの多様な形態で雇用されており、必要な人材をノーリンの都合に合わせて採用しやすかったのだ。しかし半導体不況になり、人手が余る状況になると、正規労働者としての採用を求められる時代になり、今までのような雇用の仕方が難しくなっていった。二つの主力事業の衰退は、経営課題を浮き彫りにする形となった。

このころからノーリンは、企業の存続をかけて新たな事業ドメインを決定する必要性に迫られる。とはいえ、経営資源の関係もあり、新しく事業分野を切り開くというのは難しい。そのため、農業と林業のどちらかを主要な事業領域として選択することになった。大輔専務は邦雄社長に、今後は林業の素材生産事業にフォーカスしていくことを提案する。事業領域を絞り込むことで、投資計画が立てやすくなるからである。さらに、今まで機械化が遅れていた林業の分野に、最先端の大型重機を導入して生産量と売上を上げれば、1年を通じて仕事が途切れることがなくなり、安定的に雇用も創造できる、と考えたのである。

この提案に対し、邦雄社長は素材生産事業に特化することに少々ためらいがあった。というのも、この分野は依然として、外国からの輸入材に押されて撤退する企業が相次いでいたからである。以前よりも重機の性能が上がったとはいえ、本格的に林業を主要事業とすることに躊躇したものの、邦雄社長は最終的にこの提案を受け入れた。

新たな事業への追い風

素材生産事業へフォーカスすることになったノーリン。この意思決定がビジネスチャンスを拡大することになる。国産材が以前ほど高値で取り扱われなくなり、輸入材と同等の値段にまで落ち込んだため、折しも森林所有者の多くが山を手放し始めていた時期であった。そのため、効率的に伐採、集荷、搬送する仕組みを構築すれば、より大きなビジネスチャンスになる可能性が訪れたのである。

また、もう一つノーリンにとって追い風となったのは、建築分野での2×4工法が主流になり始め、国産材の需要が急激に伸びたことである。年間生産量をプレカット(現場での施工前に原材料の切断、接合部の加工を施すこと)工場が決めることによって、一定の価格ではあるものの、全量を買い取ってくれるシステムに変わってきていた。それまで、ノーリンをはじめとした素材生産事業者は、製材所の注文を受けて何立方メートル、何平方メートルといった木がどれくらい必要かという要望に応じて、山から木を切り出して搬入していた。良い値段で買いつけてくれる時もあれば、当然、そうでない時もある。しかも、製材所に仕事がない時は注文が来ない。極めて需要、価格ともに不安定であった。そのため、素材生産事業者は製材所を何社も掛け持ちすることになる。このような事業の仕組みは、会津地域の多くの林業会社を下請け構造から抜け出せなくしていた。

経営資源を存分に活用する

2×4工法の普及により製材所がハウスメーカーと契約し、大手資本が注入されることによって、一定量を常に素材生産事業者から購入してくれることになった。これによりノーリンは、製材所に安定的に木を持ち込めばビジネスになると考えた。国も素材生産事業者に対し、一定量を安定供給することで市場が生まれるという方向で指導していた。ノーリンは高性能林業機械を会津地区でいち早く導入するなどし、素材生産事業に経営資源を集中していくことになる。

一定の収入が見込めるようになったことで、投資した新型重機の稼働率も上がり、生産性がアップしていった。もちろん新型の重機を導入しただけで、稼働率がすぐに上がり、生産性が自動的にアップするというわけではない。稼働率の向上に貢献したのが、ノーリンの重機を扱うオペレーターの能力の高さであった。林業においてそれまでの重機の使い方は、人間の力では持つことや移動ができない木材を、片付ける、引っ張るなどの補助的な役割が主流であった。実際、多くの素材生産事業者で、重機は伐採した木をトラックに積み込むという単純作業のみの使用であった。それに対して、ノーリンのオペレーターは余程のことがない限り重機から降りない。伐採から搬入までのすべての工程において重機をフルに使いこなし、生産性をアップさせていった。

3 新規事業を創造する

最新鋭の重機を使いこなす

ノーリンでは、新型の重機に継続して投資を行っている。ノーリンの新型重機に対する継続投資については、首をかしげる競合他社もいるという。同社は、この継続的な投資について次のように述べている。

「ノーリンは異常なほどに新型の重機を買うのです。それは紙一重ではありますが、買わないでいると今度は修理代のほうが高くなるからです。重機でもトラックでも最高性能のものを購入し、常に最前線の現場に投入しています。加えて、古くなったら最前線

の現場から降ろして、違う現場に持って行きます。これを繰り返すことで、結局、競合他社さんよりも常に3割安い値段で購入している、というサイクルができあがっていくわけです」〈齋藤大輔専務〉

最新鋭の重機を毎年のように導入しても、ノーリンのオペレーターはそれらを使いこなすことができ、スキルも高かった。大輔専務も若い時から、重機に限らず機械の操作については、天賦の才があった。その才を活かして、所有するほとんどの重機の操作を、マニュアルなしで使いこなしていた。それだけでなく、創業間もないノーリンの閑散期を利用して、若手社員に対し重機操作トレーニングを徹底的に行ってきたのだ。このトレーニングが、現在の重機オペレーターの操作能力の高さにつながっている。

効率のいい人材活用システム

さらにノーリンは、他の企業とは違い、重機を使いこなすための体系的な人材活用でも工夫を凝らしていた。チェーンソーで一本一本切っていた時代には、切った木材を大量に搬送する必要性はなかったが、高性能機械で一気に大量の木材を切っていく場合、それらを手際よく集めて市場に届ける仕組みが必要となる。その仕組みがあってはじめて、効率の良い林業のシステムができあがる。

前述したように、単に高性能機械を導入すればすぐに生産性がアップするわけではない。ノーリンでは、二つのグループに分かれて作業を担当している。第一グループは最新の重機で木を伐採していくグループ。そして、伐採した木を集めて運ぶ重機を操作するのが、第二グループである。これら二つのグループの作業が連動しているからこそ、ノーリンの生産性は向上した。それに対して、競合他社は重機を入れても3人程のチーム編成にして、ゆっくり作業をこなしていくというスタイルであった。

ノーリンの場合、重機を使用しての伐採スキルが高いため、当然、切り出す木材の量は増えていく。伐採して集荷した木材を効率よく目的地に運ぶために、トラックの輸送体制の構築が必要不可欠になる。当初は輸送の多くを外部企業に依存していたが、いつまでも外部にばかり頼っていては、山から伐採、搬出した際に、オンタイムで車両を出すことができず、その間がアイドリングの時間となってしまう。ノーリンは外部の輸送会社も継続的に使用しながら、自社のトラックの台数を増やしていくことで輸送での能力も高めていった。

自社の輸送部門を強化することで、今まで山に捨てていた端材まで集荷できるようになった。それまでは、規格に合った3メーター材や4メーター材、あるいは合板工場に売れる物しか扱うことができなかったが、変形している木や長さが足りないものでも、一旦すべて工場に運び込めるようになった。こうした残材を加工工場でパウダー状の粉にして「おが粉」として販売したり、「畜産の敷き床用」として販売することで、さらに売上を拡大させていった。

さらなる新ビジネスへの追い風

ノーリンのビジネスは、林業と農業を兼業していた時代では、3000万円程度の売上であったが、素材生産事業に特化してからは、7億円のビジネスにまで拡大していった。そして、社会全体のニーズから生まれた建設リサイクル法が施行されたことで、さらにノーリンに追い風が吹く。

建設リサイクル法とは、建設工事で発生する廃材（建築廃棄物）を正しく処理し、リサイクルを促すためにつくられた法律である。正式名称は「建設工事に係る資材の再資源化等に関する法律」といい、2000（平成12）年に制定、2002（平成14）年5月30日に施行された。建設リサイクル法ができる前は、廃材を資材ごとに分別することなく、まとめて解体処理していた。しかし、この方法では大量の廃棄物が出るだけではなく、なにより廃棄物の不法投棄が大きな問題となっていた。そこで、建築廃棄物を資材ごとに分別、再資源化して再利用を促進するために、建設リサイクル法が制定されたのであった。

この法律が制定されたことで、それまで廃プラスチックや塩化ビニールなどと一緒になっていた木材が、木材だけで抽出されることになった。しかも、木材は焼却できないルールであるため、今度はリサイクルするというビジネスが生まれた。この法律が施行されて間もなく、下請け業務として携わったダム工事の現場監督から、「今までは造成工事で出た支障木の枝葉は焼却していたが、これからは木質系廃棄物扱いになるので、ノーリンで産業廃棄物として処理できないか」と依頼を受けた。その後も同様の依頼が数多くあったため、建設リサイクル法の施工を好機ととらえ、ノーリンはすぐに産業廃棄物処分業の許可(中間処理・木くず)を取り、木質系廃棄物を扱う木材リサイクルプラントを立ち上げた。

林道工事などで発生した曲がり材や枝など、産業廃棄物となってしまった木材を有料で引き取り、その後チップに加工することで新たな商品価値を生み出すという戦略である。また、併設する工場では、間伐事業などで伐出された建築用材等にならない木材を地域の林業事業者から購入し、バイオマス発電用の燃料チップを製造している。

こうしてノーリンは、植林から伐採請負事業、建築用材の原木販売、バイオマスチップの製造販売、森林開発による木の根や枝のリサイクル木質チップの製造販売と、他に類を見ない総合林業を確立した。邦雄社長は、ノーリンの事業展開を振り返り、次のように述べている。

「われわれが汗みどろになって掴んだノウハウを生かせるようなものはないかと、いろいろな事業を模索していきます。いつもそうですが、丸木橋をなんとか渡り切り、振り向いた瞬間橋が崩れ落ちる。そうやって、一つの事業がダメになる前に新たな事業に切り替えて、その都度スケールが大きくなる。そういう感覚です」

4 ビジネスモデルを検証する

現場で感じた違和感

総合林業のビジネスモデルを確立したノーリン。森林から木を切り出し、品質の良い物は福島県中心に近県地域にも販売し、品質が悪く売れ残る商品はリサイクル市場に回すというビジネスモデルを確立していった。ところが、大輔専務は10年が経過した頃から、現場別の生産性を改めて正確に測定する必要性を感じるようになる。というのも、車も工場もフル稼働しているにもかかわらず、期待したほど利益が上がらなかったのだ。売上は伸び、人も増えている。さらには、ダム工事や線路工事にかかる伐採の依頼も多かった。しかも、現場には、高度な重機械を自在に操作できるノーリンのエース級の人材が送られていた。

実際に自分たちが使っている林業機械が本当に採算ベースに乗っているのかを検証したいという思いもあり調査した結果、２００３(平成15)年と２０１３(平成25)年時点の歩留まり率を比較すると、２００３年が１００％きちんと自分たちの思い描いたとおりに材が出せたとすれば、２０１３年時点では50％しか出せていないことが判明した。大輔専務は当初、自分たちの作業スピードが10年前より急速に速くなったので、仕事が雑になったのかと考えた。しかし、現場に出向くと、売れている製品はどんどん売れている。再度、検証してみたところ、建築材にならない木材の量が10年前の対比で50％を超えていることがわかった。国産材価格の長期低迷により、針葉樹林が放置された状態となり、結果として、市場に流通できない低品質材が増えていったのである。

伐採された木材は、用途に応じてA材、B材、C材、D材に分類される。A材は住宅などの建築材となり、最も市場で値が高くつく木材である。次に合板や集成材、製紙などの原料になるのがB材である。残りの細い木や枝、曲がった根本などがあるのはC材、D材と呼ばれる。また、間伐材や太さがあっても虫食いや節があるため建築材には使えない木も、このC材、D材に分類される。調査した結果、そのC、D材の比率が伐採した木のおよそ50％を占めるまでになっていたのであった。

崩れた森林のバランスを取り戻す

森林が放置状態になり良質の木が育っていないことにノーリンが気づいたころ、林野庁も森林整備加速化事業プロジェクトを２００９（平成21）年に立ち上げた。この年から複数年かけて、放置状態になっている森林を再整備するための予算がつくことになった。ノーリンはすぐにこのプロジェクトに手を挙げ、会津地域でのリーディングカンパニーとして、プロジェクトを主導していくことになる。

そのプロジェクトの中で出たのが、木材に付加価値をつけて値段を上げるというのは基本的には難しいという結論だった。なぜなら、大手ハウスメーカーのプレカット手法と、2×4工法のおかげで高性能林業機械が活躍し、すでに大量生産、大量販売に持ち込むビジネスモデルが確立され、採算が取れるようになっていたからである。このモデルを超えて、さらに木材1本当たりに付加価値をつけてみたところで、市場で受け入れられるとは到底考えられなかった。そこで、C材D材の利用価値を上げることで収益の向上を目指すことにした。

リサイクル法の確立で見つけたビジネスの可能性

建設リサイクル法の制定で、建築廃材を燃料チップに加工して火力発電所、製紙会社の発電ボイラーに供給していた。材の品質や形状を問わず、チップ形状に加工すれば全量を燃料として使用してもらえるスキームであった。

これをC材D材にも適応できれば、山林での売れ残り材の解決になると考えはじめた。利益率の高いA材の伐採は、再生事業を通じて回復していくとは言え、時間がかかる。B材をベースに製造にしている製紙用チップも、紙が不要となるデジタル化時代になれば、現在のような需要があるとは限らない。チップの新たな需要先として考えついたのが、この分野に参入した時から一つの市場として存在していた、発電の燃料用としての活用であった。

Ａ材と同様に、Ｃ材Ｄ材のチップも既存の発電事業者に供給すれば輸送費用がかかる。そのため、ある一定の距離を超えて運ぶと、買う方も売る方もウィン・ウィンの関係を構築できなくなる。Ｃ材Ｄ材のチップを電気に変える発電所を会津に造ることができれば、輸送コストもかからず収益を生み出せる。さっそくノーリンは未利用木材チップの可能性について、探索研究をスタートさせた。その手始めとして、会津圏内の山林に売れ残りとして捨てていた材を集荷した。その結果、年間約４万トンの未利用材の集荷に成功する。

集荷した未利用材を燃料用チップに加工し、まずはただ同然で火力発電所へ持ち込んだ。ノーリンとしては、未利用材を発電用燃料チップとして使用した経験がないため、燃料チップにした場合の、水分量やその他の異物の問題がどの程度あるかを突き止めたかった。そのため、大型設備の火力発電所に提供したのである。

その実績を踏まえノーリンは、林野庁に地域バイオマス事業を提案する。林野庁からの返答は、「木質バイオマス発電には非常に興味がある。しかし、木質バイオマス発電

図表 2-1
ノーリンのビジネスモデル

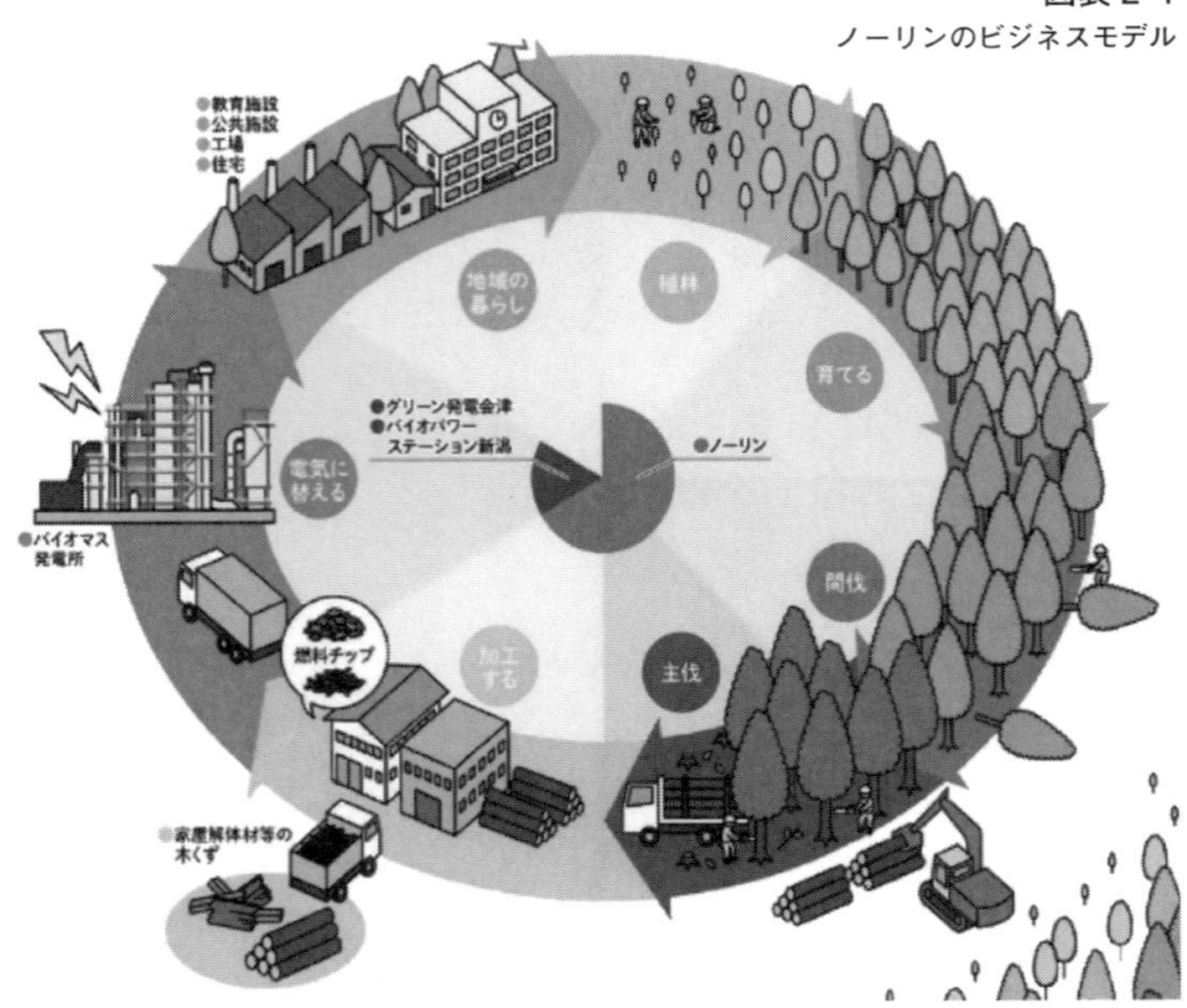

出展：株式会社ノーリン HP「グループで実現する森林循環システム」より
https://www.norin-inc.jp/system.html

に必要な未利用木質チップをある程度の規模で集められたという報告はない」ということであった。確かに当時、建設資材の廃棄物由来のチップを燃焼して、ある一定の規模につなげたバイオマス発電の事例はあったが、林業ではまだそのような事例はなかった。

そこでノーリンは、年間4万トンの集荷実績を林野庁に報告すると同時に、会津地域での未利用材の集荷が、継続的に可能である林業の現状も併せて説明した。

これにより、林野庁も会津での発電事業の創設を強く希望し、事業化について大きく前進することとなった。

5 バイオマス発電への進出

グリーン発電会津の設立

林野庁がノーリンの会津管内での未利用材集荷実績や未利用木質チップのマネジメントスキルを評価したことで、ノーリングループは２０１０(平成22)年、未利用木質燃料の専焼発電所第一号となる、株式会社グリーン発電会津を設立した。

そして２０１２(平成24)年、発電規模５７００ＫＷｈ、一般家庭約１万世帯分の電力を賄えるグリーン発電会津がついに稼働した(総事業費23億円、年間発電量４万ＭＷｈ、年間使用量４万ｔ、売上10億円見込み)。

奇しくも２０１０年設立の翌年に、東日本大震災による東京電力福島第一原子力発電所の事故が起きたことで、国内の電源供給が大きく見直され、原子力から再生可能エネルギーを主にした電源構成へと変化していった。このことが現在の再生可能エネルギー促進法の制定へとつながる。

加えて、グリーン発電会津の経営を軌道に乗せるうえで非常に重要となる、「電気事業者による再生可能エネルギー電気の調達に関する特別措置法」が2011年8月26日に成立した。この法に基づき、2012年7月1日より固定価格買取制度（Feed-in Tariffs のこと。以下、ＦＩＴ）がスタートしていた。ＦＩＴとは、太陽光や風力、水力、地熱、バイオマスといった再生可能エネルギー源を変換して得られた電気を、国の定める価格で一定期間、電気事業者が買い取ることを義務付けた制度のことである。ノーリンは、それまでの実績も評価されて、このルール作成においても主導的な役割を担っていた。

会津の立地優位性を味方につける

ノーリンは、このバイオマス市場へ進出するにあたり、先にも触れたように、会津という立地上の優位性を熟知していた。福島県会津地域は、磐梯山、猪苗代湖に代表される豊かな自然に恵まれ、歴史と伝統が息づいている。この会津盆地一体は、面積のおよそ70％を森林が占めていて、古くから林業が盛んな地域。ノーリンが会津に本社に構えるのも、この立地上の優位性があるからである。この優位性は、木の材質が良いという意味ではない。気候の関係もあり、他の地域と比較して、必ずしも良質な木が育つというわけではなかった。質が悪い材を市場に出してもコスト的な面で利益を得られず、所有者は山林を放置して、さらに多くの低品質材が発生するといった悪循環に陥っていた。逆にそれが、優位性につながったのである。

「会津の森林は、特別良い材は少なく、A材の多くは2×4プレカット工場用か合板工場用が多いのです。残念ながら、低品質材のC材D材の発生量が多い地域であり林業が成り立つことが難しい地域ですが、自社に低品質材の需要口であるグリーン発電会津を創業できたことで、会津の森林資源に付加価値をつけることに成功しました」〈齋藤大

輔専務〉

持続可能な森林資源を残すために

大輔専務にはもう一つ、日本の林業に対する危機感もあった。森林の危機的な状況となっている大きな要因が、戦後植林されたスギやヒノキなどの人工林である。日本の森林面積49億立方メートルのうち、およそ62%がこの人工林だ。広葉樹を中心とする森林は、人の手による手入れを行う必要はないが、スギやヒノキなどの人工林は、樹木の成長に応じて下刈りや枝打ち、森林の密度を調節する間伐を行うことが必要で、それによりはじめて次世代へ残す持続可能な森林資源が維持される。

ところが現在、国内で利用されている木材のうち7割以上が輸入材となっている。しかも、建築用木材のニーズの変化やコストなどの理由により採算が取れなくなったことから、これらの樹木は伐採時期を迎えても伐られないのだ。収穫を先送りしたり、山林の保育・育林費用が捻出できず間伐が遅れるケースが増えていた。このままでは数十年後、日本中に荒廃した森林が広がってしまうことにもなりかねなかった。伐採や植林は持続可能な森林資源を残すうえでも必須の作業である。この森林資源を利用することがバイオマス事業の役割になる。実は、ノーリンの木質バイオマスへの進出は、環境保全と林業活性化を同時に実現するためのものでもあった。事実、ノーリンでは１０００平方メートル当たり約３００本の苗木を植え込んでいる。木を伐るばかりではなく、伐採した量に見合った植林をすることで、自然の循環を保ちながら森林資源を活用しているのである。

リスクを予測した物流体制の構築

バイオマス発電を成功させるには、いかに安定的に未利用材を集荷し、チップを供給できるかにかかっている。邦雄社長は、林業での豊富な経験からリスクに対する感覚が鋭かった。バイオマス発電の燃料となる資源は、広い地域に分散していることがほとんどである。そのため、調達や収集の方法に課題があるとされていた。

そこで設立したのが、株式会社バイオパワーステーション新潟である。この会社の設立経緯は次のようであった。

「ノーリンがある会津地域は新潟県が隣県で、創業当初から商流がありました。そのため、グリーン発電会津の創立の際、隣県からの木質燃料チップの集荷も事業計画に入れ

ていました。グリーン発電会津の商業運転開始後は、福島県内産のみの集荷で未利用木質燃料の確保ができました。

一方で会津と同じような森林資源の特性を持つエリアが隣県にもあり、同じく需要口をつくることで、森林資源利用の問題解決が図れます。そうすることで、運搬距離の短縮化、環境負荷の低減、燃料の共有化を図り、コスト、安全性、森林資源の価値の向上を面的に構築することができるのではと考えたのです」

〈齋藤邦雄代表取締役〉

タイムリーな供給で効率化を図る

当初、ノーリンでは、輸送をアウトソーシングすることで、固定費を抑えて柔軟に対応しようと考えた。しかし、その場合、タイムリーなチップの輸送が困難になることから、輸送を内部化することに決定した。株式会社ノーリンエクスプレスの設立である。ノーリンエクスプレスは、チップ工場や産廃施設から出る木質チップを、製紙会社やバイオマス発電所にタイムリーかつ安定的に運び届けている。このようにノーリンエクスプレスがチップを回収できるのも、今まで邦雄社長が築きあげた取引関係のネットワークが大きかった。チップの量は、地域によって変動が激しい。余っているところもあれば、足りないところもある。それを素早く見極めて、供給量が多いところから少ないところに向けて、タイミングよく回収し輸送することが必要になる。しかも、適切な価格で購入する。それまでに築き上げてきたネットワークがあったからこそできた輸送システムだと言える。

「チップは余るところもあれば、足りなくなるところもあり、年中動いているのです。余らせても仕方がないので、当社のトラックを回して、余ったチップをそれなりの値段で買い取るわけです。そういうことを日々繰り返すことで、今のところ何とかうまく回っていると考えています」〈齋藤邦雄代表取締役〉

しかも、輸送を自社で行うようになってから地域を超えての集荷や、配送のシナジーを創り出すことが可能になった。例えば、製紙用のチップなどを富山県まで運んで販売し、帰りにその地域で売れ残っている残材を買って集荷して工場に持ち帰るという輸送のシナジーが創り出されるようになったのだ。

バイオマス発電を上手く稼働させているもう一つの要因としては、ノーリンの垂直統合のビジネスモデルにある。自然エネルギーのブームに乗って、依然としてバイオマス

図表 2-2
ノーリンのバイオマス発電の仕組み

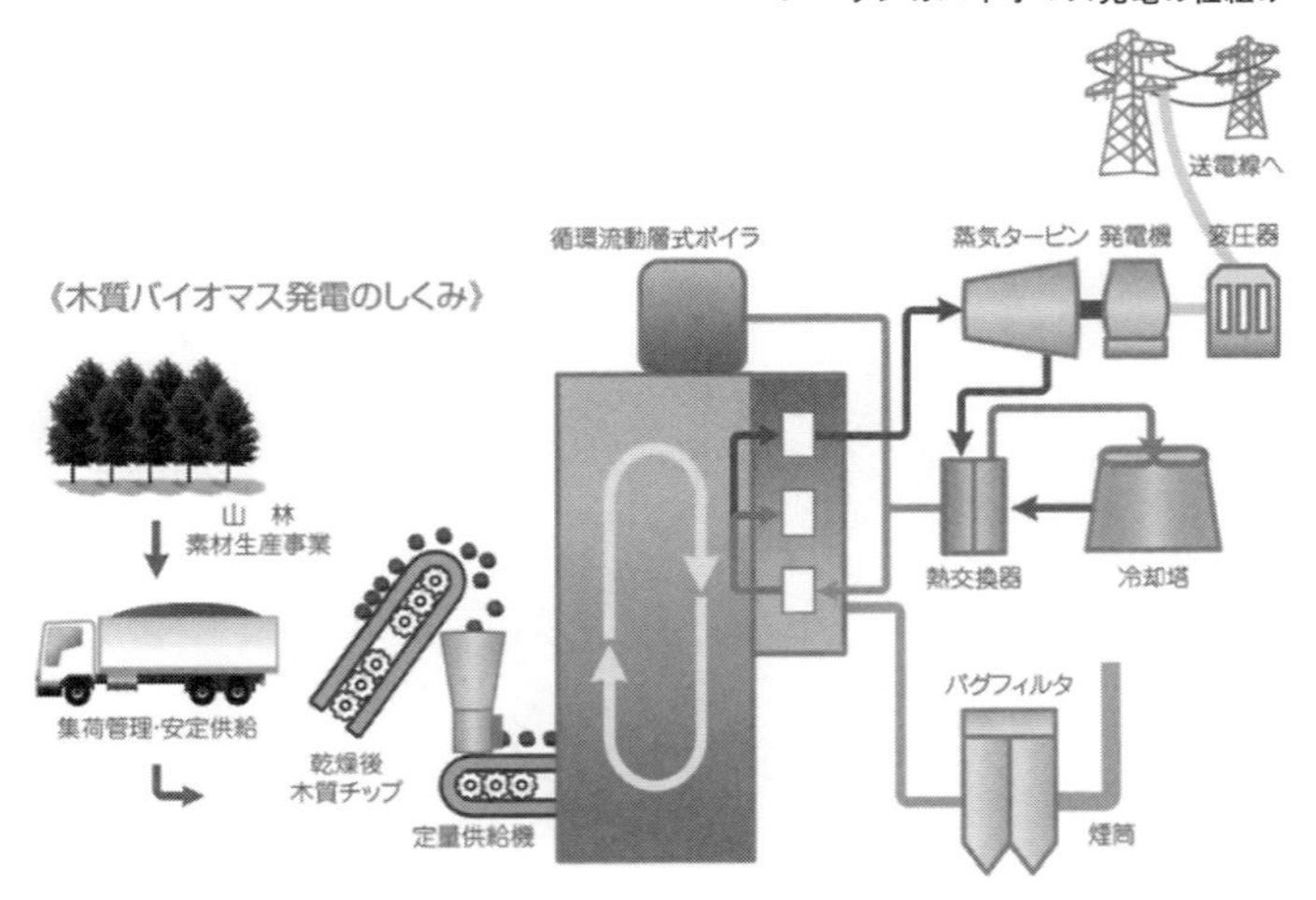

出展：株式会社ノーリン HP「グループで実現する森林循環システム」より
https://www.norin-inc.jp/system.html

発電へ参入は多いが、収益ベースに乗せることに苦しんでいる企業が多いのも事実である。競合他社の多くは、加工工場は持っていても、森林、つまり山の伐採に関する知識が乏しく、輸送を外部の企業に依存している。ノーリンの場合、素材生産、加工、輸送、バイオマス発電とすべての機能を内製化してビジネスを展開しているところに競争優位性が存在する。バイオマス発電は、前述したように、発電プロセスでのチップの詰まりや、含有水分量などの問題でトラブルが発生しやすい。ノーリンは内製化していることにより、チップが原因のトラブルが起きてもすぐに解決することができる。

現在、ノーリンはこの分野で競合他社に対して圧倒的な競争優位性を有している。

バイオマス事業のさらなる発展を目指して

送電開始からおよそ2年後、どのような波及効果をもたらしたのか追跡調査を行った。その結果、年間で約5万3000トンのCO2を削減できたことがわかった。経済効果も年間48・6億円という試算結果となった。課題であった林業の活性化についても、手つかずになっていた森に林道が整備され、間伐が行われるようになっていた。その結果、放置されていた未利用材は運び出され、次々に燃料用チップに加工されている。このような事業展開によって、会津地域では多くの若者の雇用機会も創造され、また、新型の機械も導入されたことで、会津地域の林業は急激に活性化の道を歩んでいる。

現在、グリーン発電会津は山林未利用材を活用したバイオマス発電の成果をさらに新たな事業へと展開しようとしている。発電所の温排水を使ったニシキゴイの養殖事業をスタートさせたのである。グリーン発電会津の発電により生じる温排水は1日におよそ

300トン。その水質の良さを利用し、熱エネルギーを無駄なく有効活用する新たな取り組みである。アジアを中心に鑑賞用としての需要ニーズに応えていくことを狙いとしている。

さらに、ノーリンが次の新しいビジネスとして考えているのが、バイオマスの発電事業を全国で推進することである。バイオマス発電の先駆者として、この分野に新規参入する事業者の燃料調達や発電所運営を支援することで、バイオマス発電市場のパイそのものを拡大させようと挑戦している。

林業は特殊な業界である。燃料調達の要になる林地残材の分布や発生メカニズム、木材の流通や価格設定など、新規参入者にとってはなかなか把握できないデータが多い。ノーリンが蓄積してきた経験、ノウハウは貴重な経営資源となり、発電所支援に向けたビジネスチャンスに期待できる。

この発電所の支援・普及に中核的な役割を担っているのが、グループ企業のグリーン・サーマル株式会社である。グリーン・サーマルでは、木質バイオマス発電システムの開発・運営と、その主燃料となる山林未利用材の確保などを行っており、すでに8カ所の

バイオマス発電施設の開設に関わっている。

バイオマス発電市場を広げるには、資金や人材を提供できる民間事業者と、木材に関する知識を持つ林業事業者の連携が必要不可欠である。ノーリンは、資金、人材を含めた資源、そして林業に関する豊富な知識を有している。この分野でのノーリンの戦略が、今後の木質バイオマス発電市場の拡大や、地域における林業の活性化の鍵を握っていると言っても過言ではないだろう。

第３章

株式会社くつろぎ宿

顧客に支持され続ける温泉宿

福島県会津若松市東山町

会津東山温泉の中心部にある老舗旅館（千代滝、新滝、不動滝）を統合して再生を果たし、立ちあがった「くつろぎ宿 千代滝・新滝」の二旅館。老舗旅館三館の持ち味を最大限生かしながら、一体感のある設備の充実とサービスの向上を実現。地元の食材を生かした会津料理を堪能でき、会津の文化を感じてもらう工夫が垣間見える。じゃらんアワード2023では「くつろぎ宿新滝」が売れた宿大賞東北部門で14年連続第１位を受賞、宿泊客からも高い評価を得ている。

三旅館一体の再生ストーリー

かつての温泉街といえば、観光産業の中でもトップに位置づけられるほどの花形産業であった。老若男女を問わず、幅広い層から支持される観光産業でもある。もちろん高度成長期のメインターゲットは、団体客であった。団体客のニーズに的確に対応しようとして、カラオケ施設、大浴場などの設備を充実させ、顧客を吸引してきた。しかし、時代の変化とともに、顧客ニーズも大きく変化してきた。とくに大きな変化は、顧客層が団体から個人へとシフトしてきたことである。このシフトに対応できずに、多くの温泉街は、衰退を余儀なくされ

てきた。言い換えれば、かつての成功パラダイムから脱却できずに、その成功体験にしがみついてしまう。そうした行動にとらわれたビジネスモデルが、かつての温泉街なのだ。もちろん、例外もあり、見事に時代の変化に適応し、復活を遂げている温泉街もある。その一つが、従来の古い成功パラダイムから脱却することで、見事に再生を遂げた、くつろぎ宿である。

1 地域の再生に取り組む

地方施設事業再生の経験

株式会社くつろぎ宿は、東山温泉内の三旅館「千代滝・新滝・不動滝」の運営を目的として、２００５(平成17)年9月に設立された。温泉街の旅館は、その地方の観光産業の一翼を担うだけでなく、地域経済の活性化の鍵を握る。実際、かつての老舗温泉街の復活が地域経済を活性化させた事例は、全国にも数多くみられる。東山温泉で、この三旅館の立て直しに成功したのが、深田智之代表取締役である。

旅館の立て直しに関わることになったとはいえ、深田社長は、旅館やホテルの経営に関わる家系で育ったわけではない。また大学でも、建築や都市計画を学んでおり、旅館経営とは無縁の世界でキャリアを重ねてきた。学生時代から都市計画策定や街づくりに興味を持っていたため、卒業後は、都市銀行系のシンクタンクに勤め、そこでは不動産の有効利用や公的集約施設の運営改善などの調査やコンサルティング業務に携わってきた。

こうしたキャリアを経て、シンクタンクで得た経験と知識を、民間企業に対して活用したいとの思いが募り、株式会社リゾートコンペションを立ち上げることになる。独立してすぐに関わったのが、大規模年金施設保養基地「グリーンピア土佐横浪(高知県)」の運営受託であった。ハコモノなどの運営負担に喘ぐ地方経済の立て直しにも貢献できることから、この再生プログラムを引き受けることになる。

再生に踏み出して2年目で、赤字から黒字に転換させ、実力を十分に発揮した。しかし、これから本格的に成長戦略に打って出るという時に、行政サイドの都合により同施設の閉鎖が決定される。不完全燃焼であったとの気持ちを抱えながらも、地方施設の事業再生に対するやりがいと可能性を感じることになる。

　その後、複数の再生案件のコンサルティングなどをしながら、新たな道を模索している中、2005年に東山温泉の旅館再生の話が舞い込むことになった。当時、再生を依頼された東山温泉の千代滝、不動滝、新滝の三旅館はいずれも新館建設などに伴い多額の負債を抱え、経営破綻に陥っていた。この救済に乗り出したのが、東邦銀行、日本政策投資銀行、リサ・パートナーズが共同で組成した地域再生ファンド「福島リバイタル・ファンド」である。2005年10月に100%出資で株式会社くつろぎ宿を設立し、3旅館を一体として事業承継して、歴史と伝統のある温泉街の再活性化を目指した。

　この再生で、実際に再建経営を委任する先として白羽の矢が立ったのが、リゾートコンベンション

図表 3-1
くつろぎ宿の再生スキーム

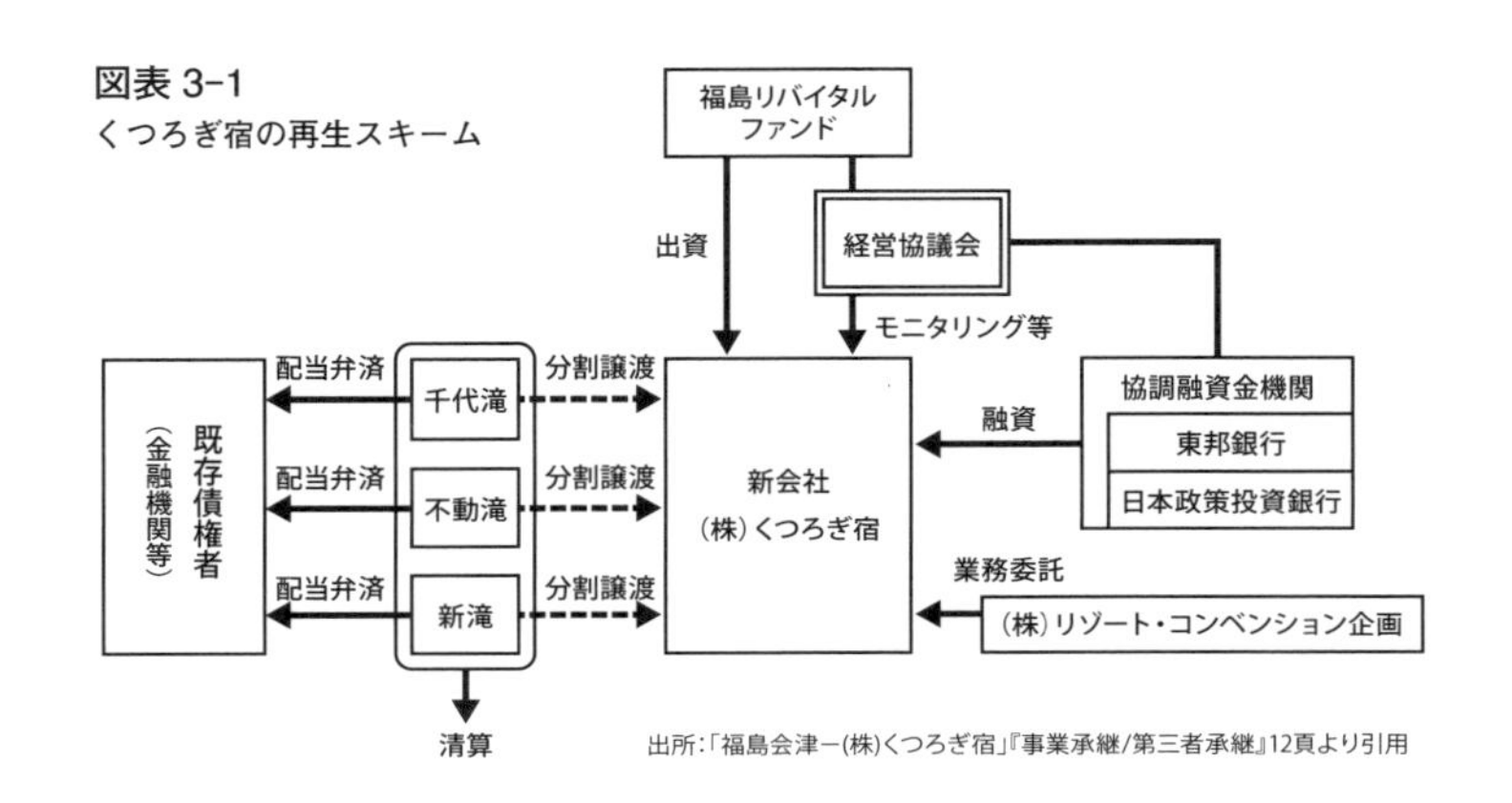

出所：「福島会津ー(株)くつろぎ宿」『事業承継/第三者承継』12頁より引用

企画であった。高知での経験から地域再生に関心を持っていた深田社長は、この計画の趣旨が個別旅館の再生というのではなく、自分が培ってきた経験やノウハウを生かせる地域再生が主軸にあったことから、この仕事を引き受けることを決める。こうして、その年の11月にくつろぎ宿の新社長として、三旅館の再生に取り組むことになる。

地域資源を模索する

深田社長が再生計画に取り組んだときは、三つの旅館は財政的に厳しい状況だけではなく、施設も老朽化しており、温泉旅館としての存続自体が難しいと認識されていた。また、三旅館を一緒に経営することは、経営状況が悪いもの同士を統合することなので、さらに業績を悪化させるだけだという批判的な意見もあった。というのも、ハードの施設だけでなく、顧客からの評価も低かったからである。事実、三旅館とも顧客満足度のアンケート調査では評価を落としていた。再生を引き受けた深田社長も、それまで、顧客満足度を落とし、その結果、集客ができなくなり、さらに売上が立たず、経営が行き詰まるという悪循環に陥る旅館を多く見てきた。これは経営破綻する典型的な事例だと感じたという。

そこで、個々の旅館の経営概要を知るだけではなく、より大きな地域という視点から、現地調査を行うと、この三旅館のみならず東山温泉のほとんどの旅館が、経営的にみて厳しい状況にあることを把握する。確かに何軒かの旅館は、新たな施設などを取り入れ、設備的には整っていたが、逆にそのようなところは、過剰な設備投資に陥っていた。老朽化して魅力を失った旅館と、リノベして新たに生まれ変わり魅力を強化したものの、財務的な負担に苦しんでいる新装旅館が混在している温泉街であった。

こうした背景から、温泉街全体が顧客の取り合いで、激しい価格競争に陥っていた。とはいえ、春先のベストシーズンには、観光バスが一日、何十台も往来し、マイカーで来る客も相当な数にのぼっていた。地域の観光資源を活用することで、シーズン中は十分に集客ができていた。しかし、年間を通してみると、経営的な数字では、三軒の宿だけではなく、地域全体としても芳しいものではなかった。他の地域の温泉街との激しい価格競争にも陥っていたからである。こうした事情もあって、再生にあたり、三軒の旅館だけではなく、温泉街全体の問題として解決枠組をとらえ、再生をスタートすることになった。

改めて三軒の旅館、そして会津地域の強みを他の地域と比較しながら探し出していくことになる。

魅力ある歴史をもつ三旅館

会津若松地域（以下、会津）は自然が豊かであり、前述したように、とくに桜や紅葉のシーズンは、観光バスが何度も往来する、他の観光地域に負けないだけの美しさを醸し出す。しかも、三軒の旅館を個々にみると競争的な強みとしての源泉も有していた。そのため、弱い部分・問題点を取り除き、規模を縮小してでも、三軒の持つ旅館の強みを組み合わせることで、再生できないかと可能性を追求した。それぞれ個々の旅館は歴史がある。新滝は、松平家の領主の別荘を創業者が買い取って旅館にした歴史的な経緯もあり、会津のみならず福島の中では非常に有名な老舗旅館であった。そしてなによりも、竹久夢二が明治・大正・昭和と三時代にわたって逗留していた場でもあり、歴史も財産もある旅館である。隣の不動滝は、自家源泉を豊富に持っており、隅々まで清掃が行き届き、もてなしを提供するための十分な素地をもっていた。千代滝は、かねてから料理では顧客から高い評価を得ていた。

こうした現状分析から、この三軒の旅館のそれぞれの強みを全面に押し出し、逆に、顧客のニーズを満たせていない部分はむしろ積極的に切り捨てていき、それぞれの特性に合わせてサービスにメリハリをつける。そうすることで、新たな競争優位性を創り出していけると考えたのだ。問題は、各旅館の持つ独自性の高い資源の優位性に、オーナー達が気づいていなかったことである。同じようなサービスを提供することでの競争に焦点を当て、それぞれの独自性の高い資源が十分に生かされてはこなかったことに、衰退の大きな原因があると分析したのである。

歴史的な資産だけではない。温泉そのものにも強みがあった。この地域のお湯は、単純塩泉で温度が55度ぐらいで高くもなく低くもないことから、掃除での手間がそれほどかからず、温め直したりする必要もなく、管理という視点からすると扱いやすい。またその泉質ゆえに、広い顧客層をターゲットにすることもできる。事実、顧客がお風呂に何度入っても肌荒れもせず、配管などの設備の故障も非常に少なかった。

もちろん顧客層が広いだけに、ユニーク性が乏しいと揶揄されることもある。しかし、特定の顧客層から圧倒的な人気を誇る強酸性温泉の場合では、温泉地域全体が酸性の空気になるので、車からテレビ、パソコンなどの電子機器も、数カ月で故障につながることが多い。経営サイドからみても、独自性の強い温泉地域に比べれば、顧客層のターゲットを広くとらえることができるうえに、施設のマネジメントにおいても優位性があった。

とはいえ、当時、この温泉の持つメリットを生かし切れていなかった。例えば、源泉かけ流しを売りにしているにもかかわらず、55度の源泉をそのまま入れていたのでは、熱すぎて客は温泉に入れない。そのため、加水することで入りやすい温度までに下げていた。それでは、源泉かけ流しを売りにしているのに、わざわざ水道代をかけて加水しているという矛盾を生み出しているし、プロモーション的にもイメージが低くなる。しかも会津地域は、水道および下水道も、他の地域に比べて高い料金設定になっていた。

「源泉が豊富にあるのであれば、その源泉の流す量を絞れば良いだけのことでした。当時は、残念ながら、そのような当たり前のことさえ気がつかない状況だったのです」〈深田社長〉

さらに言えば、各温泉旅館オーナーは、顧客を大切にし、ニーズを的確に掴み、顧客の期待に応えるといった考えはしっかり持っていたが、不動産の有効利用という感覚は持ち合わせていなかった。旅館は旅館業だという固定概念に縛られて宿泊サービスのみに頭を悩ませ、所有している不動産を少しでも遊ばせておくことなく、可能な限り収益を生み出すものとして活用するといった考えはなかった。そのため宿泊サービスには活用していない「無駄なスペース」から、いかにして利益を生み出すかという発想はなく、とにかく「目の前にいる顧客に喜んでいただきたい」、その範囲から考えが出ていなかった。不動産関連の業務に携わってきた深田社長にとって、この収益志向の欠如にも違和感があったという。

また、この温泉街地域と三旅館の課題を把握していくプロセスにおいて、深田社長は自分がよそ者であるから、当事者たちが気づかないことに気がついたのかというと、そうではないと思ったという。むしろ、ビジネスとして当然考えるべきこと、そうした視点で事実を見据え、毎日、当たり前のように改善に向けて行動できるということが重要であると、改めて認識するようになったという。

2 改革の胎動

マルチタスクの取り組み

改革に向けて、三旅館の良い部分をいかに融合するかを考えるという改革の方向性については決めていたが、実際に何をコアな部分として残し、何を捨てるかということについては、なかなか決断できなかった。改革のスピードを重視し、うまく回らなかった場合は、その都度、改善していく、迅速な試行錯誤で挑戦することを決めて改革をスタートさせることになる。

まず、施設の改善と価格設定の変更から手を打っていった。改革当初は半分ぐらいの規模に縮小して、建物としては古い施設は使わず、新しい施設だけを利用して宿泊業務を展開した。三旅館で約180室あった客室のうち、古い部屋は宿泊施設として提供することはせず、半分ほどの良い部屋だけを活用するとの決断を下した。結果として新しい部屋だけを使用することになったので、顧客満足度は急激に上昇していった。

顧客満足度が上がる中で、次に手を打ったのが価格設定の変更であった。この価格設定の変更は、再生計画の話し合いにおいても、地元オーナーと意見が合わない部分であった。

当時は、旅行代理店が顧客の集客にとって大きな役割を担っていた。彼らのプロモーションはいかに他の地域と比較して価格設定を低くするかということであった。地元旅館のオーナー達も価格を安くすることが集客につながり、顧客満足にもつながると信じていた。しかし深田社長は、再生計画の当初から人泊数を少なくしても、客単価を上げることを重視した戦略を取るべきと考えていた。客単価を上げ、サービスを向上させることで顧客満足度を上げる。そして、顧客満足の向上によって収益をあげ、その収益を従業員にも還元することで従業員満足にもつながると考えていたからである。こうして顧客満足の上昇に連動させて、価格設定を上げていった。予想どおり、価格設定を変更しても、宿の稼働率も顧客評価も落ちることはなかった。まさにビジネスの好循環を創り出すベースができあがりはじめた。

「くつろぎ宿工務店」の誕生

事業が軌道に乗りはじめたとはいえ、すぐに閑散期である冬が訪れることになる。統合して良い部分だけを残したけれども、全館ともインフラの劣化や古びた内装など課題が山積していた。そこで、人手が余るこの時期に、古い設備の改修、改善に取り組むことを決める。しかし当時、改修、改善に投資するほどキャッシュフローに余裕がなかった。深田社長は建築学科を出ていることもあり、配管工事などの専門業者でしかできない分野以外の修繕は自分でできるスキルを持っていた。そのため従業員に対して、修繕資材を市場から購入して、自分達の手で改善作業に取り組むことを提案する。今では知る人ぞ知る「くつろぎ宿工務店」の誕生である。

当初は、修繕業務を拒否して退職していった従業員も一部にはいたが、多くの従業員は改善に取り組んだ。素人ということもあり、旅館の改修には相当な時間を要することになったが、毎年の冬の行事として取り組むことにより、各従業員がスキルを上げていくことになった。例えば、調理スタッフはペンキ塗りや細かい作業が得意であったし、従業員によっては、自分も知らなかった修繕スキルの才能を発揮させる場面も出てきた。しかも、意図しない副次効果も生まれた。各従業員が自らの手で施設の改善を進めることで、施設に対する愛着度が増すことになり、経営サイドから言われなくても、自発的に改修・修繕に向けてのアイデアを出すようになったことである。

くつろぎ宿は、このように従業員の手による改善修理などが注目される。そのため、すべての職員がマルチタスクを担うと思われている。掃除などは地元の人のパートタイマーを活用している。掃除は比較的に短期間でスキルを獲得できるからである。それに対して、宿のサービスの核となる夕食と朝食などの配膳には、かなりの経験とテクニックが必要になるため、スキルの高いプロフェショナルな人材を活用している。

内製化すべき職務と、外部に出してよい職務、そして職務と人材の適合を考えて業務の効率化を図っているのがくつろぎ宿の人材活用である。

現場改革のスタート

施設などの改修や人材の適切な配置などで、くつろぎ宿の評価は毎年上がっていったが、現場で提供するサービスについては試行錯誤の連続であった。改革開始当初は、どのようなサービスや商品が泊り客の心に触れるのかがわからなかったので、ありとあらゆることにトライしようと考えた。そのため、顧客層も幅広くとらえ、はじめは個人客も、団体客の受入れも行っていた。実際、数年間、くつろぎ宿は単価の高い一般個人客から単価の安い団体の修学旅行までと、幅広い顧客層を受け入れられることを強みとしており、それがまた市場の評価につながっていた。

しかし問題は、これらの幅広い顧客層は年間を通じて、また曜日によっても宿泊ニーズ、宿泊行動が大幅に異なることであった。つまり、受け入れ客の週変動、季節変動が大きかったのだ。例えば、ゴールデンウィークの時期は、個人客ばかりになり、その後の時期は、修学旅行が火・水・木で予約が入ってくる。さらに、週末になると個人と地元のグループ団体の予約が入ってくる。これらの曜日、時期によって異なる多様な顧客層のニーズにすべて対応してきたため、職員の負担はかなり大きなものになっていた。というのも、同じ食事会場でも、個人向けと団体向けではレイアウトや、テーブルの位置が違ったりするので、その都度配置を変えなければならない。この配置換えでの手間が結構な重荷となっていた。

また、大きな会場での食事の片付けをしながら、隣接の部屋に音が漏れないようにするなど、細心の注意を払いながらの仕事は、従業員にとっては精神的にも肉体的にも大きな負担になっており、帰宅時間は23時を超えていたことが多かった。さらに、通常は朝食の準備が朝7時ぐらいからスタートするが、時には顧客の要望で6時半からのスタートにも対応していたため、従業員は今で言うところのインターバルの時間がとれないことも少なくはなかった。場合によっては5時間から6時間しか家にいる時間がない状態でも、従業員は文句も言わずに懸命に働いてくれていた。

当時、このような業務状態は、旅館としては当たり前であり、従業員も多忙になるシーズンの過重労働は常識という感覚であった。深田社長自身も、旅館業務の負担の大きさは認識していたが、当時はとにかく顧客ニーズがある限り、それらのニーズにすべて対応して、少しでも売上を伸ばさなくてはと考えていた。

しかし、時間の経過とともに、生産性の観点からそうした業務の在り方に疑問を抱きはじめる。現状の過剰労働の罠から抜け出すには、どのような方法があるのかを考え始めた。そこで改めて、どこから来る顧客が、より自分たちのサービスを適切に評価してくれるかを問い直した。つまり、本当にくつろぎ宿がターゲットにすべき顧客層は誰かを考えたのだ。言い換えれば、自社のサービスを適切に評価し、それに見合う対価を払ってくれて、現在の過剰労働の罠から抜け出させてくれる顧客は誰か、自分たちにとっての主要なターゲット顧客をつかもうとした。

経時的にデータを調べると、コアな顧客は個人客であることが明確になっていく。昔から、ゴールデンウィークや「特日」（特別期間）といわれる3連休、紅葉のシーズンというのは、首都圏の顧客が人泊数ベースで5割を超える状態であった。特日においては8割近くになることもあった。しかもそういう時期に限っては、需給バランスの点から単価も上げられ、値引きをする必要性もなかった。

「お客様の立場からすると値上げをするというんですけど、私たちからすれば値引きをしなくて済む。値引きをしなくて済むタイミングが、首都圏のお客様の比率が高まると

きで、しかも値引きをしていないのにもかかわらず、お客様が一番喜んでくださって評価を高くつけてくださることがわかりました」〈深田社長〉

まさにターゲットが明確になった瞬間であった。

3 ターゲットを見定める

首都圏の顧客をターゲットにする

深田社長は、改革をスタートさせたときから、われわれのメインターゲットは、地元の顧客層ではないと感じ始めていた。地元の旅館業の人々は、基本的には顧客に満足していただきたいという思いが非常に強かった。しかし、どの地域の、どの顧客層に満足していただけるのが経営的にはベストなのかということについては考えてはいなかった。そのため、地元旅館のオーナーは、いちばん身近にいて、反応が手に取るようにわかる地元顧客をターゲットに、彼らのニーズをいかに満たすかを考えていた。

確かに、コロナ禍などでマイクロツーリズムという考え方が流行した。しかし、深田社長はこの考え方には反対だという。というのも、地元の方のニーズに応えるというのは、言うほど簡単ではないからである。そもそも地元の人々は、車で20分から30分圏内の旅館に頻繁に泊まるかというと、必ずしもそうではない。しかも、地元客の評価基準がいちばん厳しく、かつ客単価として低かった。そしてなによりもマーケットが小さかった。つまり、この三重苦のような客層をわざわざ顧客ターゲットとして狙う必要があるのか疑問に感じていた。マーケットの小さい地元をターゲットにビジネスをするというのは、地方であればあるほど成り立たないのではないかと考えていた。

もちろん市場規模が小さくても、地元の中でもそれなりに富裕層がいる。ダブルインカムの公務員、経営者層、医者などである。彼らをターゲットに、地域いちばん店の評価を得れば、地元の狭いマーケットでも収益を上げるビジネスの仕組みは成立する。しかし、当時のくつろぎ宿の規模では、地元の顧客層だけをターゲットとしていてはビジネスとして成り立たせるには難しかった。

こうして、従来どおり地元の顧客にも利用していただくが、メインターゲットは首都圏（一都3県）の顧客にすることを決めた。

伝統文化や郷土料理での価値創造

会津地方の競争環境を考えたとき、首都圏の顧客が会津に来る前には鬼怒川や那須などの競争力のある観光地域がある。逆に首都圏の反対地域の方向には、箱根や伊豆など、これまた優良な観光地域がある。首都圏の顧客は、これらの競合する観光地域を選択しないで、わざわざ会津地域を宿泊先として選んでいるのだ。

以前、この地域の再生に向けての話し合いで、価格設定の話と同様に地元オーナー達と意見が分かれたことがあった。再生計画の柱として、会津にこだわるということに関しては、地域全体からコンセンサスがとれていた。しかし、提供するサービス内容については、意見が一致する部分もあったが、そうではない部分も多かった。例えば食事についても、地元からの顧客もそれなりにいるので、地元顧客のニーズに応えるためにも、旅館料理では魚介類の焼き物、お造り、天ぷらなどの定番三品や茶碗蒸しは、絶対外せないなどの意見がでた。また、冠婚葬祭の席には必ず出される「こづゆ」というホタテの貝柱を出汁にした郷土料理があるが、これについても、それぞれの家庭の味で楽しむという一品であるため、旅館料理として出すのは、やはり難しいという意見が地元の調理担当者やオーナー達から出された。

これらの意見に対して、深田社長は真っ向から異なった意見を出していった。オーナー達が顧客には受け入れられないだろうとした郷土料理を、研ぎ澄ませて提供していこうと提案する。プロの料理人が作ったら、同じ「こづゆ」だったとしても、別のレベルに持っていくことができる。そして、今までの定番としていたお造りを出さなくても、地元の食材を使った料理をプロの職人が出せば、地元の顧客にも理解してもらえると考えた。

いよいよ首都圏の顧客をターゲットとし、かねてから抱いていたサービスについてのアイデアを実行に移していくことになる。徹底的に会津にこだわり、地元の旬の食材を使用した料理や創作郷土料理などを提供できるかが、他の地域との大きな差別化になると考えた。会津名物の馬刺し、「こづゆ」などの郷土料理を中心としたメニューに変え、料理に使う素材も地元で採れる野菜などを大幅に増やしていった。さらに、酒なども地元の酒造メーカーとの取引を通じて提供してもらい、料理からアルコール飲料まで徹底的に地元資源にこだわった戦略を展開した。この地元志向にこだわる料理への戦略の変更は、市場で評価されることになり、くつろぎ宿の顧客満足度の評価や客室稼働率は右肩あがりになっていく。

施設や料理を改善しながら、価格競争を抜け出すために、サービスの向上にも手を打っていった。顧客の評価が下がるのは、企業が提供するサービスの価値と顧客期待値の間でミスマッチが生じるからである。そのため、顧客が抱く不安をいかに速やかに見つけて解決していくかが、顧客の満足度を高める鍵になる。

顧客満足を高める三つのポイント

くつろぎ宿では全職員に対して、顧客満足を第一に行動することを目標として掲げている。顧客満足を追求するための仕組みとしては、まず一つめに、顧客がなにか困っていることがあるようであれば、とにかく声をかけて、その不安・不満・不便を聞き出し、すぐに対応することを徹底している。そのため、従業員には顧客の不安・不満・不便を感じ取れるような感度が要求されてくる。

この感度を高めるために、深田社長は自身が手掛けている秋田県内にある四季彩り秋田づくし　湯瀬ホテルの従業員と、くつろぎ宿の従業員を行き来させることで、「顧客目線での宿泊体験」や「バックヤードを含めたオーペレーション現場の視察」を行っている。顧客の立場から、宿が提供するサービスを見るためである。さらに、外部の宿泊施設のコンサルティングを行う際には、自分や役職者だけではなく、現場の従業員もプロジェクトに参画させている。他社の支援を通じて自社を客観的に見る力を養う機会として位置づけているのだ。

二つめの顧客満足を高める方法は、宿泊客から直接意見を聞く、Ａ４一枚のお客様アンケートである。このアンケートは、サービスの各項目に対して「期待以上」「期待以下」「普通」の３段階の指標から構成されている。「期待以下」と顧客が回答した場合には、その原因が何にあったかをすぐに調べるようにしている。くつろぎ宿のルールとしては、部門を超えて、とにかくいちばん最初に見つけた従業員が指摘された問題点について対応することになっている。また、課題の情報共有化も徹底している。毎日、10時30分からマネジャー・ミーティングを開き、問題などの情報の共有化を行っており、そこで議論された内容については、フロントの責任者から社員全員にメールで送られることになる。

三つめは、顧客からのネットへの口コミ評価の活用である。口コミの評価は、夕食・朝食の料理、部屋のサービス、施設などの項目から総合的に評価される。しかも、これらの項目が点数化されているため、時系列にみることで宿に対する評価項目が、どのように変化してきているかを把握することが可能になる。また、同じ基準で競合他社との比較も可能になるため、自社の強みと弱みを明確にすることができるだけでなく、これらの指標をベースに、数カ月先まで口コミの評価を予測することが可能になる。

このような情報の分析を担当するのがマーケティング部門である。この部門は、現在8人からなり、ネット情報の管理だけではなく、予約情報サービス、予約業務なども担当している。例えば、顧客から食事に関するアレルギー情報やエレベーターの近くの部屋は避けてほしいなどの情報が事前に届けられれば、それらをフロントや調理部門に伝えておいて、対応を図るようにしている。くつろぎ宿が、ここまで顧客満足度を高めるために組織的な仕組みを設ける理由について、深田社長はコーヒーのメタファーを利用して次のように述べている。

「例えばおいしいコーヒーにおいしい生クリームを入れるから良いわけです。この中に何か別のもの、しょうもない液体を入れたら、たった1滴だとしても、絶対出せないものになってしまう。そこは当然、みんなわかるんです。コップ一杯丸々ほぼ完璧だとしても、1滴でも駄目なものが入ったら、出したことそのものが不満不平になって、とんでもないという話になる。われわれのサービスはそれぐらい厳しいものだから無理をしない、やらない。普通以上にできるところだけで勝負して、それで商売をやっていこうと。そんなことからはじめました」

この言葉を裏づけるように、インターネットでは一つの評価でポイントを落とすと、全体の総合評価が極端に落ちることになる。また、ネットで上位に評価ポイントを得ていなければ、ほとんど市場への訴求度を高めることはできない。一方で、顧客満足は顧客のニーズをひたすら追求するだけでは実現できない。旅館業というサービス業において、高い顧客満足を実現し、その結果として高い業績を実現するために最も重要なポイントは、「高い従業員満足」ならびに「ビジネスパートナーとの持続可能な関係性」である。つまり、旅館業は従業員満足と関係者との良好な関係構築があってこそ成立するビジネスであるということである。

従業員満足を高めるための工夫

深田社長が会津にこだわることを差別化の基本としているのは、地元には観光資産があり、地元の企業から品質の高い料理素材が提供されるからである。しかも、その料理にかかせない酒についても、地元の酒蔵メーカーとの協力関係を深めることで、品質の高い商品を提供してもらっている。彼自身、くつろぎ宿を、歴史をテーマとした「会津テーマパーク」の一部として位置づけている。

地元の関係者との関係性を重視するだけでは、事業は成り立たない。従業員もまた、重要な関係者である。彼らは生活の多くの時間を職場で過ごすことになり、彼らが仕事を通して満足を得られることも欠かせない。彼らが活き活きと働き、顧客にサービスを提供する、そして顧客が満足して喜んでくださる姿を見て、自分の仕事に誇りをもつ。こうしたことがあってはじめて顧客満足は実現できる。これは、サービス業の原則だ。

生活の大半を宿で過ごすことになる従業員は家族と同じである。彼らの労働環境を改善し、それが労働の生産性アップにつながるような環境をつくりださなくてはならない。例えば、従業員は食事会場を、団体客、個人客、家族などが一緒の席になることを避けて、会場を分割する。しかも、短時間で会場の仕切りを変更しなくてはならない。そのため、宿の料理には陶器を使用するという既存の常識にとらわれていると、陶器の重量や破損の心配で、食事の準備に余計な時間がかかる。彼らの負担を低減させることを最重視すべきなのである。

このような従業員への負担は、もちろん大規模な設備投資をして会場の改修を実施することで解消することが可能であるが、キャッシュの流失は大きくなる。食器を変更するのであれば、大きな投資をすることもない。くつろぎ宿では、時間をかけて料理ごとに徐々にメラミンという素材の食器に変更していった。変更当初は、デザイン性があるものが少なく、顧客からのクレームもあったが、今はデザイン性も高まっているので、クレームもほとんどない。そして、なによりも、食器をメラミン素材に変更してからは、一つひとつの食器が軽くなり、従業員の負担は劇的に軽減されることになった。

さらに、食器だけではなく大会場の床も修繕を行った。それまでは、会場が畳で、しかもスリッパや靴を脱いで一段上がらなくてはならなかった。そこで、顧客の利便性と従業員の仕事の効率化を意図して、すべてフローリングに改善している。フローリングにすることで、顧客も会場に入る時にスリッパや靴を脱がなくても良くなった。そして、従業員も台車を使用することが可能になり、給仕や片づけの業務が一段と効率的にこなせるようになった。

くつろぎ宿での改修は、顧客満足を高めると同時に、従業員満足を高めるものになっている。

4 ＣＳとＥＳを大事にする身の丈経営

１００％の稼働率にこだわらない

今やこの地域でくつろぎ宿と言えば、地域を代表するブランドになりつつある。そのため、客室の稼働率もある程度、コントロールすることが可能である。毎日、ほぼ満室にしようと思えば、集客することは可能である。しかし、顧客満足の総合評価にこだわるため、くつろぎ宿では敢えて１００％の稼働率にはこだわらない。あえて満室にしないことが、顧客満足度を高めるうえでは重要なポイントとなると考えるからである。

こうした考え方から、くつろぎ宿では満室にならないように稼働率を調整している。例えば、かつて新滝では、ビジネスタイプのコンパクトツインを販売していた。コンパクトツインとはいえ、ふつうのビジネスホテルよりも、広い空間を提供していて、当時、顧客からの人気は高かった。しかし、今は積極的には販売していない。仮にＯＴＡ（Online Travel Agent）サイト上で満室になったとしても、宿としては稼働率83％程度で抑えている。

ビジネス客だけではなく、メインである一般顧客の予約も意図的に調整している。宿で顧客が満室になれば、駐車場もいっぱいになる。さらに天気次第では、顧客の動きは大きく変わる。気候の良い、晴れている時などは、外にいることが快適なために、チェックインが遅くなる顧客は多くなる。紅葉の時期はとくにそうだが、ギリギリまで外の紅葉を楽しんでからホテルに行こうとするため、同じ時間帯にチェックインする顧客が増え、フロントは多忙を極めることになる。こうした予測できる不快を事前に取り除こうとしている。

また、宿の高い評価を見て、とにかくゆっくりとお風呂などに入り、できる限り長い時間滞在することが目的の顧客もいる。このタイプの顧客は、チェックインは15時からであるが、14時30分には宿に着いているケースが多い。しかも、10組ぐらいまとめて到着することもある。そうした場合、ロビーにいるお客様の人数が30人ぐらいになる。しかも人数分の荷物があるため、宿の案内やチェックインなどで、非常に混雑することになる。顧客のチェックインとチェックアウトはなるべく分散させたいが、顧客の到着時間や出発時間を旅館側がコントロールすることはできない。ここでも、受け入れ人数を適切な数までに減らすことで、間接的に、混雑を回避する工夫が必要となる。

くつろぎ宿は顧客の期待値が高いだけに、たった一つのミスであっても顧客満足が得られないと、評価は急激に下がることになる。実際、今までの経験知からも、混雑する時ほど評価が下がる傾向がある。そのため、客室の稼働率を調整し、自分たちがコントロールできる範囲にとどめている。深田社長は言う。

「それこそテストの点数で、平均で95点ぐらいをずっと取っているときに、1個でも0点を取るといきなり平均点が下がることになる。いかに高い平均点を維持するかということ。どんなに悪くても80点をキープするみたいな。そのためには高稼働率を求めないことが重要になるわけです」

経営の柔軟性を高める

客室の稼働率を意図的に調整することは、組織マネジメントの点からも配慮されている。個々の顧客に対応できないほど混んでくると、従業員が目に見えて疲弊してくる。業務で煽られ、顧客からのクレームが増えてくると、一生懸命に働いている従業員のモチベーションは極端に下がることになる。稼働率を意図的に調整しているのは、顧客サービスを向上させる際に経営のボトルネックになる要因は人であることを意識した、重要な戦略なのである。つまり、全体の業務がスムーズに流れるためには、意図的に8割程度で抑えるのがベストだということである。結局、その意図的な客室稼働率の調整が、高い顧客満足につながることになる。言い換えれば、あえて身の丈の経営にこだわっているとも言える。このこだわりが組織の柔軟性や状況適応力を高め、さらに顧客ロイヤリティを高めることにもなる。

また、単価を上げて売り止めにしていても、顧客によっては特別な事情があり、「それでも何とかならないか」という電話がくることがあるという。そういう顧客に対しても、部屋の予備があれば、空いている部屋で対応が可能になる。修学旅行など、まとまった団体客の予約が年に何度かあるが、そのような団体の添乗員や乗務員、または学校関係者の方は、1人部屋を希望する場合がある。そういう時にも、空き部屋を使ってもらうようにしている。

このように、くつろぎ宿では、年間を通して、宿の柔軟性と顧客満足を高めるために、客室を100%稼働させるための積極的な販売はしていない。その一方で、部屋が空いている場合は、OTAのサイトでは提供していなくとも、自社サイトで販売を行っている場合がある。このような柔軟な販売体制の運営は、東日本大震災やコロナ禍という不測の事態に対しても組織のレジリエンス力を高めることにもつながった。

5 レジリエンス力を高める

逆境を好機に転換する

2009（平成21）年になると、再生計画が軌道に乗りはじめた。ところが、2011（平成23）年に東北大震災が起き、くつろぎ宿も被害を受けることになる。温泉高台にある千代滝新館最上階の配管の亀裂によって、お湯が下層階へ漏れ出して、建物全体に及ぶ被害が生じていた。しかし、幸いにも大きな被害はその程度であり、その他の施設は利用可能な状態であった。利用できる施設をフルに活用することで、災害にあった人たちの支援に「できるだけのことをしよう」と指示を出す。

多くの避難者を無償で積極的に受け入れ、暖かい食事と部屋を提供することで疲れた体を癒やしてもらった。避難者の受け入れというイレギュラーな状況にあった中でも、避難者の安心と満足を追求しながら、しかも他方でビジネスとしての採算性も考えるという難しい課題を、組織の全員が自ら考え抜くことで乗り切った。それは、通常の研修などでは得られない経験であり、社員の一体感や結束感を強める結果になった。また、大震災というような予期しない出来事が起こる状況に対応するスキルは、２０１９年から始まった新型コロナウイルス感染症のパンデミックに対する適応力を高めることにもつながった。

このパンデミックは、旅行業界の経営に大打撃を与えることになる。くつろぎ宿も、競合他社と同じく大幅な減収に見舞われる。当時は一般の顧客が来ないだけではなく、市から営業の停止を求められるという状況であり、宿を開けていること自体が赤字につながっていた。このような状況にも関わらず、深田社長は宿を閉館することなく開け続けた。その理由は、顧客が多くないとはいえ、コロナ禍でも温泉宿を必要としている人がいたからだ。多忙を極めた病院関係者や医薬企業の人々、さらにはコロナ禍で心を病んだ人々などが温泉宿を求めて、くつろぎ宿を訪れてきたのである。

もう一つ、宿を開け続けた理由は、深田社長がこの危機を次の飛躍ステージへと導く機会としてとらえていたからである。この未曾有の危機を冷静に分析していたとも言える。このパンデミックが何年も続くわけがないと考え、この時期にこそ、今まで閑散期の冬期シーズンでもできなかった施設の改善、改修を前倒しして実施することを決定する。当然、組織役員の多くから猛反対を受けることになる。この時期にキャッシュアウトするのはあまりにも危険であり、今はひたすら静観するのがベストだというのが大半の意見であった。しかし、反対意見が多いにも関わらず、客室やダイニングの改装、露天風呂の建設など、次々とパンデミック後の需要回復に向けて手を打っていった。

その予想は当たり、半年後の10月には政府主導のＧｏＴｏキャンペーンが始まり、需要が大きく回復。くつろぎ宿も満室状態が続くことになる。しかも、コロナ禍での閑散期に施設を改善したことで、顧客の評価も一段と上がり、この地域では完全に頭一つ抜けた存在となっていった。

情報産業としての宿泊業

この地域で、競合他社を圧倒するポジションを獲得したくつろぎ宿。しかし、改革の手を緩めることはなかった。現在、戦略的に力を入れているのが、情報のマネジメントである。というのも、旅館業を情報産業として位置づけているからである。現在、くつろぎ宿の顧客の8割超はネットからの予約だ。ネットでの売上指標は、予約サイトごとに占有率や売上高を重視するなど異なるが、その指標でみて上位の1位から3位までに位置づけられないと、「以下、同文」のような扱いになり、顧客から選択される確率が低くなっていく。

上位にランクインされ続けるためには、突出した差別化ポイントを創り出さなければならない。上位にランクされる宿は、その地域の料理にこだわっている宿だとか、料理やサービスはそれほどでもないが、温泉はきわめて独自性が高いなどの訴求ポイントを明確に持った温泉宿などである。つまり、特定の地域で圧倒的なブランドを有する温泉宿である。しかし、くつろぎ宿ほどの規模を有する温泉宿の場合、特定のニッチ市場に訴求するだけでは経営的になりたたないだけではなく、顧客満足度を高めることもできない。温泉や食事、さらには接客サービスなど、トータルとして顧客から評価されるサービスを創りこんでいくことが重要になる。

トータルに差別化していくためには、顧客の不満・不安を迅速に処理していくことが必要不可欠になる。まさに、かゆいところに手が届くサービスを持続的につくりだしていくことが必要なのである。そのために、前述したような顧客満足を実現するようなさまざまな仕組みが用意されていた。しかし、この仕組みを生かすには、従業員が自ら考えるという組織風土がなければならない。仕組みはあくまで仕組みであり、その仕組みを使いこなすには、競争・市場環境の変化に適応しながら絶え間なく知識を産み出す組織が必要となる。

くつろぎ宿は、ミーティングでは、問題や課題が発生した際に必ずそれへの対策の提案まで出すように従業員に促している。発表だけに終わらせず、当時者として解決するよう求めている。自発的に考えるということがあってこそ、さまざまな分野で小さな差別化を創り込んでいけるからである。実際、くつろぎ宿の館内の設備の修繕、改修は従業員から出てきたものを、議論を重ねることで実現に落とし込んでいったものである。一例を挙げると、食事会場のフローリングへの張り替えなども、もともとは従業員から先に出されたアイデアである。

施設の改善だけではなく、サービスの改善についても、組織的な知を活かしてきた。例えば、学生の修学旅行には組織的な対応が求められる。くつろぎ宿では、団体客の朝食は7時半からということで定着していた。従業員が、夜から朝までのインターバルをできるだけ多くとるためである。しかし、ある学校の修学旅行の団体から、どうしても朝食を朝7時からにしてくれという要請がきた。朝30分早いだけとはいえ、従業員はいつもより1時間以上前に出勤することになる。

従業員と一緒に、どうすれば顧客の要請に組織として負担なく応えられるかを考えた。先方からの要請だからといって、すべて学生が揃う30分も前にお膳を用意していては、冷えた料理を出すことになる。全員で、学校側と事前に約束していること、約束していないことを徹底的に洗い出した。学校側には朝食メニューなどについては、すでに伝えてあるが、その提供方法については宿側の自由であることがわかった。そこで、事前に味噌汁とご飯を用意しておくが、メインの料理などは先生方が朝の挨拶をしている間に一気に出すという解決策を考えた。とはいえ、その時間はわずか10分程度であることから、フロントから夜勤開けの社員まで、総出で配膳することで乗り切ることになる。現在は、修学旅行の生徒自ら食事会場に入ってくる時に、おかずなどを取ってもらうことで、朝食時間の前倒しの要求に対応している。

ストーリーを語る

深田社長が宿泊業は情報サービス産業だというのは、顧客に関する情報マネジメントの高度化だけを意味しているものではない。もちろん、くつろぎ宿の従業員は、情報感度を高めるために、年に数回、東京のビックサイトに出かけて、ＩＴやロボティクスの展覧会に足を運んでいる。また、毎週の材料の発注は季節変動を織り込みながら、いくつかの指標を取り込んで、地元の大学生などに依頼して、情報システムを構築し対応した。

しかし宿泊業では、情報システムというハードだけを高度化しても、それがイコール顧客満足にはつながらない。実際、情報は多くあれば良いというわけではない。多くの情報から取捨選択して適切にタイミングよく、必要としている人に提供しなくてはならない。深田社長は、「発注責任」という言葉をよく使い、組織内で誰が業務を依頼したか、明確にすることをルーティン化している。というのも、どのタイミングで、誰に、どのような情報を出すかでサービスの価値が決まるからである。適切にタイミングよく情報が提供されてこそ効率的な業務をこなすことができ、高い顧客満足につながっていくことになる。例えば、すばらしい地元の素材をベースにした創作料理をつくったとしても、顧客が本当に出してほしい時に出さなくては、その料理の価値は失われることになる。顧客が次に何を望むかという数分間先の創造力が必要だという。そして、その創造力を鍛え上げることで、提供するサービスの背後にあるストーリーも語れるようになるからである。

「提供するサービスに価値を認めてもらうというのは、もう情報サービス産業の概念だと思っています。だから、接客においても「はい、コーヒーです」とポンと置くのではなく、話すタイミングを考えて、例えばどういう豆にこだわっていて、どういう豆の挽き方をして、どんな器で出しているかということをお客様に言えることです。そのことをお客様に飲食を提供するタイミングで言えるとか、ポップにそれがにじみ出ているとか、質問があったら答えられるとかで、同じコーヒーでもありがたみが違ってくるということです。それで1杯300円なのか、400円なのか、倍の600円になることはないでしょうけど、そういうちょっとの違いが価値を創り出すうえで大きいことになる。われわれのビジネスは損益分岐点を超え出したら7割から8割ぐらいが純粋営業利益になるんです。ですから、損益分岐点を超えたところで、いかに付加価値を高めるか。ほんのちょっとの差が、実は収益においてはめちゃくちゃ大きいわけです」〈深田社長〉

サービスの特徴は無形性である。しかし、サービス産業で優位性を創り出すためには、サービスの無形性からどのようにして有形要素を引き出して顧客に見える化することができるかが必須条件となる。深田社長の言葉は、一つひとつのサービスの背後にあるストーリーを紡いでいくことにこそ、無形性から有形要素を引き出す鍵があることを示している。

トータルで創り出された競争優位性

くつろぎ宿の事業再生は、開始から20年が過ぎた。その間に、会津に徹底的にこだわる温泉旅館というコンセプトは変えていない。実際、温泉での寛ぎや会津の郷土料理をベースにしたコースを味わうことができるといった基本コンセプトは変えていない。その一方で、ターゲットとする顧客の価値観や生活様式、ニーズの変化には柔軟に対応してきた。例えば、顧客層の広いニーズに対応するために、和室にベッドを置くなどホテルの良さも

積極的に取り入れてきたし、地元食材を使用した伝統的料理、ニシンの山椒漬けなども、今日の顧客のニーズにマッチしないと判断すれば、すぐにメニューから外してきた。

くつろぎ宿の競争優位性は、特定のサービスを突出させて創り出されたものではない。食事、温泉、サービスなどで、トータルとして顧客に満足していただくことで差別化を創り出してきた。しかも、その中でのメリハリを時代の変化とともにつけてきている。まさにそのメリハリのつけ方にこそ、くつろぎ宿の優位性が隠されているのであろう。

第二部

海外へと事業を伸長させる

第4章

株式会社ハニーズホールディングス

時代の変化に即座に対応

福島県いわき市鹿島町

1978年に創業(前身は有限会社エジリ)したハニーズは、婦人衣料および服飾雑貨の企画から製造、物流、販売まで自社で行っている。1986年から首都圏進出を開始し、1991年に海外生産をスタートさせ、1992年100店舗達成。さらに2009年、1000店舗を達成する。「コスト」と「時間」のムダを徹底して省くビジネスモデルを確立。お客様の信頼を大切に、「高感度・高品質・リーズナブルプライス」を追求し、10代から60代以上にわたる幅広い世代に支持されている。

6年連続顧客満足度第1位

　商品変化の激しいアパレル業界。何でも揃うという大手のディスカウントストアでも、流行ファッションはできる限り避ける傾向がある。流行の読みが難しいうえに、外部環境、とくにその年の天候によって売上が大きく影響を受けるからである。このような需要が読めない不安定な業界で持続的に成長を遂げてきたのが、福島県いわき市に本社を置くハニーズである。しかも、サービス産業生産性協議会（SPRING）のJCSI（日本版顧客満足度指数）調査の衣料品店業種で6年連続して顧客満足度一位を獲得している。

　競争・市場環境がダイナミックに変化するこの業界にあって、一地方企業が地域を超えてグローバル化にも成功し、しかも短期間に上場企業にまで成長している。ハニーズはまさに地方の雄ともいうべき存在である。

1　100億円企業を目指して

帽子店からの事業展開

ハニーズ創業者の江尻義久代表取締役会長は、父から引き継いだ帽子店が創業の原点である。父親の店を継承してほしいという願いに応えたものであったが、当時は経営に対する大きなビジョンを抱いていたわけではなかった。しかし、彼は帽子店に対する漠然とした不安を持っていた。当時、日本経済は高度成長の真っ只中、国民の乗用車保有台数が飛躍的に伸びている時代であった。まさにマイカーブームの到来である。本格的な車社会になれば、帽子の需要はいま以上に減少するだろうと考えた。そこで、目をつけたのが、衣料品販売であった。当時、衣料品の年間販売額は1958（昭和33）年時点で約2940億円だったのに対して、1976（昭和51）年には約5兆480億円と飛躍的に伸びていたからである。

さっそく帽子店の隣に15坪の店を借りて、洋服と雑貨の売場を持つ小売店を、有限会社エジリとして開業することになる。経営資源に乏しいことから、変化が激しいファッション業界で生き残るためには、ターゲットを明確にしなくてはならなかった。当時、年齢の高い顧客層は、ある程度、自分の行きつけの店を持っていることから参入が難しいと考えられていた。しかも、売場のスペースも資金も限られており、紳士服を製品の品揃えに加えることも難しかった。

そこで10代から20代の若い女性向けのカジュアルファッションにターゲットを絞ることにする。とはいえ、この業界ではまったくの素人であることから、若い女性向けブランドとして人気を誇っていたハニーハウスというブランドのフランチャイズに参加し、「ハニーハウス」という店名で新しく店舗を構えた。フランチャイズに加入することで、この業界のノウハウを蓄積しようとしたのである。

ところが、ビジネスを始めるとすぐに壁に突き当たった。若い女性向けの服は、流行り廃りのスピードが考えていた以上に早かったのだ。しかも、企画・デザインはすばらしかったが、地方で1着5000円もする洋服は、簡単に若い女性が購入できる価格ではなかった。サンリオなどを扱っていた雑貨部門は好調だったが、婦人服部門は売上が伸び悩み、結局、初年度は赤字を計上することになる。

SPAモデルとの出会い

初年度から逆風が吹く中、ある講演会に出かけた。そこで登壇した経営者の話に触発されて、100店舗、売上100億円企業を目指すという目標を立てることになる。当時は、荒唐無稽な目標と思われたが、この高く設定した目標が会社を牽引していくことになる。次年度もハニーハウスから提供される企画商品を主軸に品揃えをしながらも、独自性の高い商品の模索をはじめる。独自性とは、父の代から引き継がれてきた考え方であった。

1980年代になると、既製品を大量生産していた大手アパレルメーカーに対抗するかたちで、デザイナーの作風や名前を前面に押し出したファッションブランド、つまり、DC（デザイナーズ&キャラクターズ）ブランドのブームが押し寄せてくる。当時、DCブランドメーカーは大手企業とは異なり、多品種少量生産を基本とした小規模メーカーが多かった。その多くは原宿のマンションの一室で商品企画をつくっていたことから、マンションメーカーとも呼ばれていた。週に一度、商談のために都内のマンションメーカーを訪れては商談を繰り返すという生活を続けることになる。

商談とはいえ、単に企画開発や価格交渉するだけではない。「これだ」と思う企画や素材を選び、その後、企画や素材を他のメーカーと比較したうえで、生地の仕立屋までさかのぼって仕入れを検討する。このような商談を繰り返す中で、スウィングトップという商品企画に出会うことになった。その出会いから、新進気鋭のデザイナーがつくった商品企画をハニーハウス仕様の別注品で安く大量に売り出すことを決断する。当時、競合他社が5900円で販売しているところを、中高生でも手の届く3900円という低価格で販売し、爆発的なヒット商品につながった。

この低価格を実現できた鍵は、仕入れの仕組みにあった。当時のアパレル業界では、生産には商社が関与し、卸業者を通じて小売店に商品が流通していた。そのため、中間マージン、返品リスクなどが価格に転嫁され、顧客は商品に対して割高感を持っていた。それに対して、ハニーズの場合、アパレルメーカーから直接仕入れて全量買い取りを前提とすることで、メーカーのリスクを減らし、顧客がより求めやすい価格を設定することができた。先の3900円の価格設定ができたのも、1店舗あたり100枚の発注など、当時の地方企業としては考えられない大量の数を発注していたことによるコストダウンの成果でもある。まさに現代のSPA(Specialty store retailer of Private label Apparel

図表 4-1
ハニーズの独自システムー海外からの輸入モデル

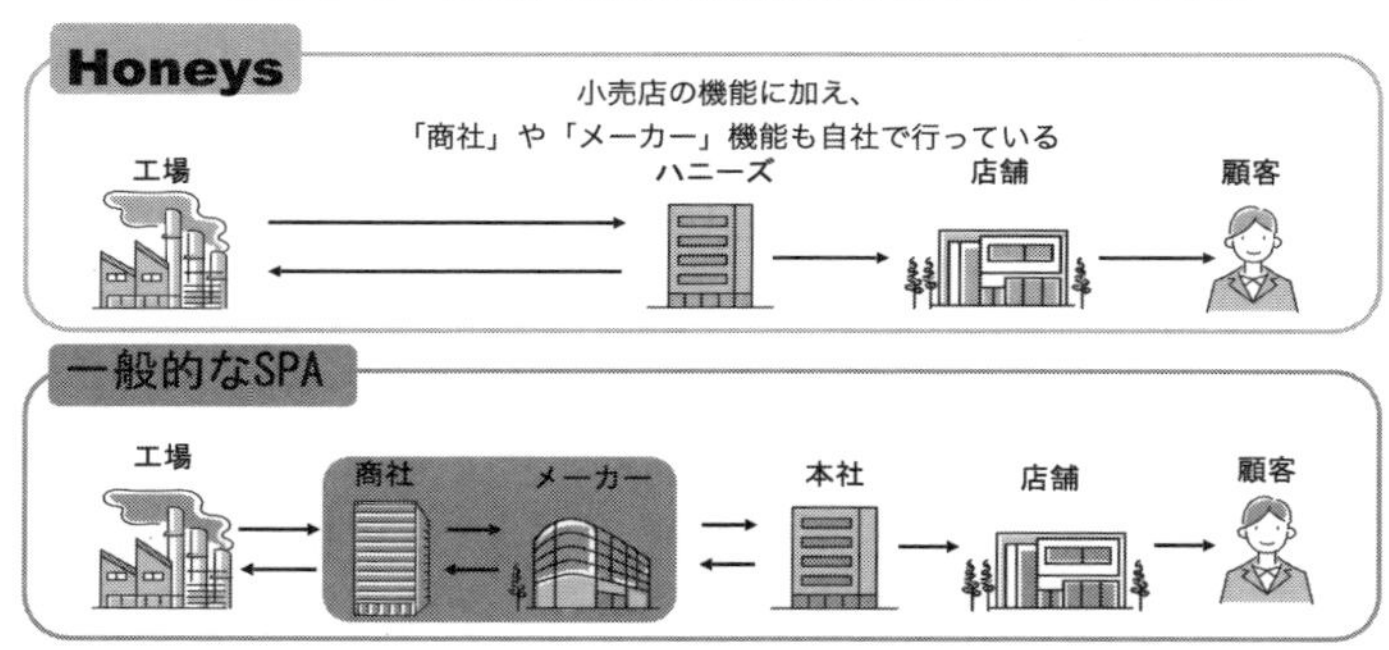

出展：株式会社ハニーズホールディングスHP「ハニーズのモノづくり」を参考に作成（https://www.honeys.co.jp/company/policy）

＝自社企画・製造・販売）モデルの先駆けを創ったのがハニーズ独自のビジネスモデルである（図表4-1）。このビジネスモデルは、「感度の良い商品を手頃な価格で販売できれば、しっかり売れるのだ」ということを改めて認識させることになる。

いわき市から近隣の県外へ進出する

実際、売上も倍々ゲームで伸びていき、店舗展開もいわき市内に4店舗を構え、その後、県外初の店舗を仙台市のショッピングセンターに出店する。もちろん出店の波及効果を考えれば首都圏への進出のほうがベターかもしれないが、成長の速度とマネジメントでの効率性を考えた。何か経営的に問題が生じた場合には、すぐに対応できる距離に進出することを決めたのだ。

近県に進出したもう一つの理由は、多様なブランドがしのぎを削る首都圏では、認知度面において、ハニーズのブランド力で競争することが厳しかったことである。隣接県の仙台への進出の際でも、まだ知名度が低いことから、ショッピングセンターの中でも入り口から遠い奥に位置するスペースを与えられるという状況であった。

ただし、その不利な立地も、巧みな品揃えによって乗り越えていくことになる。実際、店舗への客足は絶えることがなかっただけではなく、顧客の中には評判を聞きつけて遠方から来た客もいたほどだった。洋服のブランド認知が高まるとともに、雑貨や文具類まで飛ぶように売れたという。仙台進出後は、宇都宮などの関東近郊に進出し、初年度の赤字の時に掲げた目標の１００店舗、売上１００億を達成することに向けて邁進することになる。

2 DCブランドから自社生産への転換

取引先の全面的な見直し

ＤＣブランドの活用をきっかけに、福島県以外の関東地域にも進出し、急成長を遂げてきたハニーズ。しかし、また思わぬ成長の壁に突き当たることになる。時代は１９８０年代後半のバブル期。ＤＣブランドメーカーも、市場での人気を背景として多角化していく企業も出てきていた。ハニーズと取引していた企業のブランドも人気を博し、仕入れのたびに価格は上がり、従来のような別注品として安く仕入れることが難しくなってきていたのである。つまりハニーズの「感性が良くて手頃な商品」という経営方針を維持できなくなってきていた。そこで、１９８５(昭和60)年にＤＣブランドとの取引を全面的に見直し、福島県いわき市という立地の優位性を生かすために、自社で製造することを決断する。

決断からの動きは早かった。１９８５年にいわき市にあった従業員50人ほどの縫製工場を買い取り、株式会社ハニークラブを設立した。まさに、今では一般的な事業コンセプトになっている、ＳＰＡモデルを先駆け的に構築した事業展開であった。

小売業発のＳＰＡに着手したとはいえ、当時のハニーズは物づくりに関するノウハウはまったく持っていなかった。そのため、どこに行けば生地が仕入れられるのかさえわからなかった。もちろん、十分な縫製技術も持ち合わせていなかった。それまで培ってきた目利き力とモノづくりの能力とは異なるものであることを実感することになる。とはいえ、仕入れと縫製技術の壁は、ＳＰＡのビジネスモデルを実現するうえでは超えなければならない必要条件であった。

幸い縫製技術に関しては、いわき市内には大小いくつかの縫製工場があった。知り合いの紹介を頼りに、縫製技術者たちにミシンの使い方から学んでいくことでスキルを習得していった。しかし、仕入れに関しては、知り合いの紹介などで超えられるような壁ではなかった。仕入れ先候補を縫製工場に出入りしていた業者から聞き出して把握しても、地方の実績もない企業と、簡単に取引に応じてくれる企業などはなかった。それでも現金先払いと大量仕入れによって、実績を少しずつ積み重ねることで、徐々に取引先を開拓していった。

積極的に首都圏への進出を図る

縫製技術と仕入れ先開拓は、この新たな業界へ参入する必要条件ではあっても、十分条件ではなかった。洋服をつくるには、デザインを考えるデザイナー、デザインを実際に型紙に落とし込むパタンナー、さらには生地や生産管理、仕様書の作成、品質管理担当者など、ものづくりにはそれぞれのプロフェショナルが必要であり、そうしたプロフェショナル人材の採用が必要不可欠であった。

とはいえ時代はバブル期。採用は完全に売り手市場になっており、人材募集も思うようには進められなかった。生産体制が十分に整わない中では、SPAモデルは当然のごとく期待した成果を生み出さない。なんとか自社企画商品は4分の1を占めるようにはなったが、売れ筋商品をつくるのは難しく、在庫スペースには売れ残りの山が築かれ、SPAモデルがスタートした初年度は1億円近い赤字を計上することになった。

SPAモデルはまだ思うような成果につなげられなかったものの、ハニーズは成長のブレーキを踏むどころか、むしろ積極的に首都圏に進出を図っていき、1989(平成元)年には、50店舗を構えるまでになった。その一方で、より一層のコスト削減のために、

1991（平成3）年に中国への委託生産に踏み切る。そもそも、海外で生産した生地を輸入し、日本で縫製するのは合理的ではなかった。とはいえ、当時、ハニーズの品質に応えるような技術を持ち合わせている委託先を見出すことは、中国では難しかった。事実、委託先企業が下請け企業へと丸投げしたり、納期が遅れたり、さらには粗悪品などもよく見受けられた。そのためハニーズは、品質管理部門の担当者が何度も中国に足を運び、技術指導を行った。こうして、委託先企業の選別を行い、中国での生産を開始することになる。委託先企業の選別での重要な基準が、まずは自社工場を持っていることであった。この時期の中国への委託生産が、2000年以降、ハニーズのグローバル化を促進することになる。

経営危機から脱する逆転の発想

バブル期の首都圏への急激な拡大は、店舗開発と人材採用をより難しくした。都心では、店舗の募集枠に対して数倍の応募があるのが普通である。そのため求人広告会社は、応募者が少ないと思われる地方の認知度が低い企業には、広告掲載料を高く設定する傾向があった。さらに首都圏の場合、地方以上に人手が不足していた。当時の首都圏の採用市場は、地方以上に超売り手市場であり、なんとか出店を決めても販売スタッフが確保できない状態が続いた。実際、求人広告会社に人材募集を依頼しても、当時は応募者が少なかった。

この危機を逆転の発想で乗り切ることになる。以前、東北地方へ展開した際、仙台などの大都市に出店した時は、地方からひっきりなしに応募者が来たことを記憶していた。そこで、首都圏に人がいないのであれば、思い切って地方から東京に人を連れてくればよいと考え、東京の江戸川区葛西に土地を購入し、社員寮を建設することを決める。この寮の建設は、見事に人材不足の解消につながった。地方の大都市と違い、大都市の中の大都市ともいうべき東京では、子どもを送り出す親や本人も「東京で働きたいけど、住む場所や生活費が心配」という不安を持つが、これを和らげることになったからである。

大胆ともいえる逆転の発想によって人材もうまく集まるようになり、徐々に製造ノウハウが蓄積され始めると、自社製品も売れるようになった。1992（平成4）年には自社製品の比率が50％を超えるまでになり、設立15年目の1993（平成5）年「100店舗、売上100億円」という最初の目標を達成した。

スクラップ・アンド・ビルド戦略で乗り越えた危機

ようやく経営が軌道に乗り始めたと思った時に、またビジネスモデルを転換しなければならない試練が訪れる。バブル崩壊の影響がいよいよアパレル産業にも及び出したのである。しかも、１９９３（平成５）年には日本が記録的な冷夏に見舞われ、夏物の服はまったく売れないという状況であった。二重苦に見舞われたアパレル業界では、業界大手の老舗企業も倒産に追い込まれることになる。ハニーズもこの年を転機に、３期連続の赤字に陥った。業界内では「ハニーズも危ないのでは？」という噂が囁かれたという。

この危機的状況の時、ハニーズの立地戦略の特徴は、駅前や市街地のファッションビルが中心であった。バブル崩壊以後は、市街地の店舗を中心に売上が伸び悩んでいた。とくに地方都市では車社会が浸透してきた影響もあり、売上のほとんどが賃料に消えていくという状況であった。

しかし、この危機的な状況を脱するべく、今度も素早く動いた。車社会の到来で、ロードサイドや郊外の大規模ショッピングセンターという立地に商売の基点が移っていくと確信していたからである。同時期、このモータリゼーションの動きに対応すべく、大手スーパーの中には、「狸のでるところに出店」するという戦略を掲げて地方の郊外へと出店を加速させていた。

江尻会長は、スクラップ・アンド・ビルド戦略で、この危機を乗り越えることを決断する。とはいえ、この戦略を実行するには、融資を受けている銀行を説得しなくてはならない。連日、経理担当者と話し合いを重ねながら、スクラップ・アンド・ビルドの有効性を銀行に説明して承諾を得た。１１０店舗あった地方都市の市街地店舗の大半を閉店し、新たに郊外のショッピングモールに１２０店舗を出店するという大胆な戦略に打って出たのである。

この戦略が功を奏し、危機的な状況を脱することに成功する。また、立地戦略の変更により、品揃えについても大きく見直しを行った。というのも、昼間の郊外型ショッピングセンターには、今までメインターゲットだった女子高校生はいないからである。平日の日中は主婦層で、週末は家族連れが多くなり、従来よりも幅広い顧客層に適合するような品揃えが求められることになった。そこで、メインターゲットの中高生向けの商品に加えて、20代から40代向けのアイテムの拡充にも取り組み始めた。

ＯＬからヤングミセスを対象とした「シネマクラブ」、通勤カジュアルの「グラシア」、ヤングカジュアルの「コルザ」と、ターゲット別に商品を開発・販売し、顧客層を拡大していった。さらには、品揃えの変化に合わせて組織マネジメントにも手を打った。店長が顧客層別に合わせたブランド別製品の比率を決定できるようにしたのである。このマネジメントの変更によって、店舗の立地に応じて商品構成を変え、来店客が求める品揃えを的確に行うことができるようになり、より効率的な販売が可能になった。結局、バブル崩壊後の危機も、スクラップ・アンド・ビルド、顧客層の拡大、海外への生産委託などを通じて乗り切ることになる。

3 市場の出口へつなげる仕組み

スピーディな商品企画の原点

競争・市場がダイナミックに変化する小売業界にとっては、常に変わり続けることが企業の存続の鍵になる。ハニーズの存続はそれを証明している。

「時代の変化というか、お客様の意識の変化に乗っていかないと。自分で守っていよう

とするとお客様の変化に乗れないので。われわれアパレルの流行もいつも変わりますし。だから成功した原因で失敗している企業が多いんですよ。だから成功の型にこだわらない。そういう新しい流れを積極的に取り入れる。それから、本流になるかならないかの見きわめは大事ですね。そうじゃないと、新しい流れが定着するかわからないうちにリスクを持つと失敗する可能性もありますから」〈江尻会長〉

変革をいとわないハニーズで設立以来、変わらないのが「感度の良い商品を低価格でスピーディに市場に出す」ことである。実際、ハニーズの急成長を支えたのが、製品の低価格を可能にしたＳＰＡモデルの実現と、そのモデルで量産される多様な製品を的確に市場という出口につなげるハニーズのマーチャンダイジング能力と店舗運営マネジメントである。

もともといわき市で流行り廃りの激しいヤングカジュアルをつくり始めたとき、周りの人からは売れるはずがないと言われていた。しかし、地方のハンディキャップをいかに強みに変えるかを考え、独自のノウハウを築き上げてきた。流行の把握が一つの例である。当時は、地方では最新の流行を把握するのが困難と言われていた。東京にデザイナーやファッション情報が集中していたからである。そうであるなら、流行を東京に見に行き、掴んでくれれば良いと発想を転換したのであった。デザイナーたちを毎週、東京に通わせ、原宿や渋谷などを歩く若い女性たちを見て感性を養い、そのデザイナーたちがデザインした洋服をいわき市の縫製工場で商品化していった。これがいまのハニーズのスピーディな商品企画の原点になっている。

一週間単位で行われる商品開発

ファッションはデザイン・素材・色・柄の組み合わせから成り立っており、それが四季に応じて変化していく。この変化を捉えるうえでも、商品企画は鍵になる。ハニーズの商品企画は週単位で行われる。すべて自社企画のため、内部にデザイナー、パタンナー、CG担当、仕様書作成、生産管理といった各担当を擁し、多角的な視点からハニーズが目指す高感度の製品に落とし込んでいくことになる。

週の前半である月曜日と火曜日には、本社に全国の店舗からの売上と、ブランド別の売上という量的情報、そして、全国の販売員が売れ筋と判断した商品、さらには顧客の反応などの質的情報が集まる。これらを組み合わせることで、その週の企画テーマを決めていく。もちろんこの決定プロセスには社長、大内典子常務執行役員・商品本部長、さらには各ブランド責任者が加わることになる。

企画決定に先立ち、外部の情報収集にも余念がない。週の前半に東京に行き、新宿、池袋、原宿などのファッションビルが多く入っている地域を重点的に調査し、どのようなデザインや色の洋服、着こなしが東京で流行っているかの情報を収集する。このような自社で集められた情報に、企画会社から送られてくるレポート、最新のファッション雑誌などの外部情報を組み合わせることで、商品企画に仕上げていくことになる。

週半ばの水曜日には、本社と東京の担当者、総勢40人が集まり、ほぼ一日がかりで商品企画会議が行われる。メンバーは商品企画担当者のみならず、ＥＣ、生産管理、仕様書作成、ＣＧ担当なども参加して、さまざまな角度から次につくるアイテムを検討していく。

企画提案は、一人3型から5型ほどを全員の前でプレゼンし、その1型ずつを全員で人気投票することになる。またプレゼン時には、アイテムの提案だけではなく、提案者が今、気になっている商品やアイテムの動向などを報告することもある。そして、企画提案についての賛否は、押しボタン式で行われている。8割が賛成すれば通ることが多いという。押しボタンによる投票システムは、互いに意見が言い合えないという負の側面があるように見えるが、逆に誰が賛成したかしなかったかが見えないだけに、参加する若手のリアルな意見をストレートに反映させることできるようになる。賛成の多かった企画については、ブランドごとにチームに分かれ、どういう素材、デザイン、色柄でハニーズ流の商品に仕上げていくかを話し合い、決定されていく。

店舗の顧客層に合わせた柔軟な店づくり

このような企画プロセスを経て、一週間に60型、年間で約3000型の新商品が企画されている。決定された企画はCADで仕様書に書き換えられ、翌日の木曜日には発注数量、色、サイズ、納期、下代などを決め、それらを中国の縫製工場に送る。金曜日には、中国の縫製工場の経営者達がハニーズのいわき本社に来て、相見積もりを行い発注先が決定されることになる。一度に発注する量は万単位、しかも、製品納入時に代金を受け取ることができるので、経営者にとっては優先的に取りたい仕事になる。

「アパレルもいろいろ変化はありますけど、変化をさせているのはお客様ですから、お客様の変化をどうやって読み取るかという形をいつも考えていれば、そんなに難しくはないと思います。自分が儲かるとか、もっと売上を上げようというよりは、お客様の動

向をずっと見ていれば徐々にわかってきます」〈江尻会長〉

企画決定された商品を、消費者に確実に売っていく役割を担うのが店舗運営部である。ＳＰＡモデルを基本にしてチェーン展開している企業の場合、商品の品揃えや陳列などはあらかじめすべてを本社で決めて、各店舗はその通りに実行する。しかし、ハニーズの場合、店舗ごとのロケーションの違いなどを考慮し、ある程度現場の担当者の判断に委ねている。つまり、どの商品を、どのように陳列していくかは店舗ごとに決定していくことになる。店舗に商品ディスプレイの自由度を持たせ、スタッフ自身に考えてもらうことが、仕事のやりがいやおもしろさになり、人材の育成にもつながるからである。

徹底して無駄を出さない

ただし、すべてが店舗任せというわけではない。組織の集権と分権のバランスをとるのもハニーズ流経営の特徴である。実際、店舗任せにした場合、どうしても全体最適な意思決定ではなく、部分最適な意思決定に陥るからである。とくに商品変動の激しいファッション業界では、必ずしもすべての商品が各店舗でさばけるわけではない。当然、地域間で商品の売れ筋にばらつきが出てくる。ハニーズは全国展開しているだけに、売れ残りがある場合、売れている地域へ商品を移動させるというように、地域間で商品の柔軟な調整が可能である。

ハニーズの場合、市場変化の激しい業界にあっても売れ残りのロスがない。例えば、その年に残ったTシャツなどがあった場合、翌シーズンにはアイロンをかけなおし、価格を下げて各地域で売り出すと、ほとんどの商品をさばくことができるという。さらに現在では、リユースということで、ASEANにもっていくことで販売先を確保している。今、話題になっているSDGsに先駆けた戦略でもある。

かつて欧州の老舗ファッションメーカーの商品廃棄が話題になったとき、あるテレビ局からハニーズに取材の申し込みがあった。しかし、商品の廃棄がないことがわかると、取材の話はすぐに立ち消えになった。服にちょっとしたほつれや色あせがあった場合、他社メーカーでは廃棄処分になることが多いが、ハニーズでは、顧客に商品の不良部分を明記して売ることになっている。しかも、それらの商品はすぐに売り切れるという。

このような柔軟な組織運営を行ううえでも重要なのが、ハニーズの各マネジャーの役割である。店舗を統括する店長の上に3～5店舗ほどを管轄するブロックリーダー（BL）、15～20店舗程度を統括するスーパーバイザー（SV）、40～60店舗程度を監督するオペレーションマネジャーを配置し、それぞれが担当店舗の売り場に関する指導や相談を行いながら店舗運営にあたっている。

4 売る仕組みを支えるバックヤードの生産体制

スピードを生み出す物流センターと海外生産の関わり

ハニーズの組織体制と売る仕組みを背後から支えるのが、いわきにあるバックヤードの物流システムと海外生産である。とくに物流システムは、競合他社を圧倒する商品供給のスピードを生み出している。この物流センターは、現会長が外部のコンサルタントを入れずに自分自身で考えたものである。レディースファッションの流行サイクルは早く、生鮮食品にもたとえられるほど、旬が大切な商品である。商品企画から店頭までのリードタイムを最短約60日で実現できたのは、２００４年に完成したいわき物流センターと全社・全店舗を結ぶＰＯＳシステムのおかげである（図表4-2）。

ハニーズのスピーディな商品供給の要の一つともいえる「いわき物流センター」は、

図表 4-2
ハニーズの物流システムと POS システムの連動

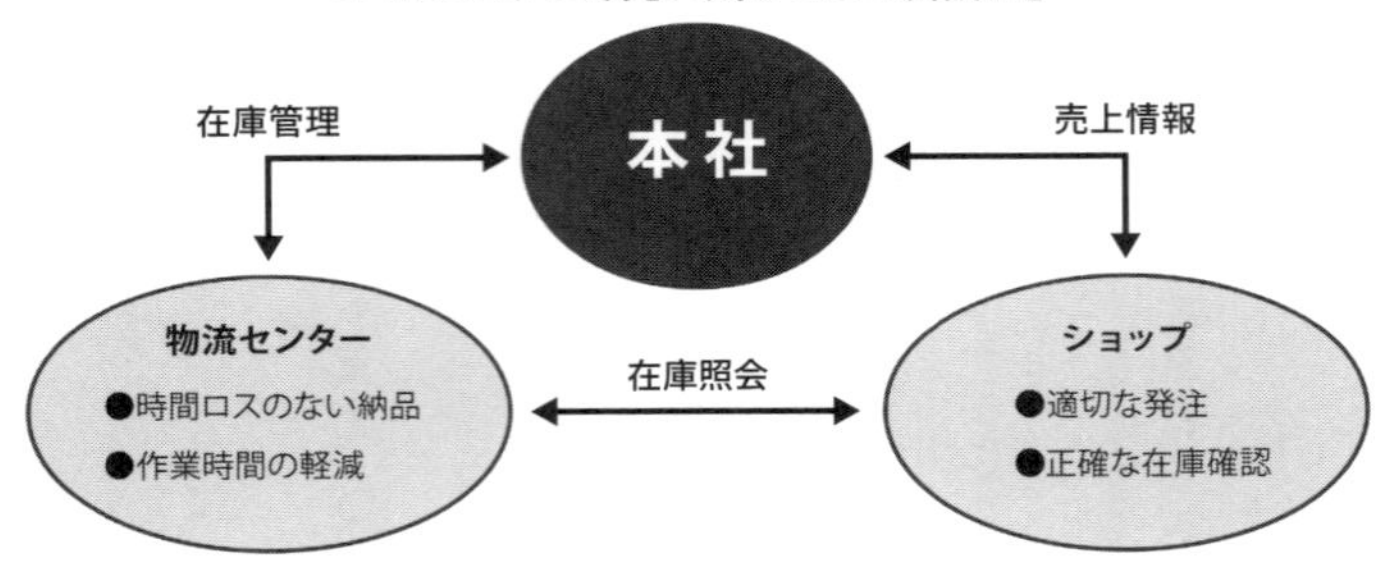

出展：株式会社ハニーズホールディングスHP「ハニーズのモノづくり」を参考に作成（https://www.honeys.co.jp/company/policy）

約9万5000平方メートルという広大な敷地に建設されている。この物流センターの強みは、各店舗の販売状況と物流センターの在庫情報をつなぐシステムを導入して、各店の在庫を適正化できるように図っていることである。つまり、全店舗の商品在庫をすべていわき物流センター1か所で担っており、売れたものを売れた枚数分だけ自動で補充できる仕組みになっている。例えば、ある品番の黒のMサイズが550店舗で売れたとすると、その日のうちに、550店舗のすべてに自動で納品を手配することができる仕組みになっている。しかも、1品番1サイズ1カラー1枚からでも対応できるようになっているため、販売機会のロスを徹底的になくすことができる。この物流センターに大量に過不足なく商品を提供するのが、グローバルに設置された生産拠点である。

ハニーズは、首都圏に進出を加速させた数年後から、コスト削減のため中国への生産委託を開始した。出店規模を拡大させながら、生産拠点を国内ベースにしている場合、利益率を伸ばすことが限界に近づきつつあったからである。実際、国産品を使用して国内工場で縫製する生産体制を構築していたことから、粗利益率は40％台前半に対し、販管費は約40％、出店数の拡大によって売上高が右肩上がりになる一方で、利益率としては伸び悩んでいた。商社を通じて中国で生産していたジーンズカジュアルの「Ｊハニー」でも、粗利益率の向上が最大の課題であった。

2000年代～　本格的に生産拠点を中国へ

ハニーズの中国生産を拡大させるうえで追い風になったのは、90年代後半から日本の生地メーカーやファスナーなどの縫製服資材メーカーが中国に進出したことであった。日本企業の進出によって縫製技術も向上し、品質の高い製品をつくれるような中国企業が出てきたからである。

ハニーズも委託生産を通じて工場とダイレクトに話をする機会が増えてから、間に仲介業者を入れるメリットが見出しにくくなっていった。仲介業者を入れることで、時間やコストもかかり、そしてなによりも伝えたい情報の精度という点で限界があったのだ。仲介業者を省き、縫製工場と直接取引することで製造原価もわかるようになり、品質管理も安定することになった。日本での生産から中国生産へと全面的に切り替える時期が近づきつつあった。

そして、中国生産へと全面的な切り替えを加速させる出来事が起こる。2000(平成12)年にユニクロが中国製フリースを1900円という低価格で販売し、爆発的な人気を誇ったのだ。ユニクロの成功は中国での生産可能性を示すと同時に、時代の変化を感じさせるものであった。ハニーズは、ベーシックのユニクロに対抗して、徹底して流行ものを追いかけ、低価格で商品提供しようと考えた。2001(平成13)年にビジネスモデルを大幅に変え、子会社のハニークラブを除き、いわきの縫製工場で作っていた自社製品を、すべて中国生産に切り替えることになる。

中国への生産拠点の移転効果は絶大であった。今まで3000円前後で販売していた商品が2000円を切って販売できるようになったからである。平均単価が下がったので売上高は前年より下がったが、来店客数と販売点数が飛躍的に伸び、翌年から既存店の売上が伸びることになる。ショッピングセンターからの新規出店要請も相次ぎ、直営店舗数は２００３年に２００店舗、２００５年に４００店舗、２００６年に５００店舗と急速に伸びていった。この間にジャスダック市場に、そして２００５年には東証一部に上場を果たすことになる。

しかし、このような中国拠点の移転に伴う成果を得るには、さまざまな課題を解決する必要があった。例えば、従来、国内で製造していたものを、中国で生産するようになると、企画から生産まで、２～３カ月かかるようになる。しかし、そのくらいの期間がかかってしまうと、ハニーズがメインターゲットとする若い女性向け市場では、鮮度が購買の鍵になるため、ビジネスチャンスを逃すことになる。そこで、どうすれば期間を半分に短縮できるかということを考えた。答えは、企画力を高めることだった。そうして、発注から生産まで30日から45日で、企画から生産のサイクルを回すことが可能になった。

また、日本の法律では商品を輸入するとき、箱ごとに同一メーカーの商品をつめるという規則がある。複数メーカーの商品が一つの箱に入っていると、どこに関税を請求してよいかわからないからである。理にかなった法律ではあるが、ハニーズにとっては効率的ではなかった。というのも、日本国内で箱詰めされた商品を店舗ごとにセットし直

図表 4-3
ハニーズの独自システム―海外からの輸入モデル

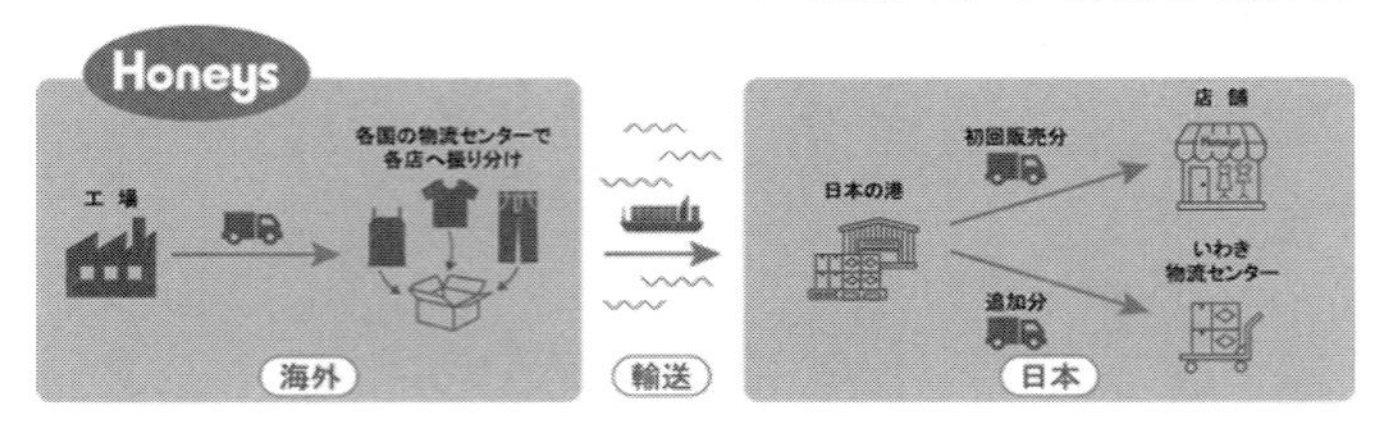

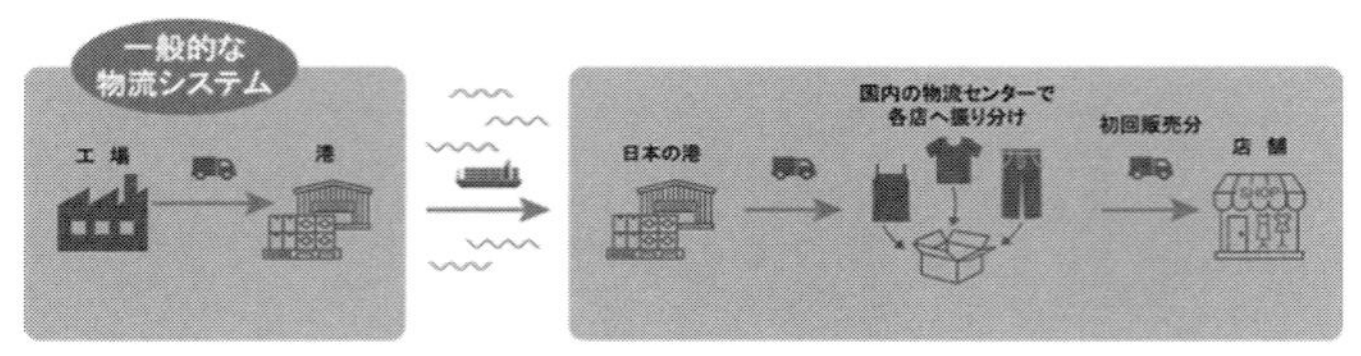

出展：株式会社ハニーズホールディングスHP「ハニーズのモノづくり」を参考に作成（https://www.honeys.co.jp/company/policy）

さなくてはならないからである。しかも、国内での配送日数と物流コストが余計にかかることになる。そこでハニーズは、中国メーカーへの支払いを済ませて中国国内で自社の商品にしてから、日本の店舗ごとに商品を箱に詰め、コンテナ単位で税関を通すようにした。この方法ならば、税関はハニーズだけに関税を請求すればよいだけになり、配送日数を短縮できるだけではなく、中国の物流経費も削減できることになった（図表4-3）。

5 中国からASEANへ生産体制の移転

急速に拡大した中国国内市場

中国での現地生産が軌道に乗り、生産の7割が中国生産に切り替わっていた2001（平成13）年、中国がWTOに加盟し、2006（平成18）年には中国で流通業における出資規制が解除されたことで100%独立資本での進出が可能になる。当時、中国では合弁会社でのトラブルが多かったことからも、進出への大きな転換点になったことは間違いない。

当時の中国には、高度経済成長の日本に似た機運があり、中国の取引先からハニーズ商品の中国市場での可能性について聞かされていた。この中国市場の機会を生かすべく、2006年4月に上海市に中国現地法人となる好麗姿（上海）服飾商貿易有限公司を設立し、上海市の大型ショッピングモールに中国一号店を出店することになる。中国市場は急速に伸びており、日本のファッションブランドに対する関心度が高かかった。ハニーズでは中国市場向けの商品を開発したわけではないが、当時、中国では日本のヤングカジュアルファッションに対する関心が高かったため、市場は急激に拡大した。

2000年代は中国国内においてデパートが急成長しており、ハニーズに対してデパートからの出店依頼が相次ぎ、2010(平成22)年半ばごろまでにFCを含むとはいえ、最大、646店舗までに拡大していった。この中国の急拡大の店舗展開を支えたのが、現地法人のマネジメントである。現地法人のマネジメントはローカライズを基本的な戦略としたため、現地での採用を基本とした。ただし、中心メンバーは、東北大学や福島大学の大学院への留学経験をもつ若い社員に託し、日本からはオペレーションマネジャークラスの従業員を派遣して店舗運営面での教育や指導を行い、店舗展開を進めていった。

凄まじい経済成長と賃金上昇

ところが、中国でのオリンピック開催後の経済成長は凄まじく、その成長に応じて労働賃金も加速度的に上昇していき、市場ニーズも激変していくことになる。とくに労働賃金の上昇は、ハニーズの強みである低価格、高品質のビジネスモデルを根底から覆すことになりかねなかった。もはや好感度の商品をリーズナブルに提供するには、チャイナプラスワンの流れしかないと判断した。進出国の候補としては数ヵ国があがっていたが、政情不安という課題を抱えていたミャンマーへの進出を決定した。しかし、その決定の翌日に東日本大震災が起こる。この震災で、岩手から千葉県にわたる81店舗が営業中止に追い込まれ、物流センターの稼働も困難になった。

震災直後は事業継続を考慮して、一時的に本社機能を東京事業所に移行した。しかし、10日後にはいわきに戻し、従業員が協力して店舗の再開に向けて努力した結果、9月にはほぼ再開を果たした。この予想外の大震災にもかかわらず、生産拠点移転の機会を逃さないために、予定どおりミャンマーへの進出を押し進めることになる。こうして、ミャンマーに進出した外資系企業としては、ハニーズが民政移管後の第一号となった。２０１２(平成24)年、秋のことである。ミャンマーの第一工場は、建物もミシンもすべてハニーズ所有のものとなり、１００％子会社ハニーズガーメントが設立された。

進出した当時のミャンマーは、まだ縫製技術が十分ではなく、複雑な加工や素材となる生地は依然として中国に依存していた。日本とミャンマー間のコンテナ輸送に3週間ほどの期間が必要となるため、当初は流行ものを迅速に生産するのは中国の協力工場に、定番カジュアルをリーズナブルに生産するのはミャンマー工場にというすみ分けで生産するしかなかった。

ミャンマーへの技術移転と中国市場からの撤退

ミャンマーに生産拠点を移転した以上、テーラージャケットやダウンコートなど、より付加価値の高い商品を生産しなければ意味がない。とはいえ、当時ミャンマーでは縫製技術が十分なレベルには達していなかった。そのため、比較的縫製が簡単な綿やデニム素材のパンツ、スカートから縫製をスタートとすることになる。簡単とはいってもやはり、当初はトラブルが頻発し、生産の品質が安定せず、不良率が1割に達していた。

生産の品質向上を意図して、縫製子会社ハニークラブの従業員を数週間単位で現地に指導へ向かわせ、技術力向上のために試行錯誤を繰り返した。その結果、2年後には技術移転や組織体制も整備されたことから、2015(平成27)年、ミャンマーの第二工場を設立する。このころには、ジャケットやコートなどの付加価値の高い製品も生産できる体制になっていた。技術移転が完了したのである。

他方、ミャンマーの生産工場も軌道に乗っていく中で、中国市場での赤字は拡大していくことになる。中国の経済発展とともに、中国国内のモータリゼーションが進むことで、郊外型のショッピングセンターが台頭してきた。そのため、ハニーズの主要な出店先だったデパートの衰退が激しく、事業としての成立が難しくなってきていた。しかも、衰退と同時に激しい割引競争があり、売っても売っても収益に結びつきにくくなっていた。さらに、市場の変化を受けて、デパートの品揃えも、高級ブランド品へとシフトしていくことになる。

このような市場の環境変化は、日本でのライフサイクルの変化の経験から予想されていたことではあった。しかし、予想をはるかに超えたスピードで変化するのが中国市場で

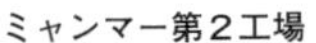
ミャンマー第2工場

あった。その結果、当初は若者に新鮮に映っていたハニーズのベーシックなデザインも、次第に競争企業の類似製品の台頭などもあり、市場で受け入れられなくなりつつあった。実際、経済レベルが上がるにつれて、欧米などで好まれる華やかなデザインや、より体にフィットとするようなデザインが好まれるようになってきたのだ。

「このまま中国にいて、ものづくりができるんだろうかという危機感は何となく感じていたんです。店を回るんですけれども、2年前は最高の売上を出していた店が、2年後には人っ子一人いないような店になっているんです。その近くにショッピングモールができて、そこへ人を取られていく。これって大丈夫なのかなというのは、店舗を回って感じましたね」〈大内常務〉

さらに、中国でのハニーズの経営に大きなダメージを与えたのが、中国国内で勃興してきたECサイトの登場である。

EC市場の急成長と中国撤退の決断

EC（Eコマース：電子商取引）サイトの主要顧客は、20代から30代前半であることから、ハニーズの主要なターゲットと被っているだけではなく、「独身の日」と呼ばれる11月

11日のインターネット商戦が激しく、この日を狙って競合企業から激しい低価格競争をしかけられることが、ハニーズにとって大きなダメージとなっていた。というのも、ハニーズの利幅の厚い商品はジャケットや冬物であるが、このような商品が売れ出すのが、11月だからである。しかし、独身の日に行われる激しい価格競争のため、主要な顧客ターゲットは独身の日に購入を済ませてしまい、11月になってからは定価での販売が難しいだけではなく、かなり価格を下げなければ購入対象にもならないという状況に陥っていた。

ハニーズの売上減少は止まらず、中国での戦略転換の必要性に迫られていた。ただし、戦略転換の意思決定が難しかった。というのも、参入していた中国のＥＣ市場は急成長していただけに、その機会を捉えるというチャンスも、また、日本での経験を生かして郊外のショッピングセンターへと出店をシフトする戦略も考えられたからである。しかし、ここでも決断は早かった。年間15億円ほどの損失を出しながら、約3年かけて中国国内のすべての店舗を閉店し、２０１９(令和元年)年には中国の小売業から完全撤退することになる。この中国市場からの撤退について、江尻英介現社長は次のように述べている。

「あのタイミングで撤退すると思っていなかった。500店以上あり、利益が出ている店もありましたので。しかし、そこにこだわると傷口が深くなっていたと思うんです。会長はタイミングを感じ取ったら、とにかく実行に移すスピードが速いです」

6 高まるレジリエンス能力

コロナ禍での適応と迅速な戦略転換

連続的な環境変化に適応してきたハニーズ。しかし、今度は世界的なパンデミックが発生する。新型コロナ感染症である。大型商業施設などの営業規制、入店時の体温検査やアルコール消毒の実施、時差通勤、テレワークなどの企業における適応だけではなく、市場においても適応が求められた。三密の回避、外出時のマスク着用などである。ハニーズも当然、コロナ禍での影響を受けることになる。実際、店舗の約半数は、一時的に休業を余儀なくされた。

とはいえ、この状況がいつまでも続くわけではない。パンデミックの終息に向けて、手を打っていくことになる。例えば、店舗用の在庫として海外から直接店舗に納入される商品もあることから、政府の緊急事態宣言による休業店舗でも、オペレーションマネジャーを中心に、週に一度は店舗に出勤して売り場の商品の入れ替えや整理などを行うことで、営業再開に向けての準備を怠らなかった。また、休業期間が4月から5月という繁忙期に掛かっていたこともあり、春夏の商品は例年のようには売上が伸びないと予想し、夏物の半袖商品の生産をストップし、同じ生地で秋物の長袖商品の企画に切り替えることを決断した。この決断の速さが、緊急事態宣言解除後に競合他社との間で業績格差を拡大させることになる。

また、コロナ禍で商品の売れ筋に大きな変化が起こった。通勤機会が減ったことで、ブラウスをはじめとした通勤着などの販売が伸び悩む一方、トレーナーやパーカーといった部屋着関連の商品が売れてきたのだ。通常のアパレルを扱う小売店では、1店舗を一つのブランドで構成しているのが一般的である。しかしハニーズでは、さまざまな立地の店舗に三つのブランドが入っていることから、状況に応じて各ブランドの構成比率を調整し、リスクを減らす仕組みを整えていった。もともとハニーズの強みは、この三つのブランドを店ごとに組み合わせて、ハニーズらしさを創り出すことにある。この強みがコロナ禍で十分に生かされることになる。例えば、コロナ禍で売上に大きな影響を受けたのは、大人の女性のためのブランド、シネマクラブであった。そのため、このブランドを他のグラシアやコルザに置き換えることでコロナ禍での危機をビジネスチャンスに転換した。

EC市場でのシナジーの創造

もう一つ、コロナ禍での消費者行動の大きな変化としては、顧客がECとリアル店の両方を、その時々に応じて使い分けるようになってきたことであった。今までECに抵抗のあった年齢層の高い世代も、コロナ禍ではECを活用せざるをえない状況になった。このECに抵抗感のある世代に対して、その感覚を和らげるのが、ハニーズの持つ店舗ネットワークの広さである。ハニーズの場合、リアル店舗で商品をみて、ECで注文をする。逆にECでみて、リアル店舗で購入する。またECで注文しても、リアル店舗で受け取れ、その場で支払うこともできる。もし気に入らなければキャンセルできる。さらに、ECで注文し、店舗受け取りで、その商品に組み合わせて着こなしたいという別の商品が出てくれれば、ついでに購入することができる。800を超える店舗の強みとE

図表 4-4
ハニーズのポジショニングマップ

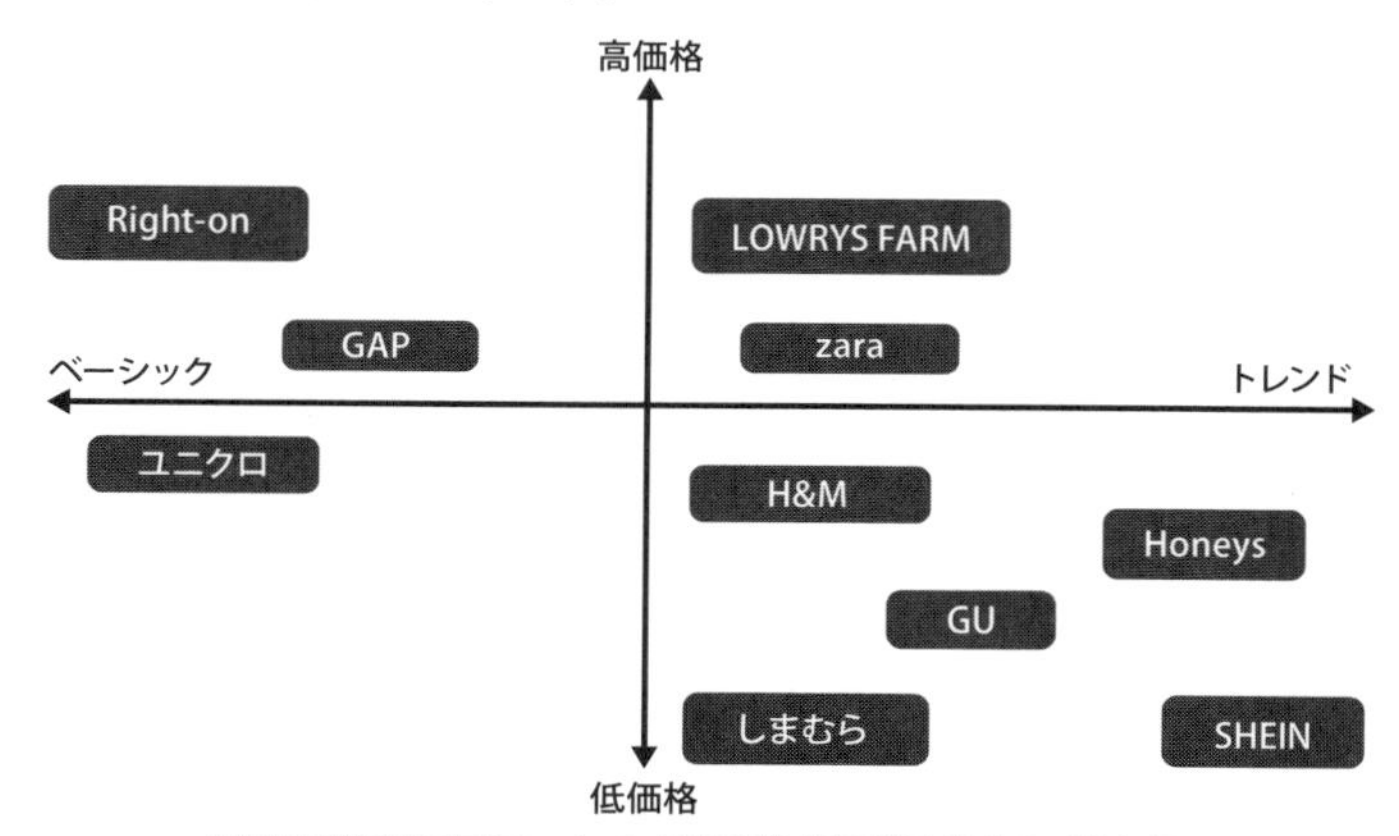

江尻義久著(2023)『最旬のファッション、最速の決断、最高の満足』ダイヤモンド社より引用

Cを組み合わせ、顧客の購買行動に選択肢を増やしている。ハニーズの店舗ネットワークを生かしたECビジネスでのシナジー創造と言える。

バブル崩壊に始まり、コロナ禍などの経営的な危機を次々と乗り越えてきたハニーズ。ある意味、経営危機の度に競争力が強化されてきたと言っても過言ではない。その競争力は、競合他社と一線を画した独特のポジションを有している（図表4－4）。ハニーズの商品を競合他者と比較した場合、決して価格や品質で競合他社を圧倒しているわけでもなく、それでいてトレンドを外しているわけでもない。この業界で独自の競争優位性を構築している。英介社長は語る。

「企画の人はみんな意識しているところかもしれないです。流行の一歩先というのは半歩先であるのかもしれません。着こなしも今年、破れたデニムが流行していたりすると、いろいろなところが大胆に破れている物をお子さんが買ったときの親御さんの気持ちになった場合、これは何だ？　となる。うちはそこのところも大人しいし無難に全部落とし込んでいる形です。控えめにして、お子さんが着られてもハニーズはいいなという形に。極端にいかないようにあえてしています。1世代で人気が出れば出るほど次の世代はダサいと思っちゃう。そうなると一時的な売上は伸びても長く続くことがない。そこのところは尖がり過ぎないようにしている。例えば、ギャル系一本でいったら、ギャル系ファッションが廃れるとともに駄目になる恐れもある。意外とハニーズで売っている商品はイメージがつかないのがいいのかもしれない。そのときの時代の組み合わせで好きな色にブランドの組み合わせも変えられるのが、存続してきた要因かもしれないです」

戦略にはメリハリ、独自性、訴求力あるメッセージが必要と言われている。ハニーズの戦略は、これのどれにも該当しない。一見すると独自性の少ない標準的なファッションに見えるところにハニーズらしさをつくり込む。それこそが競合に対するハニーズの競争優位性である。

世代交代を果たし新たなステージへ

地方から都心へ、そして、国内から海外へと事業展開することで、持続的に成長してきたハニーズ。その成長プロセスは、まさに危機的状況を逆にエネルギーに変え、その危機をテコにコンピタンスを強化して成長してきた。しかし、それは企業家であるトップとしての会長のリーダーシップ力が発揮されてきたプロセスでもある。現在、英介社長はトップダウンから、ボトムアップへの転換を目指している。言い換えれば、今までのトップの個人知に頼る経営から、組織知に転換する経営といっても過言ではない。その成果は確実に出始めている。

今年に入り、中期経営計画においてカスタマーエクスペリアンスのCX、デジタルのDX、従業員満足のEX、サステナブルのSX、新規事業チームという5つの部門横断的な組織がつくられている。過去、ハニーズではこのような部門横断的に組織はつくられたことがない。このような部門をつくったことで、新しいブランドが立ち上がり、すべての部門を横断する形の販売促進室ができている。これらの提案などは、若手の少人数の意見を取り入れて実現したものである。

ＥＣとリアル店舗の組み合わせでのビジネスモデルの構築、そして事業部を横断したプロジェクトの遂行など、確実に変革の一歩を歩み出している。地方から海外へと飛び出し、グローバル小売へと躍進したハニーズ。世代交代を果たし、新たな成長ステージに飛躍していこうとしている。

第５章

大七酒造株式会社

日本酒でグローバル・ブランドに挑戦

福島県二本松市竹田

1752(宝暦二)年の創業以来、日本酒の最も正統かつ伝統的な醸造法である「生酛造り」一筋に守り続けてきた大七酒造。2008年、精米部長の尾形義雄が精米工で初めて「現代の名工」として表彰され、2016年には、杜氏・佐藤孝信が生酛造りの技術者として初めて「現代の名工」に。異なる2つの分野から「現代の名工」が誕生した蔵は大七酒造が唯一である。また、商品は国内外の品評会で数々の賞を受賞、現在は欧米やアジアの20を超える国々に輸出され、国内はもとより、世界から高い評価を得ている。

フランスの最優秀ソムリエに認められる

フランス・パリ、コンコルド広場を臨む地に立つ最高級ホテル「オテル・ドゥ・クリオン　ローズウッドホテル」。２０１７(平成29)年にリニューアルオープンしたが、その時から日本酒をワインと同等に位置づけてワインメニューに日本酒を載せ始めた。これを仕掛けたのが、同ホテルのソムリエ長、グザビエ・チュイザで、フランスの日本酒権威の一人である。もちろん、すでに日本酒の認知度は高まってきていたが、食事と酒とのマリアージュを大切にする代表的なフレンチレストランで、ワインと肩を並べて、日本酒もフランス料理で楽しめるものとして受け入れられたことを示す動きであった。

また、同じホテルで２０２３(令和５)年には、10月1日から15日にかけて、「日本酒の日」イベントが催された。大七ブランドの日本酒だけを起用し、ホテル内のレストラン、ダイニング、バーで一銘柄の日本酒が用意され、宿泊客などが日本酒を楽しむというものであった。

この日本酒イベントは「大七ウィーク」と銘を打ったものであり、イベント中には、フランス料理界の著名なシェフなどが参加した夕食会も開かれた。そのディナーでは、食前酒から始まり食後酒に至るまで、食事に合わせて日本酒が提供された。福島県二本松市に酒蔵を構える大七酒造が用意したものである。日本酒権威であるフランス人ソムリエが一推しする大七の日本酒が、フランス料理界の重鎮だけでなく、世界中から集まった美食家たちに振る舞われたのである。

「この半月間、大七イベントを開催していただきました。それまでにメインダイニングでのフランス料理との実績があったので、お声をかけていただきました。レストランだけでなく、ラウンジやバーなどに行っても、またお部屋にも小瓶が用意されていて、どこでも大七を楽しんでいただきました。好評だったので、今年もやりましょうという話も出ています」と太田英晴大七酒造株式会社社長。

「チュイザさんはまだお若いんですが、フランス版現代の名工M・O・F・（フランス国家最優秀職人章）**でして、2022年度のコンクールでフランス最優秀ソムリエにもなっておられます。この方が一番、大七を評価してくださっています。大七は日本酒のロマネ・コンティですと、お客様に説明してくださいました」**

日本だけでなく、広く欧米やアジアでも楽しまれるようになった日本酒。大七酒造が送り出す日本酒は、そうした数多ある日本酒の中でも、最高級のものとしてのブランド

を確立していることが見てとれる。実際、オランダ王室の晩餐会で使われた最初の日本酒にもなり、福田康夫首相が日本で主催した2008(平成20)年のサミットのときには、晩餐会でG7の首脳夫人たちの舌を楽しませているなど、その他の場面でも、日本を代表する酒としての起用されている。日本を代表する高級日本酒として地位を築いているのである。

1 270年のときを超えて

宝暦年間に創業

大七の源流を辿ると、寛永年間にまでさ

かのぼる。およそ400年前、江戸城を築城した太田道灌の流れをくむ武士が伊勢の国から東国を目指し、常陸の国で丹羽候と出会う。その後、主君の国替えに伴い二本松藩にまでたどり着いた。その家の三兄弟が二本松の町づくりを命じられ、二男、三男は藩から酒造株を受けて酒造業を営んだ。三男の三郎兵衛の系譜にある三良右衛門が分家独立して、「大山」を酒銘として1752（宝暦2）年に創業した酒蔵が、大七の始まりであった。

以後、3代目から七右衛門の名を継承し始め、江戸時代には繁栄を続け、地方の豪商としての位置を確保し、地域の発展に貢献してきた。

江戸時代、まちづくりでの最大のリスクの一つが火事であった。実際に二本松は幾度も大火に見舞われている。そのためか、大きく事業を拡大した4代目は、藩主の別邸で雷が落ちて半分に割れてしまった花梨の木を譲り受け、中庭に植えた。一度雷が落ちた木には、二度と雷は落ちないという験を担いだのである。しかも、家の外には樫の木を植え、「内に花梨、外に樫」という語呂合わせを家訓にしている。事業では借金をしない（借りん）で、社会には貢献する（貸し）という、基本的な経営姿勢を旨としたわけである。無借金経営と地域貢献という、この経営姿勢は現在にまで受け継がれている。

苦難に耐え、乗り越える

幕末には戊辰戦争の戦場となり、商売は大打撃を受けてしまう。どうにか立て直しを図り、家業を軌道に乗せたものの、6代目のときも苦難に見舞われる。江戸時代には藩の事業として、藩の財政で重要な役割を果たしていた酒造りは、株鑑札制度によって保護されていた。しかし、こうした保護が失われ、誰もが酒造業に参入できる状況になり、過当競争に陥ってしまった。行政にとって貴重な財源であるということから、日本酒業の経営にとっては、こうした政治的な状況変化が大きな影響をもたらす。政治的な外部環境要因に対応することが不可欠であることは、この生業での定めなのかもしれない。

6代目は、このような状況に対して、酒の品質で勝負を挑んでいったという。東北では、こうした動きを酒造改良運動と称していた。日本酒の品質を高めることで競争に打ち勝っていくという、差別化戦略の道を選んだのである。杜氏に任せきりにするのではなく、当主も酒造りに参加して、一緒になって日本酒の品質向上に取り組んだのだ。このような品質にこだわる経営姿勢もまた、その後の大七に脈々と受け継がれている。

こうした品質へのこだわりにもかかわらず、大正時代にもまた、大きな挑戦に直面する。1914〜1915（大正3〜4）年にかけて腐造といわれる現象が多発して、「大正の大腐造」が勃発したのである。火落菌と呼ばれる腐造乳酸菌が醸造過程で侵入し、仕込み中の醪や仕込み後の酒の酸度が上昇してしまい、日本酒の品質が著しく損なわれた。このため、多くの蔵が廃業に追い込まれたのであった。大七もこの嵐に巻き込まれ、対策に追われた7代目当主は、心労もあってか、若くして急逝してしまった。

中興の祖、八代目太田七右衛門貞一

7代目の急逝により、弱冠16歳で家督を継いだのが、現社長の祖父に当たる8代目貞一であった。若き当主は、秋田や灘などの銘醸地を訪ね、酒造りに関する多くの知識、知恵を学び取り、研鑽を積み、大七の酒造りを飛躍的に進展させた。その成果は品評会で上位に入賞する常連となるという結果として現れた。1926（昭和元）年には仕込蔵を竣工して理想とする酒造りにますます打ち込んだ結果、昭和天皇のご即位式典の御用酒を拝命するまでに至った。さらに1938（昭和13）年には、第16回全国清酒品評会で最高首席優等賞という栄誉に輝いている。文字どおり、日本一の日本酒となり、大七の名を日本中に轟かせた。

ところで、明治時代末期、当時の大蔵省醸造試験所は腐造による税収の減少をくい止めるため研究を重ね、速醸法という新しい手法を開発し、醸造法の改良と普及を進めた。酒造りの改良に専心していた8代目も、この新製法をいち早く取り入れた。しかし、この手法は合理的でよい方法ではあるが、これでは自分が理想とする酒をつくることは難しいであろうと、速醸酛を全面的には採用することが難しいと判断した。むしろ、江戸時代から続けてきた伝統的な酒造り手法である生酛づくりを継続し、その改良・改善によって自分が求める日本酒を追求することを決断したのである。この決断は、その後の大七日本酒の個性づくりの礎となった。

製造だけでなく、8代目はその他の革新にも手をつけた。その一つは創業以来の酒銘の変更である。商標登録制度が変更され、他のところでも使用されているブランドは登録できなくなった。この制度上の変更からの影響を受け、創業から長年にわたって用い、ブランド力を向上させてきた「大山」の変更を余儀なくされた。そこで、この名を継承しつつも、同じように継承してきていた当主の名前である七右衛門を組み合わせて、日本でただ一つの「大七」ブランドを新名称として考えついた。現在につながる会社・製品ブランドを導入したのだ。苦難に直面しても、むしろそうしたリスクを、次の成長の糧へと生かす道を歩んだのである。

しかも、1935(昭和10)年から、ブランド広告にも乗り出している。すでに品評会での常連として、地元を超えて販売経路を拡大してきたが、それに連動して、さらにブランド力向上のため、東北本線といった鉄道沿線や主要な幹線道路沿いの山々に、「酒は大七」という大きな野立て看板を設置した。人々は移動途中、否が応でも大七の名を目に焼きつけることになったのである。『名前は相続税がかからない財産だ』と祖父は常々言っていました」と、太田社長。すでに無形資産の価値を意識した経営にまで進んでいた。

ブランド力を高め、さらには日本一となる栄誉を得たことから、大七は全国ブランドへと駆け上っていくように思えた。しかし、直後、日本は戦争に突入していくことになった。また、苦しい時代を迎えたのである。

とはいえ、統制経済が厳しくなり、多くの制約を課される戦中でも、酒造りに対する情熱を失うことなく、できうる範囲で最大限の努力を注ぎ、うまい酒造りに勤しんだ。こうした姿勢は、戦後、多くの蔵元が合理化、近代化を進めようとする中でも、戦前と同じような酒造りである生酛づくりを基盤とし、いち早く純米酒に取り組むなど、蔵の再開に舵をとることにつながった。

等級別制度の規制の枠を超えて

戦時中米不足に直面した日本。主食である米を材料とする日本酒は、材料不足だけでなく、需要に供給が追いつかない状況でもあった。そのため、水で薄めたものまで出回り、品質に問題が生じた。日本政府はこれに対応して、1940（昭和15）年、製造された日本酒を含有アルコール度と酒の質を基準として特級から5級にまで分類し、市場に流通する日本酒の質と価格を統一した。戦後になってもこの制度は継続され、実質的には、特級、一級、二級の三段階で日本酒が流通するようになっていた。

こうした制度の下では、たとえ苦労して他の蔵とは比べようもないほどの高品質の日本酒を製造したとしても、特級というラベルでしか表現できず、逆に政府の基準を満たしてさえいれば、特級として売ることができた。酒蔵にとっては、個性を出しにくい環境になっていたのである。言い換えれば、こうした規制の枠の中でしか競争できないのであった。

この制度は1992（平成4）年まで続くが、昭和の末期ごろになると、地酒ブームが始まり、個性を前面に出して、等級には頼らない新しい競争環境が生まれ出した。こうした動きが等級制度に対する疑問を沸き立たせ、この制度を廃止へと追い込んだ。

競争環境が変化する中で、精一は9代目として家督を継いだ。等級制度が強く支配していたときにも、大七の歴史に従って、品質向上に精力を注ぎこんだ。酒造りに興味を持ち、日本大学の工学部を卒業して入社。醸造部で現場の杜氏たちと酒造りに参加して、現在は管理本部品質管理部長として、ブレンドを一切仕切っている奥田恵子部長は、9代目から直接指導を受けた一人である。奥田部長は、当時を振り返って、こう語る。

「**先代は定点的に大七のお酒をずっとみていました。毎日の味見では、日々の振れ幅に対して非常に敏感でした。『これはちょっと違うよね』というように、言葉少なに指摘されていました**」

異口同音で、太田社長は「9代目は『舌に物差しがついている』と言われるほどの利き酒の名手でした。それを生かして品質管理の強化に努めました」と語る。

地酒ブームに際しては、培ってきた生酛づくりを生かした個性を前面に出し、商品で勝負に出た。それまではブランドには出してこなかった生酛づくりを表に出した、「大七生酛」を世に問うたのである。大七の酒造りでの基盤となって、何世代もかけて培ってきた生酛づくりを、製品ブランド戦略として、大七の日本酒、企業個性を訴求するものとして活用し始めたのだ。

2 時間も手間もかかる生酛づくりに邁進する

10代目へ引き継がれる味

地酒ブームによって、各地にある中小規模の地酒メーカーがその個性を打ち出し、多様な日本酒を世に問う。こうした時代の変化の中、1985（昭和60）年に大学を卒業し、10代目現社長が入社した。国税庁醸造試験所で研修を積んだ後に、本格的に大七の事業に関わることになった。

「父も祖父も『酒屋は見識が大切だ』と言い続けました。偉そうにそうしたことを言ったのではなく、酒屋として、最後の判断のよりどころは自分の見識以外にはないということを教えてくれていたのだと思います」〈太田社長〉

直接、祖父と父から教えを受けて育ってきた当主。企業としての個性が問われる中、大七にとってよい酒とは何かを問い続けることになる。そうした判断は結局のところ、経営者の価値判断に基づくしかない。この意味で、経営者としての見識を自らに問い続け、研鑽する道を選んだのである。それは長い自社の歴史を振り返り、他社と差別化できる自社独自の強みを確認するとともに、時代の動きを慎重に検討し、大きな時代の流れを把握し、両者を結びつけることでもある。

時代認識として、日本でさえ日本酒を楽しむ人は、もはや少数派になっているという現実を冷静に受け入れた。飲み会でも、黙っていても日本酒が出てくる時代は過ぎてしまった。日本酒を飲みたいと言わなければ日本酒は出てこない。つまり、日本酒党を自覚する、少数派が受け入れてくれる酒、そうした自分の選択にプライドが持てる酒を造ることが不可欠な条件なのである、という時代認識をもった。

また、自社の強みは、いまや9割以上の酒蔵が速醸法を採用する中、少数派となってしまった生酛づくりを選択し、その技術を向上させ続けてきたことにあると、改めて確信した。この個性を生かして、日本酒を、プライドを持って選んでくださる顧客に応えていこうと決断した。大七にとって良い酒とは、祖父が描き続け、父に継承された、味わいの深い、ゴク味があり、それでいて洗練された酒であると、改めて自覚したのである。

日本酒の最も伝統的な製造法「生酛づくり」とは

それでは、そもそも生酛づくりとは何なのであろうか。日本酒は米を原料として、酵母によってアルコール発酵を起こして造る、醸造酒である。アルコール発酵は酵母が原料に含まれる糖分をアルコールと炭酸ガスに変えていくことによって生じる。同じ醸造酒であるワインでは、原料のブドウ果汁に多くの糖分が含まれているのに対して、米の場合にはデンプンを糖に分解する糖化というプロセスが必要となり、麹菌がこの役割を担っている。この糖化と酵母による発酵のプロセスを同時に行うことが日本酒の特徴で、並行複発酵と呼ばれる複雑な工程を含んでいる。そのため、一麹(いちこうじ)、二酛(にもと)、三造(さんつく)りといわれるこの工程では、高度な技術、経験、知識が必要となる。

大きな桶でアルコール発酵を進めるための酵母を、まずは小さな桶で育てる工程を酛づくり、あるいは酒母と呼ぶ。1700年頃に確立されたといわれる伝統的な生酛づくりでは、自然の微生物の活動を利用して、この工程を仕上げる。見えない微生物の力を借りるこの工程は、多くの熟練を要することなどから、簡略化された既述の速醸法が工夫され、より安定した製法へと転換してきたのだが、大七では、伝統的な生酛づくりに

図表 5-1
日本酒の製造工程

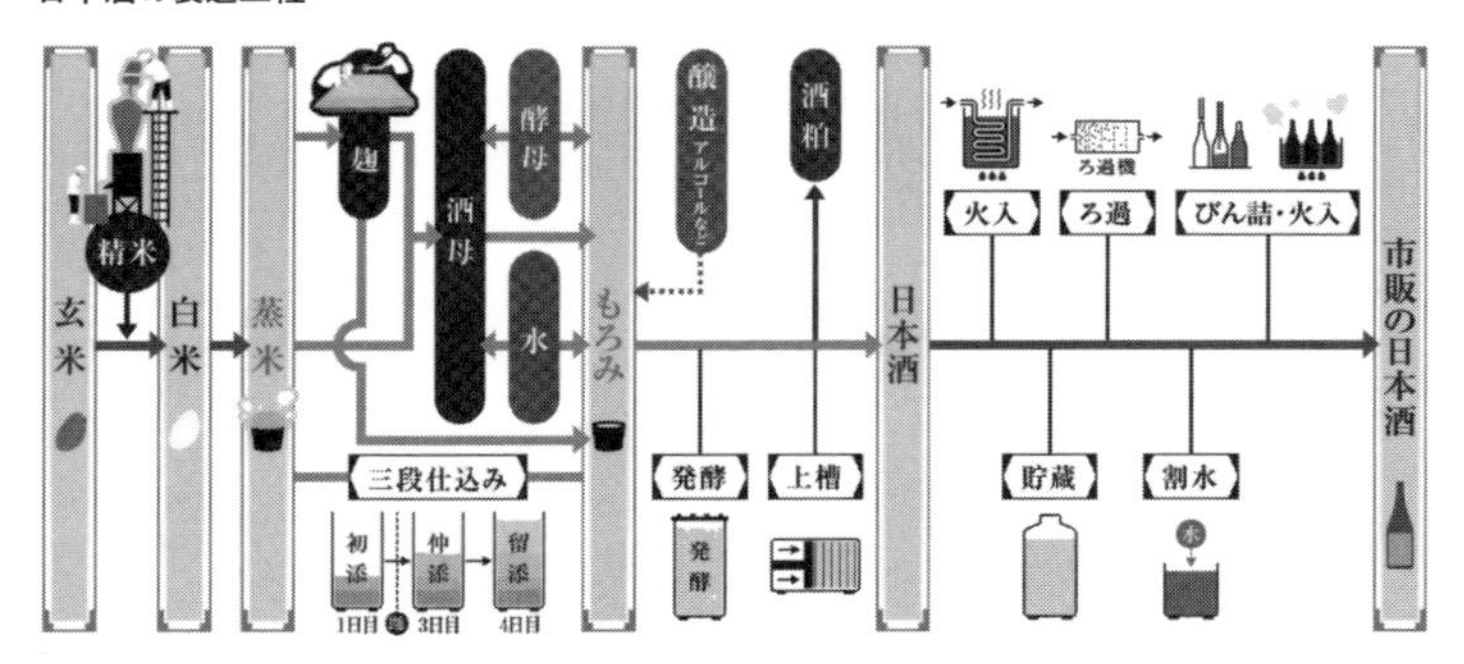

出所：日本酒造組合中央会ホームページ　https://japansake.or.jp/sake/about-sake/sake-brewing-processes/

こだわり、この製法を進化させてきている。

生酛づくりは3つの工程、仕込み、酛摺り（山卸）、暖気入れから成っている。仕込みでは酛麹、蒸米、仕込み水を、半切り桶という、口幅が広く、浅い桶に一定量ずつ入れて、かき混ぜる。次の酛摺りでは蕪櫂という道具を使って、蒸米と麹を摺り潰しペースト状にする。最後の暖気入れでは、壺代といわれる小タンクに集めた摺り潰した酛を、お湯を入れた暖気樽とい道具を使って、緩やかに温度を上げて微生物の活動を活発化させ、乳酸菌を育て、雑菌を淘汰させる。こうした一連の工程を通じて、蔵に住み着いた微生物が活動する。生酛づくりでは酵母に厳しい生存競争を課し、最終的には生き残った力強い酵母菌だけが増殖していくことになる。

大七の生酛づくりへのこだわりは、この工程により最も純度が高く、生命力も強い酵母ができるからであり、これで造られた日本酒は熟成することで美味しさを増し、豊かな味わいを長続きさせるからであるという。

「生酛づくりは失敗と紙一重と言われます。しかし実際のところ、あまり失敗はありません。おそらく頻度や量と関連しているのかもしれませんが、年中生酛づくりばかりしているので、安定していると感じています。続ければ続けるほど、それが資産になって、ますます安定してくる。しかも、ますます冒険ができ、強みを発揮できるようになる。まだまだ可能性、潜在能力があると考えています」〈太田社長〉

新社屋、新酒蔵でさらなる挑戦を

「起きて造って寝て売れ」、大七の家訓の一つである。早起きして一生懸命酒造りをしていたら、売るときには苦労しないで、寝ていても売れるといった、酒造りでの基本的な姿勢を示している。代々、製造に力を入れてきた、大七の酒造りに対する考え方である。10代目もこの姿勢を貫き、新たな挑戦に打って出た。２００２(平成14)年の創業２５０周年に合わせて、新社屋、新酒蔵を建設することを決断した。

「父が生産技術、品質向上に専心しただけでなく、無借金経営を続けてくれたことで、財政的には将来に向けた投資が可能となりました」と、太田社長。次の１００年に向けて、酒造りの基盤を強化することを決めたわけである。

結局は構想４年、建設４年と周年記念には間に合わなかったが、理想とする酒蔵を創り込んだという。ところが、新築された工場では、生産能力を変更していない。新工場というと機械化、合理化、生産能力アップというのが決まり文句であるが、新たな蔵にはそれはない。むしろ、職人の熟練が最高の付加価値を生み出していけるような手造りを重視し、ハンドメイド・ブランドにこだわった。そもそも生酛づくりの発想はより時間をかけ、丁寧に酒を熟成させた日本酒を造ることにある。こうした基本姿勢を蔵造りでも体現しようということである。

とはいえ、伝統的な蔵をそのまま再現することにしたわけではない。多くの技術革新を導入して、大七の酒造りを具現化した、新たな蔵を目指した。安達太良山の麓に位置し、良質で豊富な水を活用できる土地柄。とはいえ、地下水位が比較的高いところにあるため、構造建設にあたっては耐震性ばかりを気にして長い杭を打ち、水脈を傷つけてしまうことはしない。杭を使わないベタ基礎構造で耐震性を確保するという配慮を施した。

また、酒造りでは蔵に住み着いた乳酸菌などの微生物が重要な役割を果たす。かつての蔵に住み着いた微生物群をそのままそっくり新しい蔵に移住させることを第一に考えた。床や窓枠には木を使い、壁は土壁、エントランスは御影石と、自然素材をふんだんに使った。また、蔵全体を外断熱構造にして、地下水を使って冷涼な空気を一年中にわたり保つことを実現し、かつ温もりと快適さを同居させる工夫も施した。電力により空調を使って一定の温度を保つのではなく、緩やかな四季の変化を日本酒に体験させることで、蔵住みの微生物がかつての蔵に居た時と同じように心地よく活動するようになり、自然に成熟する日本酒を造ろうとの思想を貫いている。

加えて移転には3年をかけた。1年目は蒸米と上槽(発酵が終えた醪を清酒と粕に分離する作業工程)だけを新蔵で、2年目には醪工程を、3年目に製麹と酒母の工程を移すことで、蔵住み微生物がストレスなく、徐々に新蔵で環境に馴染むようにした。

随所にみられる工程革新

日本酒造りは精米から始まる。ここでは大きな技術革新を導入している。超扁平精米という独自技術である。吟醸酒と呼ばれる特定名称酒は玄米の外側を4割、5割と削り込み、米の中央部のみを使い、独特の味わいを引き出すものである。従来、この工程は精米機を使って効率よく精米するため、細長く扁平な米が精米されると、削りを均等にすることはできなかった。米粒の縦軸、横軸、厚みのうち縦軸は最も削りやすく、厚みが最も削りにくいからである。大七は自社で改良・確立した、米粒の形状に合わせて、すべての部分を均等に削る精米法を導入した。大七が求める味を出した吟醸酒を造るためには、必要不可欠であるとの問題意識から、丸2年をかけて完成させた技術である。

この開発では精米機メーカーの協力が得られなかったので、精米部長が独自で、耳で米が削られる音を聞きながら精米速度を調整するという職人技と機械の改良を通して、起こりえたであろう砕米の発生を防ぐ技術を完成させている。大七が掲げるハンドメイド・ブランドを具現化しているのだ。ちなみに、この技術を完成させた尾形義雄精米部長（当時）は科学技術庁長官表彰、そして精米では史上初の「現代の名工」として表彰されている。

蒸米工程でも、こだわりを見て取れる。和釜の復活である。蒸米の理想像は「外硬内軟」だという。かつては竈（かまど）で和釜を使い、釜の上に甑（こしき）（米を蒸すための桶）を置き、米を蒸していた。ボイラーではできない、高温の乾燥した蒸気によって、米の外側が硬く、内側が柔らかい蒸米を可能にしている。すでに製造が途絶えた和釜は、南部鉄器製造の技術を持つ岩手製鉄に依頼し、伝統技術の復活にも貢献している。

麹室にも独自の工夫を凝らしている。阿武隈山系の北面に立つ樹齢99年の杉を使った壁に囲まれた麹室は、4つの独立した部屋から成っている。日本酒は最初に小さなタンクで酛麹を造ることから始まり、その後3回に分けて拡大培養される。この段階ごとに応じて、最適な状態の麹を確保するために、それぞれ専用の麹室を設けたのである。他の蔵では一つの麹室で作業することが一般的であるが、祖父の時代から続く伝統を守っているという。

生酛室は、酛摺り用の口広のステンレス製の半切り桶が整然と並んでいて、部屋の壁側には、これもステンレス製の小タンクが並んでいる。ところがこの部屋の壁には、木の板も整然と並んでいる。「麹室は木の箱、木の台とか、たくさんの木製のものがあるので、そうしたものを新しい麹室にもっていけば、住み着いた菌は一緒に移ってくれます。ところがここは比較的ステンレスのものばかりです。社屋の移転計画を立てたとき、古い蔵の生酛室にわざわざ木の壁を張りました。数年後の移転に備え、微生物を運ぶ媒体としようとしたのです。周囲に見えている木の板は、それです」と、社長は説明してくれた。蔵住みの微生物が移転先の新しい生酛室でも息づいている。

和釜と同様に、木桶仕込みも復活させている。２００２(平成14)年に復活させて経験を積み重ね、２０１５(平成27)年には専用蔵を完成させた。木桶仕込みの酒が生み出す独特の味わいに付加価値を求め、それを追求している。

製造工程の最後は瓶詰めである。ここでも技術革新を導入している。無酸素充填機である。ドイツ製のこの機械は大七の特注で、日本では初めてのものであるという。カウンタープレッシャー型というタイプの機械は、瓶の口を密封し、中の空気をバキュームして真空状態にする。その後、瓶内を窒素ガスで満たしてからお酒を注入して打栓する。日本酒は外気と一切触れることなく、酸化を防ぐことになる。

こうして製造された日本酒は、すぐに出荷されることはなく、原則、1、2年熟成された後で、発売される。生酛づくりで造られた日本酒は、速醸のものとは異なり、長期間保存しても褐色に変色することがなく、むしろ熟成によって、旨味がより強く醸し出されるからである。

「醸造酒においては、フレッシュさは必ずしも優先すべき価値ではないと思います。むしろ、成熟こそが普遍的価値であるということが弊社の価値観です」〈太田社長〉

世界の醸造酒でワインをみると、まさに成熟での競争になっている。こうした認識から、世界市場を射程に入れた10代目は、長期熟成を目指した貯蔵庫を整備して、熟成の長さでの競争力の構築に向けても動き出している。事実、同社の高級ラインの日本酒一万本以上が貯蔵庫で熟成のときを過ごしながら、出番を待っている。

3 海外市場に打って出る

きっかけはフランスのシャトー見学

「海外に目を向けた最初のきっかけは、1992（平成4）年に田崎真也さんという当時若手ナンバーワンのソムリエが日本酒蔵元をフランスのシャトーに案内するという西武セゾングループの企画に参加したことでした。たしか、5、6社の酒蔵が参加しました」〈太田社長〉

当時、西武セゾングループは日本酒の販売に力を入れていて、有楽町店で日本酒の売り場を拡大して、日本全国の地酒を並べることを百貨店として最初に行っていた。この縁で声がかかったという。

訪問先はシャトー・ムートン・ロートシルドやイケムなどといった世界的に有名なワイナリーであった。片や世界市場に向けて輸出して名を馳せている雲の上の存在。一方、当時の日本の酒造メーカーはというと、ごく一部の大手メーカーは輸出に乗り出しているものの、地方の地酒メーカーでは輸出どころか、世界市場ではほとんど無名であった。観光気分での参加者も多かったという。

ところが、ここで大きな気づきを得た。実際、シャトーを訪ねて、製造現場に足を踏み入れてみると、決して大きな規模を誇る会社ばかりではなく、むしろ規模を追わない家族経営で営まれているものもある。瓶詰の機械などの製造工程を見ても、道具などからみて、自社のものと非常に似通っている。単発酵のワインと比べて並行複発酵の日本酒のほうが、ひょっとしたらより丁寧な酒造りになっているのかもしれない、との感想を得たのであった。

もちろん、世界市場で揉まれて、その中でブランドを構築してきたグローバル企業としてのノウハウは侮れないし、学ぶべきことはあるとは思うものの、まったく手の届かない存在かというと、そうでもないのではと考えた。また、フランスの伝統が育てたワインと同じように、日本の伝統が培ってきた日本酒も、世界に知らしめるべきものであろうし、そうしなければ日本人として納得できないとまで思ったという。広い世界を知ることで、自分たちの日本酒の捉え方を転換する、気づきを得た瞬間であった。こうして、世界市場に向けて動き出そう、との思いが生まれたのであった。

15社共同での輸出を始める

こんな思いを抱いているときに、輸出に向けて動き出す機会が訪れた。ワインソムリエたちが集まって日本酒の唎酒師の資格を認定しようという団体、日本酒サービス研究会が立ち上げられた。この団体が、ワインでは地方のワインも流通しているのに、日本酒ではそうしたことがない。日本酒でも地方のいい酒を世界に向けて流通させようと、日本産清酒輸出機構を、1996(平成8)年に設立した。この団体から誘われて、最初に集まった15社が協力して、共同で日本酒の輸出を始めたのである。

この団体は3つの基本ポリシーを掲げた。

専門の流通業者に任せると、中間で多くの業者が絡んでくるため、結局のところ高額な日本酒になってしまう。これでは本末転倒、日本酒を海外で気軽に楽しんでもらえない。そこで、自分たちで行動することで中間業者を入れず、現地のレストランに納品する段階では、日本の小売価格の１・5倍以内に価格を抑えることが一つ。

日本酒の品質を劣化させて、粗悪な日本酒を売ることは、むしろ日本酒の評判を低めるだけでなく、日本酒の本来の味を知ってもらえない。日本の蔵を出てから、現地レストランに納めるまでの流通経路では、温度管理を徹底して、低温流通を実現することが、もう一つ。

最後は、販売する前に啓蒙活動を先行させることであった。需要が喚起されていない状況で日本から輸出しても、結局は棚に置かれて、売れないままで劣化してしまい、ここでも日本酒の本来の美味しさを訴求できないことになりかねない。まずは現地のプロに日本酒を覚えてもらい、需要を喚起していく、というように定めた。たとえば、現地で会場を借り、15社の酒を一堂に並べ、現地の料理も用意して、料理に合った日本酒を提案する。現地のシェフやソムリエといったプロが、実際にマリアージュとともに日本酒を体験する。こうして先方も自分の店に適した日本酒を求めることができるし、こちらもどの店に納めればいいのか、販売先の的も絞れる。

幸いなことに、アメリカではワインブームが一段落して、次に話題になる酒を探していた。それ以前は現地の日本料理屋にしか入っていなかった日本酒も、バーにも並び、西洋料理をはじめとして、さまざまな料理でも飲まれるようになり、市場が広がっていた。日本酒を受け入れる素地が整いつつあったのである。

「最初はアメリカとヨーロッパの両方で活動したのですが、結局、アメリカでの反応は非常に良かったにもかかわらず、ヨーロッパでは簡単には自分たちの生活習慣を変えようという動きがみられませんでした。そこで、乏しい資金ということもあって、まずはアメリカ市場に集中しました」〈太田社長〉

大七単独での市場開拓へ

「共同での海外市場開拓を10年くらいやりました。10年くらいたつとそれぞれの蔵の求める方向性が違ってきました。スーパーを開拓したいと考える蔵もあれば、高級レストランを開拓したいという蔵も出てきました。一緒に活動することの意味がだんだん薄れてきたと感じたので、2010年頃に、大七は卒業しますと言って、その後は単独で活動するようになりました」〈太田社長〉

海外での市場開拓の基本的なノウハウを習得したことで、共同で同じように、他社に合わせて行動することの意味に疑問を持ったことが、独自路線へと切り替える転機となったとのことである。もう一つ、独自の路線に進みたいという思いを募らせた出来事があったという。

「2001（平成13）年、フランスのロマネ・コンティの蔵元ご本人に会う機会を得ました。働いている人がどこから来ているのかと聞くと、ロマネ村の人だと言われました。蔵を見ても、最高峰と言われるワインを造るのに近代的な設備を使っているわけではありませんでした。特別な人によって、真似もできない設備を使ってワインを造っているのではないことを知りました。自分はできない、というわけにはいかないと思ったんです」

〈太田社長〉

最先端の大掛かりな機械を駆使するのでもなく、有能で特別な人材を用いるのでもない。地元の普通の人を一生懸命に鍛錬して、自然の力を借りて最高峰と評されるワインを醸造していることを確認して、自分の進むべき道、目指す世界を見つけ出した。大七の目指すべき理想をつかんで、ゆるぎない確信をもって、世界の大七に向けて、独自に歩み出すことを決意したのである。

フランスで認められたブランド

世界を目指して次の一歩を踏み出した10代目。そして、また新たな機会が訪れた。2008(平成20)年、「フランス料理専門学校、パリのコルドン・ブルーで、有名な日本人料理人が日本料理について講演する。ついては、その後で日本酒について講演してほしい」、との依頼を受けた。この1895(明治28)年設立の有名な料理学校で、日本蔵元が日本酒について講演するのは、10代目がはじめてであった。

このときに、その後フランスでの事業展開を押し進めるうえで鍵となる人物、黒田利朗氏に会う。フランスで日本酒の輸入元として日本酒を広める努力をしているだけでなく、通訳や日本企業のコンサルティングなど幅広く活躍している人であった。この黒田氏と知己を得て、フランスでの人脈が広がり、ビジネスを進展させることが可能となった。新たな人脈の一人が、グザビエ・チュイザ氏であった。

彼は日本酒の理解者で、2016(平成28)年からは「クラ・マスター」というイベントを主催している。毎年、ソムリエたちが日本酒と料理の相性を競う大会で、多くの日本酒を対象として、食事とのマリアージュも含めて検討するもので、毎年開催されている。この大会のおかげで、フランスでの日本酒市場は7年間で75％も量を増やした。また、他のヨーロッパ市場とは異なり、量では劣るものの、高級日本酒の市場として成長しているという。大七の高級路線とも合致していて、フランスでの存在感、プレステージを確立する土壌となっている。

フランスのシャトーから量を追うのではなく、小規模でも世界に通じる地方蔵元という自社の方向性を学び、生酛づくりという強みを生かした、熟成されたフルボディー系の高級日本酒市場の開拓に歩み出した大七。この成長路線の試金石として、さらに多くをフランスで学ぶこととなった。

「世界に向けて市場拡大しようとするとき、フランスで認められたブランドということは大きな武器になります」と太田社長。海外展開に向けた、大きな足掛かりを得たのである。

4 ファミリービジネスを極める

長期存続の理由は「個性を問い続ける」

地酒メーカーとして長期存続してきた大七。その270年の歴史の大半は、地方の酒蔵の雄としての地位を築くものであった。そのため、伝統的な酒造りの技を極め、日本酒の品質向上に挑戦し続けてきた。既述のような時代背景もあったが、そうした蓄積があってはじめて、8代目から地域を超えて日本全国へと商圏を広げることが可能となったともいえる。

もちろん、多くの地酒メーカーはそうした努力を重ねてきており、実際、多くの地酒は全国ブランドになっている。それぞれの地域に密接に結びついた資源を生かし、それを極限にまで活用しようとする経営努力から蓄積されてきた経営資源に基づいて、地域を超えて全国ブランドへと成長している地酒メーカーは多い。

しかし、大七に異彩を放たせているのは、絶えず個性を問い続けてきていることかもしれない。全国でも極めて希少な伝統的な生酛づくり、新酒でフレッシュさを訴求する純米酒ブームとは一線を画す成熟酒。こうした路線は、その問いの結果である。

体系的な人材育成体制で技術を継承する

海外での事業展開を可能にさせたのは、国内にいたのでは気づかなかった、自社の立ち位置についての気づきであった。もちろん、常に問い続けることがなければ、気づきはないことも事実であろう。いずれにしろ、世界に冠たる有名シャトーを訪れたことが、その気づきをもたらしている。そうしたシャトーはフランスでも地方に存在していて、しかも規模からしても決して大きくはない。ところが、手造り感満載のワインづくりで技術を向上させて、その技術によって時間をかけて成熟化させたワインで、ハイエンド市場でブランドを確立している。大七と同じ条件の下で醸造酒を造り、かつ世界市場で愛飲される酒を世に送り出している。大七も同じような経営態勢で、世界に認められる日本酒を造ることができるのではないか、こういう考えに至ったのであった。

「最終的に世界に出ていく、そして世界で敬意を持たれる酒蔵としてやっていこうと考えたとき、変なことはできない。最新鋭の機械設備を導入して省力化するのではなく、

手造りの殿堂としての蔵を建てようと考えたわけです。でも、そうしたものも最後は、それは使う人が決め手になります。人材づくりが鍵となると考えます」〈太田社長〉

実際、大七には名工として名を馳せた杜氏、それを引き継ぎ、やはり現代の名工となった杜氏が育っている。また、精米においても現代の名工が生まれている。こういう人たちが一緒に働く人にとって、目に見える、いつでも相談できるロールモデルになっている。最高のレベルに到達するためには、どのようにして自分の仕事を極めていくことが必要なのかを知り、実践できる場ができあがっている。

しかも、一方では、こうした仕事での工夫が、どのようにして実際により品質の高い日本酒の製造に結びつくのか、客観的、科学的に確認できるように、研究室も充実させている。現在、研究室長を務めるのは、東北大学の大学院出身者。現場の人たちだけでなく、彼らと一緒になって、酒造りのための熟練の技をレベルアップすることを支援するためには、必須な人材であると考えている。現場で熟練した技を磨く人、そしてそれを支援する人、こうした体系的な人材育成体制を構築しようとしている。

国内・海外でのさらなる飛躍に向けて動きを加速している大七。その海外売上はおよそ1割。市場としては20数カ国に及び、そのうち15カ国ぐらいが比較的安定した取引先市場になっている。9割を占める国内市場をみると、人口減から市場が縮小傾向を示している。また、先進国は一人当たりのアルコール摂取量からみると、頭打ちになっている。ところが、アジア市場に目を向けると、むしろお酒を飲む人口は増加傾向を示している。経済的に豊かになるとともに、潜在的な市場としての魅力を増している。しかも、日本にとっては近隣諸国でもある。この身近なフロンティアは、大七にとっても有望な市場になっている。この意味で、アジア圏を含めた海外市場の開拓は、まだまだ可能性がある。

すでに海外戦略に向けては、オランダ大使館で働いていた人材をスカウトして、それぞれの国で大七にとって最も相性がいい販路を直接開拓してきた。こうした人材とこれまで蓄積されてきた進出ノウハウを活用して、より一層、輸出戦略に磨きをかけていくことが求められている。

国内では、すでに東京オリンピックを契機として、インバウンド顧客に対する受け入れ態勢を整えてきたが、残念ながらコロナ禍で、それを生かすことはできなかった。とはいえ、インバウンドが増加している現在、そうした態勢をさらに強化して、国内市場でも成長の可能性を追求することも可能である。むしろ、フランスのワインツーリズムと同様に、酒蔵ツーリズムとして、大七だけでなく、地域の観光資源と連動させることで、地域経済にも貢献できる。それは同時に、海外の顧客を増やすことにもつながる戦略である。ただし、ここでも大七らしさを追求している。

「酒蔵見学というと、数をこなすことに重きを置いているところがあるかもしれません。大七の場合は一日1組、あるいは午前1組、午後1組というように、見学中には他のグループと会うことはないというようなプレミアム感を持たせたい。見学に来て不満を感じてしまうのではなく、大七のファンになってくれる人を増やしたいと考えています」

〈太田社長〉

大七は国内、海外を含めて、さらなる成長に向けて動きを速めている。

第6章

日本全薬工業株式会社（ゼノアック）

人と動物の共生社会の実現へ

福島県郡山市安積町

薬剤将校として郡山陸軍病院の開設を命じられ郡山に赴任した創業者 福井貞一が、福島県からの受注を契機に動物用医薬品の製造を開始。1949（昭和24）年、商号を「日本全薬工業株式会社」へ変更し、産業動物（牛・豚・鶏）やコンパニオンアニマル（犬・猫など）の動物用医薬品の専門企業として、研究開発から製造・仕入・輸出入・販売までを一貫して行っている。

国内の動物用医薬品売上〝第1位〟

われわれの生活には動物との関係がついて回る。一つは食事という形で、われわれは彼らの命に多くを依存している。日常的に牛肉、豚肉、鶏肉など、われわれが生きていくうえでは欠かせない食物を提供してくれるからである。

もう一つは、ペットとしてわれわれの生活を豊かにしてくれている。われわれに寄り添い、家族の一員として生活を共にしている。こうした意味で、動物はわれわれの生活には不可欠な存在である。

動物は生き物である。したがって、われわれ人間と同様に病気にかかることもある。生活環境によっては栄養失調や体調不良を起こし、さらにはストレスを感じる。健康に気づかい、食事に気を配ることが必要となる。人間がいざというときには病院へ行き、治療を受け、予防するのと同様に、動物もまた動物病院で手当てを受ける。獣医師がこれに対応していることは、日常、われわれも目にしている。当然、動物の病気を治したり、予防したりするためには、人間が人体薬を必要とするように、動物の症状に応じた動物薬が必須である。

こうした動物薬は、われわれにはあまり馴染みがないかもしれないが、人体薬と同様に、動物の病気に対して専門的な知識を持つ動物薬会社が存在する。

福島県郡山市で創業し、この動物薬メーカーとして着実に成長を遂げて日本全国に動物薬を供給するだけでなく、海外にまで事業を広げてきた会社が、日本全薬工業株式会社。そして、その名称を新たにしたゼノアック（ZENOAQ）である。ゼノアックという社名は、「Zen」（全薬・日本全薬工業）という会社の由来、「Noah」（多くの動物たちを救ったノアの方舟）という動物への愛、さらには「Active」（活発、積極的、活動的）というダイナミックな組織の在り方、「Acquire」（獲得する、習得する）というたゆまぬ自己研鑽により、高度なスキルを習得していく社員、そして「Quality」（事業活動の総合的な質の高さ）という企業としての姿勢を意味しているという。同社事業の社会的な意義やミッション、さらには社員や会社としての基本姿勢を社名に込めているわけである。

動物薬会社として堅固な地位を確保しているとはいえ、同社成長の道のりは決して平坦なものではなかった。

1 動物薬との出会い

「設立からおよそ80年の会社です。創業者、2代目の私、そして3代目へとつながっています。それぞれの時代に合った経営をやってきています。いつの時代も環境変化に対応することは厳しいものですが、私から見ても、創業期は特に厳しい時代だったと思います」

〈福井邦顕ゼノアックホールディングス株式会社代表取締役社長〉

会社設立早々に待ち受けた苦難

創業者福井貞一は、創業からして苦労の連続であった。貞一は「薬の町」としても知られた奈良県高市郡高取町で生まれた。家業は薬剤製造業。父から進められ富山薬学専門学校（現富山医科薬科大学）に進学した。第二次世界大戦開戦の年、一旦は軍隊に入隊するが、勉学を続けるために、その後陸軍軍医学校に進む。卒業後には、薬剤将校として新潟県で病院勤務を命じられた。さらには郡山陸軍病院（現独立行政法人国立病院機構福島病院）に開設将校として赴任を命じられ、この地で終戦を迎えた。

戦後、郡山の地元有志から、戦後の混乱で薬の供給が滞る状況を改善したいので製薬会社を起こしたい、そのためには生産増設備はもちろんのことであるが、薬剤師が必要で、こうした全般的なことでの協力をお願いしたい、という依頼を受けた。地域社会への貢献になるとの思いで、設立に必要な分担出資金もどうにか算段して依頼を受けた。

1946（昭和21）年、郡山市内に今の会社の前身となる、人体薬を製造する旭日薬品工業の設立に参加。以前からの知人も呼び寄せ、経営に参加してもらった。自分は社長として製造を担当し、信用して彼らには営業など、その他の役割を任せた。ところが、彼らが不正を働き、会社の金を使い込んだ結果、倒産寸前にまで追い込まれてしまった。信用を裏切られてしまったのである。

製造企業として会社を存続させるためには、工場敷地を貸してくれている会社に、当時としては大金であった5万円を支払わなければならない。紆余曲折があったものの、工面して工場は守りきれ、会社もどうにか継続できた。

「この5万円事件があって、かえって、この事業に対する思いを強めたのかしれません」
〈福井邦顕社長〉

農家に必要な馬を守る薬の生産を受注

薬品の自社製造・販売の道を歩み始めたころ、福島県畜産課から馬用のリンゲル液（体液同様のイオン組成・浸透圧をもつ生理的塩類溶液）の発注を受けた。福島県は馬の産地として有名であったが、農耕馬としても農家で活用されていた。農家にとっては必須な働き手であった。ところが、当時、馬の脳炎が流行していた。この脳炎を治療する薬として、リンゲル液が必要だったのである。再建に奮闘していた会社にとっては、人体薬ではないものの、持っている生産設備を活用できる、またとない機会であった。

動物薬に本格的に取り組むきっかけを与えてくれたのも県の畜産課であった。獣医であった担当者たちは、馬の骨軟症の治療薬「ＯＳＭ（Osteomalacia Medicine：骨軟症治療薬）」の開発を勧めてくれた。馬の食べ物は草である。春から秋にかけて馬は青草を食べるが、秋から春にかけては干し草を食べる。骨にとって必須なカルシウムなどの栄養素が乏しくなるため、骨が軟らかくなる病気にかかりやすくなってしまう。そのため、春先に農作業に駆り出されると、骨折してしまう。東北地方では1割の馬がこの病にかかっていた。そのため治療薬が求められていたが、有効な薬が開発されていなかった。

幸いなことに骨軟症の権威、千葉喜一郎博士が福島市に住んでいたことから、博士に相談してOSMを開発でき、製造許可を申請し、発売に漕ぎつけた。とはいえ、季節商品で福島だけでは量が望めなかった。そのため、販路を広げるために他の東北県にも、さらにはかつての縁がある新潟県にまで販売先を求めた。

動物薬の製造に本腰を入れ始めた1949(昭和24)年、心機一転、社名を日本全薬工業に変更した。この業界に名乗りを上げたものの、会社の経営はいまだ困難を極めていた。

固型塩「鉱塩®」の開発に挑む

新潟県への販促活動が、新たな事業機会を呼び寄せた。新潟県畜産課の知人に、農林省家畜衛生試験場北陸支場の吉田信行支場長を紹介されたのであった。彼は肝蛭(かんてつ)駆除で一級の研究者であった。彼の協力を得て肝蛭駆除剤の研究開発が始まった。

肝蛭は牛の肝臓にメタセルカリアという寄生虫が住みついて起こる病気で、ヒメモノアライガイという貝を中間宿主として、それがついた草を牛が食べることで病気にかかってしまう。この寄生虫は牛の肝臓から栄養をとるため、エサを多く食べてもやせ細り、正気を失っていく。また、他の病気も誘発する。感染した牛は、全国で5、6割にも及んでいて、畜産農家に深刻な影響を与えていた。

この病気にはヘキサクロロエタンが有効であることは知られていたのであるが、副作用が非常に強く、これを用いてすでに発売していた薬を摂取して死んでしまう牛が多くいた。これに代わる新薬が望まれていた。この新薬の開発に挑戦したのである。

1953(昭和28)年、「ネオヘキサロン」と命名された新薬はできあがり、新潟県佐渡ヶ島で野外実験が行われた。その結果、副作用を引き起こすことなく効力を発揮することが実証された。この実験結果は大きな反響を呼んだ。全国で肝蛭に悩まされる畜産農家にとっては吉報であるとの農林省の判断から、この薬を知らしめるための映画『牛を狙う虫』の制作を提案された。すでに多くの資金を開発につぎ込んできたので、資金繰りに困難を要したが、どうにか完成させた。

この映画によって、ネオヘキサロンの知名度、さらには日本全薬工業の名は全国ブランドとなり、販売も順調に伸びたことで、経営もようやく安定することになった。福島県の一製薬会社から動物薬メーカーとして、全国的な企業へと歩み出したのである。

しかも、この開発活動を通して、多くの研究者と人脈を形成できたことは、研究開発力といった中核的な経営資源の強化・蓄積に大きく貢献するものであった。それは、その後の会社の成長にとって大きな資産となったという。事実、この後、主力商品に育った肝臓機能強化剤「レバチオニン」「レバチオニンC」、さらには乳房炎治療薬「ペニストマイシン」、強壮疲労回復剤「メタロジン」など、畜産農家が必要とする薬を次々に開発していった。

新たな人脈は、次の開発テーマにつながった。臼井和哉東京大学農学部教授との出会いによって、塩とミネラルの固型化に向けた研究開発が始まった。草食動物である牛には塩が必要である。従来は牧草地に撒いたり、飼料に混ぜたりしていたが、塩の摂取が不安定になる。塩を固型にして舐めさせれば、安定して塩を取らせることができる。さらに、酸性土壌である日本の牧草地はミネラル分が少ない。ここでも必要なミネラルの摂取がおぼつかない。必須となるミネラルを固めたものを提供できれば、安定的に摂取することができる。また、塩とミネラルを一緒にして固型化したものを造れば、同時にこの問題が解決できる。こうした思いで、研究に取りかかったのである。

ところが、「鉱塩®」と名づけられ、今では広く畜産家に知られて大学の教科書にも載っているこの商品の開発には、多くの難題が待ち構えていた。まずは適切なミネラルの配分を決定すること、また塩にミネラルを混ぜて固型化するための技術を確立することが大きな課題となった。ミネラルの配分については吉田教授、臼井教授の力を借りて決定し、塩の固型化については、塩を専売している日本専売公社中央研究所の杉二郎研究部長を訪ねて教えを乞い、解決をみた。

しかし、使用する塩は専売公社の独占であった。安定した塩の調達、価格設定など、商品開発を超えたところでの課題にも直面したが、ようやく開発、販売にまで漕ぎつけた。いざ販売してみると、牛が舐めるので、すぐに固型物は崩れてしまう。不良品とのクレームが寄せられ、思うようには売上が伸びていかなかった。多くの開

発費を投じても、なかなか思ったとおりの商品には育ってくれず、経営の足を引っ張るまでになっていった。創業者貞一は動物薬事業に不安を感じ始めた。

2 畜産業の発展に貢献する

畜産大国アメリカへの視察団

動物薬は需要があるといっても、絶対量は少ない。多品種の商品が要求され、単品でみれば、どうしてもコスト高になってしまう。農林省が振興に力を入れているものの、果たして日本の畜産業は順調に発展していき、市場は十分な規模にまで成長するのであろうかという懸念もあった。経営として動物薬に邁進すべきなのだろうか。こうした悩みに対する答えを求めて、畜産先進国であるアメリカの畜産業と動物薬業界の実情を見てみたいと考えた。鉱塩®開発で知り合った杉部長に相談したところ、発足したばかりの日本生産性本部に打診してくれ、アメリカの製塩業と畜産業を視察する視察団に参加することができた。

視察は1961(昭和36)年1月から3月にかけて実施された。運よく、臼井教授がコーネル大学に留学していたので、獣医施設、畜産大学、研究所、製薬会社にも視察の枠を広げることもできた。アメリカの畜産、動物薬に関わる現状をつぶさに見て回ることになった。

長い歴史を持っているアメリカ畜産業。動物薬の歴史は畜産業の歴史と共に歩んできていることを知る。動物薬企業は、それぞれが組織的な流通機構を整備していると共に、必ず臨床研究牧場を自前で持っていた。そこで研究開発を行っているが、大学、開業獣医師、畜産家の共同研究の場として利用されていて、企業が獣医師、畜産家に対して医療技術にとどまらず、畜産経営についてまで啓蒙、指導する役割を担っていた。動物薬企業は畜産業の発展に貢献するという基本的な姿勢を持っていた。ところが日本では、家畜が病気になったときにはじめて治療薬を提供するという位置づけでしかなかった。彼我の相違に気づかされたのである。

しかも、動物薬企業の経営者との出会いも、経営に対する基本姿勢の大きな変化に影響を及ぼした。視察先で出会った経営者は、最初、祖父が畜産を始めたが、病気が発生して大きな損害を受けた。そのため祖父は薬の研究に没頭して、自分の農場で試したところ効果があったので、他の農家にも分けた。これが創業のきっかけであったという。日本でもまずは畜産を発展させ、畜産農家を増加させるべきであり、そうすれば会社も成長できる。日本でどうすればいいかを自分の代で考えて実行すれば、わが社と同じように、孫の代になれば会社も成長することになるだろうと助言してくれた。会社の存在意義、事業の意味、そして経営の方向性に気づいたのである。

企業ミッションを明らかにする

帰国後すぐに、動物薬企業は畜産業の発展とともにあり、その発展に貢献することで企業成長を目指すべきである、との思いを明確にして動物薬事業に邁進しようと、社是を制定した。

一、たゆまぬ錬磨によって、畜産界になくてはならぬ会社にしよう
一、ここで働く者が、ここにつながる者が、すべて幸福になる会社にしよう

日本の畜産を発展させるという使命感を持つこと、さらにはそうした使命感を共有し

て働く者や、会社の利害関係者たちが、この事業を通して幸福になるような会社運営にしていこうと、志を明記したのである。創業者によれば、それ以前の日本全薬工業と、これ以後とは一線を画す、大きな節目になったという。たまたま動物薬を事業とするのではなく、これ以後、動物薬を中核事業として、真の動物薬企業に生まれ変わったのである。

明確な目標に向かって着実に手を打ち始めていくことになった。最初は工場の生産設備を増強することであった。多品種の薬剤を必要とする畜産では、必要とされる薬を開発することはもちろん、それを安定的に供給するための生産設備の充実も欠かせない。この生産設備の増強によって、実際に多くの新しい製品群を酪農家に提供することができた。

会社の成長では、生産と研究開発が両輪の役割を果たす。研究開発力の向上も欠かせない。まずは臨床研究牧場の建設に向けて動き出した。牧場のためには広大な土地が必要となる。思いのほか時間がかかったものの、1971（昭和46）年、安積町（現在、本社を構える福島県郡山市安積町）に臨床研究牧場を建てることができた。

畜産農家は全国に存在する。畜産界になくてはならない会社となるためには、全国の農家に薬を届ける体制も組まなければならない。帰国直後から、販売拠点の拡大・拡充にも挑戦した。全国各地を5ブロックに分け、営業拠点を整備していった。なかでも北海道は酪農大国と言われる地であり、重要な拠点である。主力製品の一つとなった鉱塩®の需要も見込めるため、1971年には釧路に工場を建設すると同時に、札幌支店も開設した。

営業拠点の拡大においては、地域特性に即した酪農家のニーズに応えることを基本的な理念としていたため、それぞれが独自の活動を展開できるようにした。独立採算制度を導入して、地域ごとに地域ニーズに対応する、7つの販売会社を設立した。販売力を伴い、日本全国を市場とする日本全薬工業が誕生したのである。

「しゃくなげ会」を支援するかたちで始まった輪

事業に対する姿勢を関係者に理解してもらおうと、北海道の獣医師、畜産技術者を本社と工場に招待し、畜産事業の発展に関する考えも聞いてもらった。この考え方に賛同した彼らは、獣医畜産関係者が集い、相互の連携を深めることで家畜の衛生、改良、飼育管理、さらには畜産経営全般にわたる技術の向上を目指す「北海道しゃくなげ会」を結成した。日本全薬工業はこの会を支援するという立場で、この会に参加した。純粋な畜産技術者などが集まる、産学官が一体となったこの会は、畜産の発展にとっては重要な基盤となった。その後、この会は東北、関東、東海、近畿、中国、九州と全国的な広がりを見せ、畜産の発展に向けた協力の輪が広がった。ちなみに会の名称、しゃくなげは福島県の県花で、日本全薬工業でも社内報の名称に使っていた。畜産業に対する創業者の考え方に敬意を表していると思われる。

しゃくなげ会の発展は、その一方で、会社の研究開発能力や生産、営業での能力向上が求められることにもなる。学卒者の採用を積極的に進めるだけでなく、多くのつてを使って優秀な人材を中途採用でも確保した。さらに学術顧問制度を採用することでも対応した。この制度は獣医技術者として豊かな経験を持つ研究者を招聘するもので、各地の販売会社を支援するかたちで学術サービスを提供する。北海道から九州に至るまで、それぞれが専門分野で蓄積してきた知識を、集会などを通して提供する役割を担っている。そして、学術顧問団が体系的にノウハウを提供することで、畜産業の発展に向けて貢献している。

国内外の企業と業務提携を進める

自社で研究開発や販売を充実させつつも、すべてを自社で対応することには限界がある。畜産業の発展を掲げる以上、自社の能力によってそうした発展を妨げるべきではないと考えた。広く世界を見れば、先進的な薬の開発も進んでいる。すでにアメリカ視察でアメリカの動物薬の優位性に気づいていたこともあって、まずは通商産業省から動物用医薬品輸入販売業としての認可を取得し、スミス・クライン・アンド・フレンチ・ラボラトリーズ社と業務提携を結んだ。この戦略的提携によって、同社のワクチンを輸入することになった。１９７２（昭和47）年のことである。

米国最大の動物薬製造業者との業務提携は、単に開発された製品を販売するというだけでなく、同社の経営など、世界一流の動物薬企業の考え方なども知ることができるというメリットもあった。その後、スイスのコルボーン・ドウズ・ジャパンとも業務提携を結び、国内の藤沢薬品工業とは販売提携を結んで、同社の動物用医薬品の販売を引き受けるようになった。

こうした業務拡大と並行して、生産規模が拡大したことを受け、１９７５（昭和50）年に工場を、臨床研究牧場を構えた安積町へと移転し、集中させた。これによって研究と生産を一体化することになった。

その後、研究・開発体制をさらに強化するために、中央研究所の設立に向けて準備を開始した。中央研究所が完成したのは、1982(昭和57)年であった。完成に合わせて、既述の臼井和哉教授が東京大学を定年退官するときに重なったため、取締役副社長として迎い入れ、研究所長にも一流の研究者を招聘して陣容も整えた。日本での動物薬研究の拠点としての役割を担うことを表明したのである。

3 グローバル化を進める

二代目にも降りかかった災難

二代目の福井邦顕前代表取締役会長が入社したのは1974(昭和49)年のことであった。大学、大学院と薬学を学び、さらにイギリス留学を終え、帰国後の入社であった。配属先は、製品の品質検査と製品改良が主業務の製造部化学課だった。ここでは、注射薬ラインと鉱塩®ラインの両方を更新するという案件に携わった。

１９８０年代半ばごろから、所轄官庁である農林省（現農林水産省）の指示のもと、動物薬の再評価が始まり、薬の効果と安全性、さらには品質の確保に関するデータを再評価することになった。この再評価によって、先進的な欧米にならって認証基準や製造・品質管理基準が見直され、規制が強化されていった。そのため、こうした規制に対応して、社内のハード、ソフトともに改善するという現場に立ち会った。医薬メーカーのヨーロッパＧＭＰ（Good Manufacturing Practice：医薬品の製造管理及び品質管理の基準）視察団にも、動物薬企業としては唯一の参加だったが、一緒に参加した人体薬企業の団員からも教えを乞うて、動物薬ＧＭＰを先取るかたちで、安積町の新工場に改善を加えていった。

まずは、生産現場で自分の会社を知り、その改善を図ることから会社人生が始まったが、次は営業職で、販売会社のうちの一つ、九州ゼンヤク株式会社の熊本支社へ出向した。はじめての営業体験では多くのことを学んだが、その一つが現場での販売実態であった。

営業担当者に同行し畜産現場を見て回ると、担当者は獣医が家畜を診療するときに必要とされる獣医薬の販売というよりも、鉱塩®やバイミルク（日本全薬工業の商品で、ビタミンやミネラルを配合した混合飼料）などの販売に多くの時間を費やしていた。病気の発生や予防に対応した獣医薬は、開業獣医師や共済組合からのその都度注文により配達する仕組みであるのに対して、鉱塩®などは餌同様に毎日与えられるものである。このため、注文量が多く、頻繁に農家を巡回することが求められていた。これらの商品は重くて重労働を強いていたが、担当者は苦にせずに、熱心に働いていた。直接酪農家に接して、彼らの要求に応える関係づくりは、営業担当者のこうした日常の努力によって支えられていることを改めて実感したのである。

当時は、前述の中央研究所が立ち上がるころであったため、この立ち上げにも関わった。臼井教授に、「これからは遺伝子工学の時代になる」と言われたこともあり、この研究領域に携わっている若手研究者も加えて、バイオテクノロジーに特化した研究棟もつくった。その研究者は順調な成果を報告してくるので、信用して研究に没頭させていた。ところがすぐに、そうした報告は虚偽のものであることが露呈した。バイオテクノロジーが黎明期であり、時期尚早という事情もあったが、気づかなかった。創業者と同じように信用して任せた者に裏切られたという、苦い経験が出発点となってしまった。

販売会社で営業改革に乗り出す

1991(平成3)年、福井邦顕社長は自ら申し出て、販売会社である東京ゼンヤク株式会社(当時)に出向した。関東一円を販売地域として、畜産である産業動物(プロダクション・アニマル)だけでなく、コンパニオン・アニマル(CA)と呼ばれる愛玩動物も対象としたビジネスにまで展開していた。同社が事業展開する関東一円では、1980(昭和50)年に「関東しゃくなげ会」が組織されていて、300名の臨床獣医師がメンバーとして活動する会に成長していた。この会とのつながりは、広い範囲での動物を対象とする医療技術の動きを知るという意味で貴重な経験となった。

九州での営業と同様に、営業担当者について現場の実態を勉強した。そこで、営業現場では販売予定を立て、取引先を回るものの、注文の状況に応じて予定は容易に変更され、売上予定を達成するために売りの取りやすい顧客を重点的に回ってしまうという実態を目にした。この状況に課題を見出し、営業改革に乗り出した。知的労働の生産性を向上させる手法をコンサルタントの力を借りて導入し、営業担当者と一緒にPDCAを着実に回していく手法へと営業活動を変えていった。

こうして、営業戦略を立て、それを実現するために、畜産農家に営業担当者が直に商品を納めるという販売ルートを確立し、営業組織が強化されることになる。一部は代理店を活用しているが、大部分は直販体制となっている。そのため、一方では販売する自社扱い商品に対する市場動向をリアルデータに基づいてつぶさに把握できる。他方では自社の営業戦略に応じて、自社の営業担当者を介して直接顧客に働きかけることもできることになる。この成果は、その後、全国の営業組織へと受け継がれていった。

同社で2年間半ほど社長を務め、1994(平成6)年には本社に戻ったが、ここでの経験は、営業という現場ではあったが、経営の視点から組織改革を実行するという意味で、大きな経験となった。また、市場での変化を確認できたという点でも、大きな収穫となった。CA市場が着実に成長の兆しを見せていて、新しい市場としての魅力を増していることを実感したのであった。

現場の実態ということからすると、もう一つ大きな発見があった。発売開始時には売上を上げるのに苦労していた鉱塩®が、その後の製品改良などの技術的解決によって、農家のニーズを適切に反映した商品に進化していた。創業者が売上を伸ばそうという意志を一貫して持ち続けてきたこと、それを受けて現場の営業担当者が販売に力を注ぎ続けてきたことによって順調に成長して、売上でのコア商品として確固たる地位を築いていることを確認できた。この商品は頻繁に、場合によっては毎日農家に届けるもので、ミネラルやビタミンの種類、含量などによって多くの種類の商品群を抱え、多様な農家のニーズに対応できる、コア商品となっている。コア商品を抱えていることが、農家との直販体制を強化し、日本全薬工業の持続的な競争力を支えていることも、改めて認識できた。

ローヌ・メリュー社との出会い

本社に戻ると、事業環境での大きな変化に直面することになった。提携先であったスミスクライン社がアメリカ大手製薬会社ファイザーに買収され、業務提携が一方的に打ち切られた。１年間の継続販売が認められたものの、日本での販売許可を取った豚用マイコプラズマワクチン「レスピシュア」が販売できなくなった。新たな提携先を見つけ出すことが経営課題となり、世界の動物薬企業の中から協力会社を選択しなければならなくなった。

有力な提携先としてあがったのは、フランスのローヌ・メリューであった。パスツール研究所で研究員であったマルセル・メリューが創設し、世界有数の動物用ワクチンメーカーに成長した企業である。ワクチンでの品揃えが弱い会社としては、この会社との提携が事業成長にとって不可欠であるとの判断であった。

出された条件は同社の製品をすべて扱うこと、そして代理店を通さない直販流通であることであった。交渉が成立したのは、1996(平成8)年のことで、合弁会社ローヌ・メリュー日本全薬として船出した。これで、同社の主力商品「フロントライン®」の販売に向けた道が開けた。

日本での販売申請を提出して、販売が可能となったのは翌年であった。この商品が出たらノミはいなくなるとまで言う動物病院長もいたこの商品は、まずはスプレータイプで発売された。次の年にはスポットオンタイプ(背中の皮膚に滴下する)に代わり、使い勝手の良さから売上を伸ばした。スミスクラインの穴埋めは簡単に達成できたという。この実績を認められ、1998(平成10)年、株主総会で福井邦顕社長は代表権を与えられ、名実ともに二代目社長として動き出した。

そして、この成功を受けて、合弁会社はさらに提携を強めることになった。1998年にはローヌ・メリューはメルク・アグベットと合併してメリアル社となり、2001(平成13)年からメリアル・ジャパン株式会社(現ベーリンガーインゲルハイムアニマルヘルスジャパン株式会社)を設立して日本全薬工業に商品を供給する会社となった。これによって、念願であった鶏分野の製品も含めてすべてのメリアル商品を日本で販売することになった。2005（平成17）年には動物薬業界ナンバーワンの売上を誇るようになったフロントライン®をはじめとして、カルドメック®（犬のフィラリア治療薬：蚊を介して犬の心臓や肺動脈に寄生する寄生虫が起こす病気）なども商品ラインに加えられたことで、CA事業は目覚ましい躍進を遂げることとなる。

4 新たな展開、新たな成長に向けて

バイオテクノロジーへの再挑戦――第二世代の経営へ

メリアル社との提携強化は、CA関連商品の販売を引き上げ、この事業の成長を後押しした。また、鶏も含めた動物薬の販売を実現したことで牛、豚、鶏とすべての畜産動物に対するビジネスが可能となった。事業内容に大幅な変化をもたらしたのである。事業内容の変化は、当然、それを扱う事業戦略の変更、さらにはそれを運営する事業組織の改編を求めるようになる。21世紀への節目を迎え、新たな社長を迎えた日本全薬工業

は、この環境変化に応じて、第二世代の経営へと本格的に準備を始めた。

既述のように日本全薬工業の強みは、プロダクション・アニマルとコンパニオン・アニマルの両市場で築き上げてきた直販体制にある。市場の現場とダイレクトにつながることができ、迅速な事業展開が可能となったからである。また、直販体制に魅力を感じたメリアル社も、日本でのパートナーとして提携を強化してきた。こうした強みをさらに強化していくためには、それぞれが独立して、独立採算で評価される組織（いわゆる販売会社）では、地域をまたがり、さらにはそれらを統合して総合力を発揮するには心もとない。本社内部に取り入れて、事業部としてシナジー効果をより発揮できる組織づくりが必須条件となる。２００１年、事業部制へと組織を改編した。

同時に、次の成長に向けて、新たに成長が見込める事業分野へ先行投資することにも挑戦した。二代目入社時には時期尚早で失敗に終わったバイオテクノロジーへの再挑戦である。バイオテクノロジーにおける状況はすでに変化しており、細胞融合技術や遺伝子工学技術は盛んになりつつあった。また、動物用医薬分野ではバイオテック由来の商品がほとんど開発されておらず、先行的な投資には意味があり、たんぱく質を原体として製剤化することで魅力的な商品を上市できると考えて、新規事業としてふさわしいと判断した。結局は、製品に結びつくまでに10年間を要したが、2014（平成26）年、イヌダニアレルギー減感作療法薬として「アレルミューン®HDM」の誕生を見ることになった。

成長に向けて、もう一つの事業として海外事業でも布石を投じた。中国の市場調査を実施したところ、原料の調達費用の安さから、生産工場としては魅力があることが判明した。そこで、2001（平成13）年、中国天津の経済技術開発区に工場を設立して、日本への鉱塩®の出荷を始めた。またその後、市場としての成長可能性を見極めてから、2005年には海外事業部として北京代表処を開設して、中国と韓国に向けた市場開拓を担いマーケティングや販売促進、さらには現地企業との連携を進めている。また、海外事業の拠点として、海外事業の展開に向けても動き出している。

こうした事業の基盤整備と並行して、ブランド名を「ゼノアック」として商標登録し、海外にも通用する名称を使用することにした。

新創業宣言――全社を挙げて取り組んだ事業計画プラン

準備を整えた翌年2001（平成13）年、社員に向けて「新創業宣言」を発表した。宣言では、次のような進むべき方向性が社員と共有された。

- 21世紀にふさわしい企業を創造する
- 畜産動物だけでなく、コンパニオン・アニマルも含めたすべての動物を対象として事業を発展させる
- こうした新しい事業戦略に対応した経営改革を推進する
- 新薬の開発を通してグローバルカンパニーへの足掛かりを創る
- 天津工場の建設を契機に鉱塩®の販売量を復活させる

２０１０年に向けた事業計画２０１０プランの最初の３年間（２００１〜２００３年）は事業部制への転換による新組織体制の導入と定着化のために、初年度は売上減少、２年目にＶ字回復と大きく変動し、その後やや成長が鈍化するという状況であった。それは、動物種別営業体制はまったく新しい組織形態であったことから、それに慣れるための助走期間であった。そこで、次の３年間（２００４〜２００６年）はそれをベースにして、新しい組織体制の有効性を証明するための３年間として、「価値創造３か年」と銘を打った。

価値創造においては、商品そのものの商品価値と、それを販売する人間に対して顧客が感じる満足と信用である人間性価値との、2つの価値が鍵となる。商品に関してはメリアル社との提携強化によって品揃えはできていると判断し、人間性の価値向上に重点を置いた。

最初の2年は順調な経過を示したものの、人間性の価値向上は時間を要することも現実で、必ずしも売上高や利益率にはすぐには結びつかなかった。しかも、商品価値の基盤となる商品もすでに発売開始から時間が経過したこともあって、売上高の急激な増加は望めない状況であった。これを受けて、次の3か年計画(2007~2009年)も人間性の価値を向上することに力を入れた。

ところで、2010プランを推進中の2005年ごろ、コンサルタント会社を入れて業務内容を外部の目で点検してもらった。その結果はかなりきついものであったため、「経営品質向上活動」に全社を挙げて取り組み始めた。この活動結果が成果として現れたのは、2016(平成28)年になってからであった。この年、日本経営品質賞を受賞し、人間性の価値向上に辛抱強く取り組んできた成果が客観的に認められるまでになり、会社として経営品質を向上させる仕組みが定着した。

創業者経営時代は創業者が先頭に立ち、そのリーダーシップによって会社の基盤を築きあげた。これを引き継いだ第二世代経営では、社員自らが主体的・自発的に動き、業務改善に取り組む全員参加型経営と変貌を遂げた。こうした状況を受けて、２０１０プランの最終年にあたる２００９年、二代目福井邦顕社長は高野恵一専務に社長の座を譲り、自らは会長となった。

新たな挑戦——第三世代経営へ

ファミリービジネスとして成長を遂げてきた日本全薬工業。いよいよ２０２１（令和３）年から、第三世代経営へと移行した。第三世代である福井邦顕前会長の子息２人が、それぞれ経営に参加することになった。長男の福井寿一日本全薬工業株式会社代表取締役社長は動物薬事業で舵取りする一方で、二男の福井真人ゼノジェンファーマ株式会社（旧ゼノアックリソース株式会社）代表取締役社長は、バイオテクノロジーを活用した人体薬事業で新たな事業に取り組む。この体制を支えるべく、同年、これら両者を完全子会社とする事業持株会社ゼノアックホールディングス株式会社が設立され、社長として父である福井邦顕前会長が就任した。

「第一世代は苦難を乗り越えて産業動物事業を築き上げた。第二世代の私は失敗から立ち直り、コンパニオン・アニマル市場を立ち上げ、バイオテクノロジーを活用する新しい事業を立ち上げた。その後ろ姿を見て育った第三世代は新しいことに挑戦しやすいと思っています。失敗もたくさんするでしょう。でも、それをホールディングスでカバーしていきたいと考えています」

〈福井邦顕ゼノアックホールディングス株式会社代表取締役社長〉

創業からして、苦難の道を歩んだ。続く二代目も失敗経験から立ち直り、新たな事業展開の礎を築き上げた。また、長期・中期経営プランを策定するも、その実現でも多くの障壁を乗り越えて、あくなき挑戦に挑んできた。こうしてみると、ゼノアックは多くの困難に直面しても、それに押しつぶされることなく、絶えず解決策を見出し、事業を回復させ、迅速に対応してきた。いわば、経営目標を定め、その実現に向けて着実に進もうとする、レジリエンス（回復力・強靭さ）能力にこそ、中核的な経営資源があるのかもしれない。

「第1世代、第2世代が培ってきた強みを受け継ぎながら、先人の苦労を無駄にせずに、もう少し事業を広く捉え、それを継続的に進めていけるような体制をつくろうと考えています」

〈福井寿一日本全薬工業株式会社代表取締役社長〉

第三世代も、「バイオと共に世界のZENOAQへ～新たな創造への挑戦～」をコンセプトとする「ビジョン2030」を策定した。

例えば、畜産農家の商品に対する思いなど、消費者が商品にまつわる物語を理解して、直接生産者から購入できるECサイト「チクタグ®」を開設した。築き上げてきた畜産農家との直販体制、薬剤を通して彼らが育てる動物を守り、畜産業を支援するビジネスは、畜産経営にまで射程を定めてきた。「畜産業とタッグを組む」との意味を込めた「チクタグ®」事業では、さらに進んで、販路開拓を支援することにまで進もうとしている。

コンパニオン・アニマルでも同様に、動物病院との直販体制を強化してきた。ここでも単品としての薬剤を獣医師の求めに応じて届けるだけでなく、動物の症状に合わせて組み合わせとしての薬剤提供を支援できる提案型営業を基本とし、獣医師との良好な関係を築くことにより実現し、現在では国内のほとんどの動物病院と取引を持つ。

こうした国内ビジネスでの革新とともに、アジア圏での事業展開の拡大・拡充も含め、ビジネスモデルの進化に挑み始めている。

5 現場での実態を糧に成長する

畜産現場での原体験

日本全薬工業は、国内で勃興し始めた新たな産業である動物薬に偶然、参入した。そして、畜産業が必要とする新たな薬剤を開発、生産、販売するビジネスを立ち上げた。新たな商品は基本的なコンセプトがあったとしても、すぐには畜産現場が求める完全なものではない。場合によっては、畜産業にかかわる人たちも、具体的かつ詳細なニーズを的確に言葉で表現することもできないものかもしれない。そうであるからこそ、畜産業の現場をつぶさに観察し、真の意味で彼らの事業に貢献できるものを探索しなければならなかった。これが原体験であったと思われる。

この原体験では、ニーズの解明は商品の在り方に限られていた。そのため、創業者は果たして本当に畜産業に貢献しているのかどうかという疑問に苛まれていた。畜産先進国アメリカの実態を見てみようと、視察に出かけた。そこでは、日本の先を行く畜産現場に接することになった。商品という狭い視野ではなく、畜産業の発展に貢献するために獣医師や動物薬メーカーが協力して問題を解決していた。ここに、発想の転換を得た気づきがあった。先に商品ありきではなく、先に畜産農家の課題があり、その課題にソリューションを提供することが自分のビジネスであるとの位置づけを確認した。このビジネスモデルを日本で構築することが自分のミッションであることに覚醒したのである。

実際には、日本で自社の直販体制を整えることを通して、福島県を超えて日本全国へと市場を拡大している。また、畜産業の発展という目標に賛同する獣医師などと「しゃくなげ会」を通して、さらに強力なネットワークを構築している。このネットワークは産学官の連携を生み出すもので、ともに畜産農家に目を向け、治療や予防といった動物薬の提供だけでなく、畜産農家の経営にまでアドバイスを提供する、より広い貢献を目指した学びの輪をつくり込むことができた。そして、さらに大きな意味をビジネスに追加し、ビジネスモデルを拡大・強化して、畜産農家の実態により即したビジネスへの成長に向けた基盤を強化した。

持続的な競争力の構築に向けて

経営を引き継いだ二代目は、最初に苦い経験をしたものの、販売会社の営業現場に飛び込んで、直接、自分たちの商品がどのように使われているのか、使われていないかという実態を目の当たりにして学んだ。本社では把握が困難であろう畜産農家の実情を知ることができた。営業活動の改革から手をつけ始めたのは、先代が築き上げた直販体制という仕組みを前提としたものであった。しかし、この改革によって、さらに直販体制を強化することができた。

しかも、ここでも新たな市場での変化を知る機会も得ている。コンパニオン・アニマル市場の形成と成長の可能性を理解したのである。既存市場と新規市場の両方に潜在的な成長可能性を理解したことから、それに向けた組織体制の変革と人材育成へと道筋をつけた。現場から学んで、新たな成長の糸口を引き寄せたのである。

現場からの情報は貴重な情報であるとはいえ、それに対応して商品を開発し事業を成長させるためには、研究開発能力の増強も不可欠である。変化するニーズとシーズを組み合わせることで、新たなビジネスチャンスは実現できるからである。ここでも、次に必要となるであろう技術・ノウハウを自社内で強化することはもとより、海外も含め連携を強化することでも対応策を打ってきている。市場と連動させた技術力の蓄積・強化も、市場拡大では不可欠の要素である。

第三世代は、こうして培われてきた経営資源、中核的な競争力を時代の変化を読み、国内だけでなく海外市場も射程において、さらに蓄積、強化し、持続的な競争力の構築に向けて歩み出している。

終　章

在地超地企業に学ぶ成長マネジメント

壁を超える

地域で創業し、その地域で成長している企業が、自らの地域を超えて経済活動することは、それほど容易なことではない。地域を超えるためには、直面するであろうさまざまな経営課題に対処して、これを克服していかなければならない、乗り越えなければならない障壁が多く立ちはだかっているからである。

そもそも、地域外に向けて企業成長していくプロセスを単純化して考えてみると、地域内での経済活動を通して地域外へと伸長するためには、基盤となる経営資源を蓄積し、強化しなければならない。ところが、どのような経営資源を活用すれば地域外での事業にでも通用するのかを知ることは、そもそも経験すらないため想像することが難しい。ここに、最初の壁が存在する。しかも、自社の経営資源を的確に把握し、その活用の可能性を考えることには、唯一絶対の解答があるわけではない。仮にそうだとすれば、同じ事業を営む企業は、すべて同じ解答を導き出すことになるわけであるが、現実をみれば、そういうことはあり得ない。むしろ微妙な違いでの経営資源の把握とその活用アイデアにこそ競争上の差別化の源泉があり、そうした差別化に基づく事業展開によって

図表 終-1
在地超地企業の成長プロセス

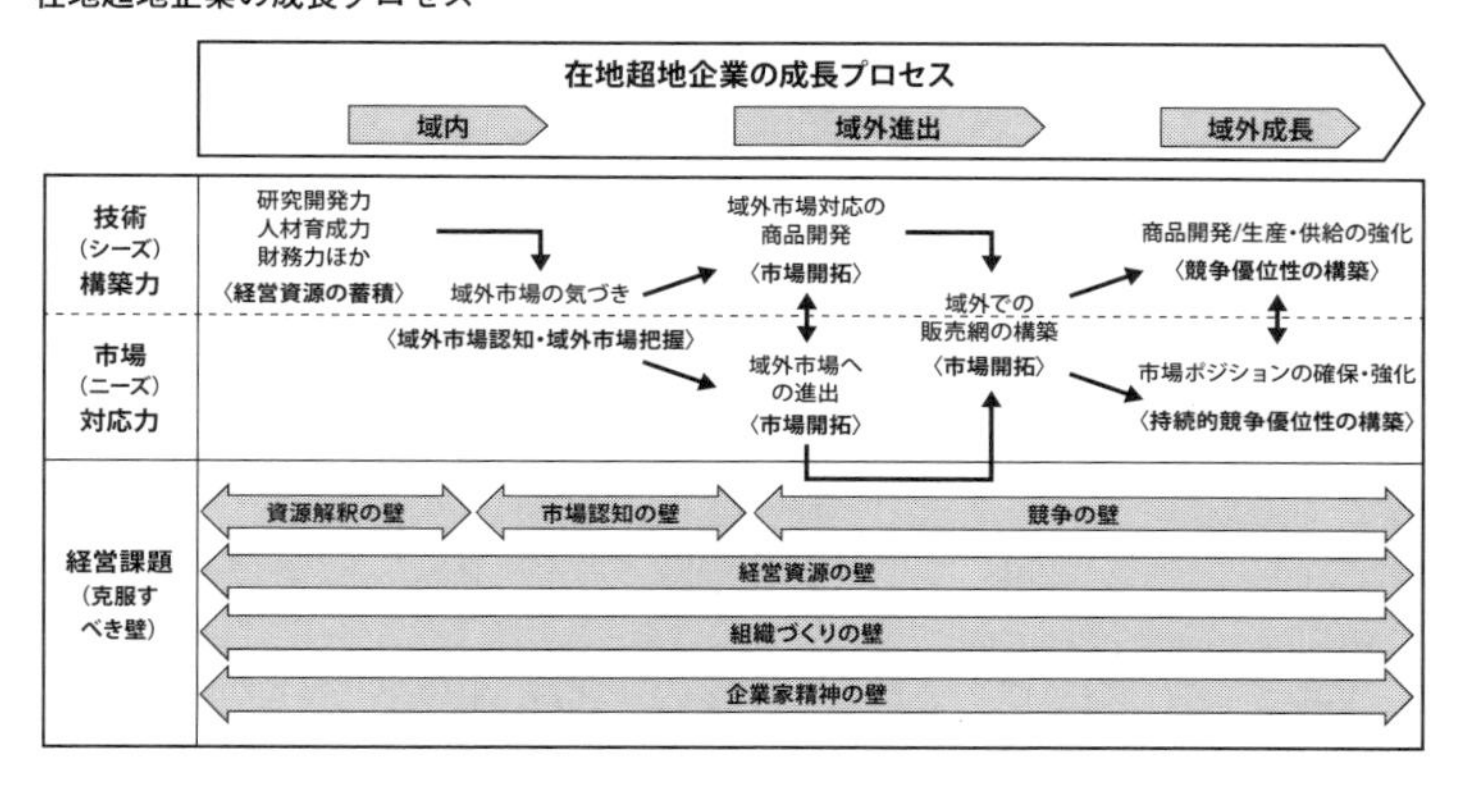

企業個性を生み出す戦略的な独自性、優位性がつくり出されるはずである。こう考えると、どのように自社の経営資源の独自性を解釈するかということが、最初の壁となる。

経営資源の解釈に基づいて、自社の強み・弱みに確信をもったとしても、それを地域外の市場で活かせるかどうかは別の問題である。強みを活かせるであろう市場に気づくことが、地域外市場に挑戦するための必須条件となる。ここにも大きな壁が存在する。資源解釈と並んで、進出したことのない市場を発見することは至難の業である。経営資源と同じように、可能性があると考えうる市場を仮説として考えることになる。もちろん、自分が納得できる根拠に基づいて、仮説を導き出すことが求められる。市場機会を認知するという壁を超えなければならないのである。

経営資源と市場認知の壁を超えても、次に市場開拓の壁が待ち受けている。実際に市場に進出するとなると、どのようにして市場進出するのか、また、市場に適した商品やサービスの開発は必要となるのか、その場合には既存のものを、市場特性に合わせてどのように変更・改良すべきなのか。さらには新たな顧客に商品やサービスをどのようにして届けるのかといった課題を解決しなければならない。こうした課題を解決することも、決して容易なことではない。

しかも、一旦新たな市場に参入できたとしても、そこではすでに競合企業が同様の事業を展開していることが多い。仮に新しい事業であり、競合が存在していないとしても、新規参入者の存在は、新たなビジネスチャンスを認識させ、新規の競合を誕生させることにつながることも考えうる。いずれにしろ、まずは地歩を固めることが必須となる。競争優位性を確立することに全力を注がねばならない。

絶えず変化する市場環境の下では、市場に参入でき、競争に向けた地歩を築けたとしても、競争の壁はなくなることはない。顕在的、潜在的な競合は絶えず挑戦を仕掛けてくるであろうし、何よりも顧客が求めるもの、期待するものは変化する。絶えず市場動向に注意を払い、競争に勝ち抜いて、顧客ニーズ、顧客期待に応え続けていかねばならないことになる。持続的競争優位性の構築に邁進することが期待されるわけである。

このように地域外への市場進出のステップに応じて、絶えず新たな解決すべき経営課題に直面することになる。これらの経営課題に対して、継続的に解決策を打ち出していくためには、必要とされる経営資源を蓄積・強化していくことが必須となる。さらには次の一手に向けて必要となる経営資源の強化にも目を配らねばならない。この意味で、経営資源の壁を乗り超え続けていくことになる。

もちろん、経営戦略の継続的な進展は、戦略に応じた組織体制、管理体制を要求する。戦略の進化に応じた組織づくり、戦略を進化させるための組織づくりが不可欠となる。こうした組織づくりの壁を克服することも、継続的な不断の努力に支えられている。

そしてなによりも、企業が新たな成長機会を求めて戦略的な行動に邁進することを支えているのは、経営者、そして従業員が志として抱く、企業成長への希求である。いわゆる企業家精神が欠乏していては、継続的な企業成長は望めない。ここにも、企業成長に向けた壁が存在している。

在地超地を通した企業成長を追求する企業にとっては、その道を遮る多くの経営課題が待ち受けている。もちろん企業成長というからには、そこで遭遇する経営課題は、企業成長そのものに関わるものも多く存在する。この意味では、企業成長の壁というべき側面も含まれるかもしれない。とはいえ、在地超地という視点から、企業成長に向けた障壁をどのように超えていくことが可能であるのかを整理することは、それ自体意味があるものと思われる。

われわれが扱った事例を通して、在地超地のマネジメントを検討してみよう。

1 県境を超える経営

アリーナに学ぶ――パートナー力を磨き、企業成長を実現

アリーナは日本の経済構造を代表する、組立産業での基盤を形成する中小下請け企業である。もちろん、下請けは地元大手企業からの請負作業に従事することも多いが、その取引先には地元に工場を建設した県外大企業であることも例外ではない。この意味では、最初から県外市場との取引が基盤となることが多く、比較的容易に県外取引を実現

することができると思われる。とはいえ、県外大手との取引は取引先に依存していて、取引の継続可能性ということから言えば、必ずしも堅固なものとは言えない。

下請けは、取引を発注する企業が要求する構成部品を、その発注先企業の要求どおりに仕上げて納品することが役割である。そのため、アリーナも品質要求に応えるべく品質管理に励んでいたが、発注元の納品先企業の品質管理専門家の話を聞く機会があり、彼が求める品質管理のレベルを知ることになったことが、改めて自分たちのビジネスの意味を知るきっかけとなった。いわば、直接的な取引先を超えて、自分たちが生産している構成部品の最終製品に対する位置づけを認識することとなった。当たり前とはいえ、最終製品を意識した品質管理の向上が、直接的な取引先のビジネスを支援することにつながるということに気づいた。自分たちのビジネスは、取引先企業に対して、単に求められる部品を納品することではなく、部品納入を通して取引先のビジネスを支援するものであることを意識したのである。自社のビジネスに対する認識を転換したことが、つまり自社が事業を展開する市場の認識を変えたことが最初の気づきであった。

実際に、専門家の支援を得て品質管理に取り組むと、品質向上を実現するためには、自社の努力を超えて、生産設備を提供するメーカー、それを使うために必要となる部材メーカー、そして原材料調達先といった、多くの関連する企業との連携が不可欠となる。改めて、自分たちが生業としている業界の広がりを認識し、目に見えていた取引関係を超えた長いバリューチェーンの中での自分たちの位置づけを確認した。

こうした位置づけの中にあって、自分たちの役割が「狭隣接高密度実装技術」を鍛錬し、高度化することで社会貢献できる企業となりうるとの自覚に至った。また、こうした技術を高度化するためには、自社の製造現場が自社を超えた関係者たちの学びの場になることが欠かせないことにも気づいた。自社だけでなく、外部からの多くの知恵も動員できる協力関係を築き上げることが、必要不可欠となることも経験を通して学んだ。製造現場の課題を明確にすることで、組織外部からの協力も得て、必要となる経営資源を蓄積・強化できる。こうした場づくりによってミッションである中核技術を高度化する、そして取引先のパートナーとして成長するといった方向性を明確にしたのである。

同社は、こうして強化した技術力を武器にして、取引先を拡大することで、成長に弾みをつけていく。その際には、現場で従業員が学ぶことを奨励し、彼らが自主的に工夫改善を進める組織へと変貌させている。また、現場がアイデアを直接、取引先に提案するために生産現場の長に販売の長も兼務させている。生産での知恵を販売促進に結びつけているわけである。現場が自分たちで培ったノウハウを活用して、企業成長の一翼を担うようにしている。企業家精神を現場にまで浸透させようと試みているとも考えうる。

こうした現場力の向上は、社長に新たな役割を課すようになった。携帯電話という新たな製品を立ち上げる状況では、多くの工夫や改善が求められた。このように解くべき課題が多かったことが、自社の成長につながったことを再認識した。新たに立ち上がる市場で取引先から基幹部品の製造を引き受け、市場の立ち上がりに合わせて、パートナー力を構築して企業成長を実現したのである。こう考えると、自社をさらに成長させるためには、自社の成長パターンに適した取引先を探索することが必要条件となる。

この成長パターンに適した市場として、地域が取り組み始めた航空・宇宙産業に可能性を見出した。蓄積した狭隣接高密度実装技術を活用できる市場でもあるとの判断から、この市場を開拓することが社長の役割になったのである。既存の関連業界からの取引先に対するパートナーとしての支援力は、現場がすでに培ってきているし、このままさらに強化することも可能である。新たな市場に向けてパートナー支援能力の横展開を探索することによって、競争優位性をさらに強化するとともに、持続的な競争優位性の構築に向けて動き出している。

ノーリンに学ぶ――垂直統合のビジネスモデル

戦後、日本は国内需要に合わせてスギなどの針葉樹を大量に植え、建材としての木材需要に応える体制を築いた。ところが、輸入木材が安価に手に入るようになり、相対的に高価な国産木材に対する需要は激減した。植林は、植える、下刈りや除伐などにより育てる、そして成木を伐採し販売するといったサイクルを回す必要がある。ところが最終的な販売が望めないことになると、植えた木々を商品にするために必要となる手入れなどの育林作業に回る資金が出てこない。雑草や雑林が放置され、山が荒れたままになる。このような林業の衰退が社会問題になっている。

ノーリンはこうした林業を支援する事業を生業としてきた。言い換えれば、林業が抱える経営課題に対してソリューションを提供するビジネスを進化させてきている。とはいえ、それは紆余曲折を経てのことであった。ソリューションを提供する事業を創造する過程では多くの壁を超えていく必要があったからである。しかし、ノーリンは事業を展開するうえで直面した危機をうまくビジネスチャンスにつなげている。高い収益を上げていたシイタケ栽培事業の衰退や、前述した海外からの輸入木材の台頭による国内木材の需要減少などといった危機的な状況を、うまく次の新規事業創造につなげている。

ノーリンにとっての大きな成長の分岐点は、農業と林業の二つの事業の間に資源的なシナジーが少ないという判断から、林業に事業を絞り込んだことにある。結果的にこの絞り込みが、事業への波及効果を生んでいくことになる。例えば、ノーリンが林業に事業を絞り込んだ後、建築分野ではツーバイフォー(2×4)工法が主流になったことで国産材の需要が伸び、また、リサイクル法が確立されることで木質系産業廃材物が燃料チップとして販売できるようになった。

ノーリンが、このようなビジネスチャンスをすぐに捉えることができたのは、トップが衰退事業とみられてきた林業での成長の可能性を早い段階から認識していたからである。齋藤社長は、林業をはじめ農業などさまざまな事業に関わってきた。とくに県外でのダム工事建設現場で、大型機械とそれを使った生産効率の高い仕事を目の当たりにして、林業も機械化すれば衰退産業から脱却できると認識するようになった。一時期とはいえ、事業ドメインを広げてきたことで、経営者の認知枠が広がり、改めて自社の強みや林業の可能性を認識できた。こうして、会津地域では競合他社に先駆けて最新鋭の機械を導入することで、一歩先を進んで競争ポジションを獲得してきた。

とはいえ、林業のバリューチェーンで、伐採業務などの特定業務だけを機械化することで効率性を高めるだけでは、競合他社もいずれ追いつくことになる。そもそも経営資源が自動的に競争優位を生み出すわけではない。そうした個別的な経営資源を結びつけ、有形資産だけでなく、目に見えないノウハウなどの無形資産も活用、蓄積できるビジネスモデルを構築することで、はじめて優位性を獲得することができる。ノーリンの場合、バリューチェーン全体を把握したうえで、どのように林業の効率性、収益性がアップするかを考えてきた。その結果、植林、伐採、加工、輸送、バイオマス発電という、同社の高い独自性を実現した垂直統合の事業モデルが構築されたのである。

事実、垂直統合モデルは、当然のことながら、福島という地域にとどまることでは実現できない。しかも、ノーリンはその事業の仕組みの中に、最新の重機を扱う高度なスキルとチームマネジメント、チップの水分量を把握できる能力、トップの人脈を活かした輸送ネットワークの構築、バイオマス工場のオペレーションノウハウなど、独自性の高いスキルを埋め込んできた。

垂直統合のビジネスモデルを構築できたのは、既存のビジネスで蓄積した経営資源を活用すべき分野を模索した結果でもある。大きな事業ビジョンを必ずしも最初から描いていたわけではないが、それまでの林業で培った経営資源をいかに活かすかを、常に新規事業のベースとして考えてきた。既存資源のシナジーを常に考慮し、次の事業へとつなげようとしたからこそ、バイオマス発電事業まで進出することが可能になった。こうして同社の事業ビジョンは進化してきた。

しかも、バイオマス発電への進出は、負の資産と考えられていたものをプラスに変えることになる。森林から切り出される材木には、質の高いA材とB材、それよりも質が劣るC材とD材などに分類される。福島の地域は、森林としてはC材とD材が多く、林業としての立地的な優位性は存在しない。しかし、C材とD材は、バイオマス発電の燃料チップとしては有効であった。県内のみで林業のビジネスサイクルを回すだけでは、立地的劣位が立地的優位性になることにはならない。バイオマス発電までもビジネスとして取り込んだからこそ、立地的劣位を優位性に変えることが可能になった。

ノーリンが持続的競争優位性を構築できたのは、バリューチェーン全体を俯瞰して、どこに産業のボトルネックがあるかを把握する周辺視野の広さにあるとも言える。また、その周辺視野を広げるには、単にビジネスの営利追求だけではなく、自社のビジネスを社会的貢献から位置づけることも重要であることがわかる。ノーリンが社会貢献ということを常に意識できたのは、トップが常に現場感覚を持っていたからである。言い換えれば、トップが現場感覚を持っていたからこそ、日本の森林が荒廃していくことに早くから気がついたと言える。

日本の林業が抱える課題にソリューションを提供していこうという経営ビジョンを基盤とした、このような社会貢献姿勢は、新しい事業創造の原動力にもなっている。ノーリンは、現在、林地残材の分布や発生メカニズムなど、新規参入者には把握しづらい情報を提供することで、バイオマス発電市場を拡大させようとしている。バイオマス発電までを射程に入れた森林資源の循環ビジネスモデルは、ノーリンの持続的競争優位性の基盤をさらに強固なものにしていることは間違いない。

くつろぎ宿に学ぶ——地域と従業員のポテンシャルを最大限に引き出す

温泉宿と言えば、あくまでも地域密着型のビジネスである。もちろん週末や特定の休日には、遠方の地域から顧客を受け入れることも多いが、基本的にはいかに地域の顧客を呼び込むかということが、戦略の基本になっている。しかし、持続的成長を図るには、特定の地域にこだわるだけでは、どうしても市場規模での限界がある。つまり、市場の壁を超えることはできない。こうしたジレンマを、くつろぎ宿では地域にこだわり、地域を超えるという戦略を展開することで克服している。箱根や鬼怒川などの優良な観光地域に囲まれる首都圏の顧客をどのようにして東山温泉に惹きつけるか、個々の旅館の競争力ではなく、より大きな地域としての資源を捉え直すことで、新しい競争力を構築してきた。

競争力を構築するうえでの鍵は、地域資産を徹底的に活用することであった。どの旅館に行っても出される定番料理にこだわらず、その代わりに、地元の酒や食材を活用してオリジナル料理を出すだけではなく、地域の家庭料理までも差別化できる商品に仕上げている。まずは食の魅力を追求した。しかも、地域資源を差別化の重要な要素としているため、自社を「会津テーマパーク」の一部として位置づけている。地元の人にとってはあまりにも当たり前となってしまっている地域資源の魅力を、深田社長という外部の人間の視点を取り込んで掘り起こしたとも言える。

とはいえ、首都圏の顧客をメインターゲットとするときにも、ファミリーから団体客までと多様な顧客ニーズに対応しなくてはならない。しかし、くつろぎ宿の旅館規模では、特定の顧客層に独自性の高い料理やサービスを提供して収益を上げるというニッチ戦略を展開することはできない。また、競合する他の温泉宿に対して、なにか突出した差別化のポイントを持っているわけでもなかった。例えば、温泉も源泉掛け流しではあるが、競合する他の温泉宿のお湯を凌駕するほどの泉質であるとは言い難い。温泉宿では、温泉、料理、サービスなどすべての旅館サービスにおいて、高い顧客満足度を獲得することが必須となる。すべての面で差別化された優位性を少しずつ積み上げ、組み合わせることで、トータルとしての競争優位性を創り込む必要があった。

くつろぎ宿では、独自性の高い競争優位性を有していないというデメリットを、うまく地域資源を活用しながらメリットに変えている。確かに、温泉の泉質は強酸性などの特徴があるわけではない。その代わりに、単純温泉のため、刺激が少ないので身体に優しく、高齢者から子供までと顧客層を広く捉えることができるうえに、強酸性の温泉などと違い、施設、設備の管理がしやすいのでメンテナンス費用が抑えられるというメリットもある。また、地域で採れる素材を料理に活かすだけではなく、地元の家庭料理をプロの調理人が料理して、既存の味とは別の次元に持っていくことで顧客満足度を高めている。既存の概念からすると、平均的な資源に思えるものに少しの新しい工夫を加え、視点を転換することで、うまく競争優位性につなげている。

もちろん、トータルとして平均値以上のサービスを継続的に提供することは簡単ではない。施設、サービス、料理、温泉の質などでも、時代によって顧客ニーズは変化していくからである。とくにネットの時代、一つでも顧客満足度のポイントが下がれば、それで一気に顧客の評価は落ちることになる。顧客ニーズの変化を的確に捉えていくことが必要になる。

そのためには、常に顧客のニーズ変化に対して感度を高めていくことが必須だ。言うまでもなく、くつろぎ宿では定番ではあるが、顧客アンケート、ネットの口コミ評価などの情報分析をマーケティング部門が行っている。しかし、このような定番的な市場調査だけで顧客ニーズの変化に対する感度を高めることはできない。顧客の視点に立つというのは簡単なことではないからである。どうしても、顧客よりも競合企業の戦略・動きに目がいってしまい、それを超えることが顧客志向であると考えてしまいがちになる。くつろぎ宿も、再生する前には、まさにこの顧客志向の罠とも言うべき状態に陥っていたため、激しい価格競争に巻き込まれていた。くつろぎ宿は、真の顧客志向を実現するために、秋田にある姉妹館との人事交流を行い、従業員に顧客として宿泊させ、顧客目線でのサービス提供について学習させている。旅館サービスを提供するプロ目線だけではなく、泊り客として純粋に旅館を楽しむといった目で体験し、実感してみることを取り入れている。つまり、異なる視点からの気づきをつかんでいる。

このような顧客目線からの学習と同時に、くつろぎ宿の顧客満足度を高めているのが、身の丈経営にこだわっていることである。くつろぎ宿では、受け入れる泊り客を、意図的に旅館の受け入れキャパシティーの8割に抑えている。一見すると、非効率にみえる戦略ではあるが、これによって急な顧客からの要求にも対応が可能となるだけではなく、問題が起きたときに、経営の何がボトルネックになっているかも、現場を含めてすぐに議論して把握することができる。つまり、8割に抑えることが、結局は組織の柔軟性を創り出し、高い顧客満足につながるという好循環を生み出している。

この戦略は顧客満足だけではなく、従業員満足にもつながっている。接客業としてのサービス産業の場合、周知のことであるが、高い従業員満足がなければ、高い顧客満足にはつながらない。温泉宿としてある一定のブランド認知を獲得したからとはいえ、シーズンを通して宿を満室にすることは、従業員を疲弊させることになり、サービスの質も落ちることになりうる。その結果、従業員満足も低下しかねない。

しかし、くつろぎ宿では、「くつろぎ宿工務店」の設立にみるように、従業員のロイヤリティも高い。施設を自分達で修繕するだけではなく、新しいサービスを生み出すことを従業員自身で考えることを奨励している。事実、さまざまな施設の修繕や、顧客サービスなどもトップと従業員との間での対話からもたらされたものが多い。自分たちで創り出したサービスや施設であれば、当然、そこに当事者としての思い入れが含まれることになり、従業員のモチベーションをさらに高めることにもなるからである。顧客満足を生み出すことを通して、従業員が自分たちの仕事における改善能力を高め、それによって従業員満足も向上できている。旅館業の中核能力を従業員が強化・蓄積することで、またそれを企業として支援することで、顧客満足と従業員満足を連動させている。

地域や企業の成長・発展においては、それを支える独自性の高い地域資源が重要になると言われている。くつろぎ宿では、会津という地域の独自性を中核とし、一見すると普通に見える既存の資源を組み合わせることで、独自性の高い資源に高度化している。そして、地域資産を統合する能力を蓄積・強化することで、顧客満足度を押し上げるサービスを創り出している。しかも、そうしたサービスを提供する現場の能力を、従業員の職務満足の向上に結びつけることで、サービス提供能力の組織的な蓄積・強化にもつなげている。

こうした旅館としての中核的ノウハウないし競争力の源泉は、どれ一つ欠けても持続的な競争力を生み出すことを不可能とさせる。一つひとつは小さな要素にみえ、比較的真似しやすいように思えるかもしれない。しかし、それらをすべて組み合わせ、最適な形で蓄積・強化していくことは、たやすく模倣できるものではない。組織メンバーが一つになって、旅館が進むべき方向性を共有し、顧客に向けた努力を統一させていくことが必須条件となるからである。

くつろぎ宿の魅力、そして競争力は、こうした模倣困難な、継続的で全社的な経営努力から生み出されている。

2 国境を超える経営

ハニーズに学ぶ──「ハニーズらしさ」を全面に押し出した成長戦略

流行の変化が激しいファッション業界では、地方企業の参入が難しいと言われてきた。流行が常に東京などの大都市で創られるからである。この常識を、ＳＰＡの先駆けとなる優れた事業の仕組みを構築することで、持続的な成長を遂げてきたのがハニーズである。低価格ではあるが、競合他社のように極端に商品を安くするわけでもない。それでいて顧客満足を十分に満たすだけの品質を担保している。それは、サービス産業生産性協議会（ＳＰＲＩＮＧ）の「ＪＣＳＩ（日本版顧客満足度指数）調査」の衣料品店業種で、６年連続顧客満足度一位を獲得していることで証明されている。しかも、創業の早い段階から海外への委託生産に踏み切り、海外での市場の開拓にも成功している。まさに、地域を超えたグローバルリテーラーである。

海外進出の効果は、単にコスト削減や、市場を拡大させるだけではない。海外進出し、国内とは異なる競争・市場環境に接することで改めて自社の戦略の可能性と課題を認識させる機会を持つことにもなる。事実、環境技術の先進国に進出して、その国での環境適応を通じて世界的な製品ブランドを創り出し、成功した企業もある。さらに、海外に進出し、現地の企業と連携することで、新たな戦略パラダイムの学習を通じて新規事業の創造に結びつけたり、組織変革を加速化させたりする企業もある。

ハニーズの戦略は、こうした海外進出の持つ効果を必ずしも狙ったものではなかった。生産コストの削減が目的であったが、あくまでも「高感度・高品質・リーズナブルプライス」というハニーズらしさを追求した結果としての海外進出であったからである。このハニーズらしさは、競合他社に対しても微妙に異なる競争ポジションを創り出し、競争優位性の構築につながっている。時代のトレンドは押さえるが、デザインは決してとがりすぎない。かといって個性がないというわけでもない。しかも、価格は手ごろで、品質も悪くはない。このハニーズらしさを維持するためには、国内で生産していてはコスト的に限界がきたため、海外に生産拠点を移転した。つまり、顧客志向追求のグローバル化といっても過言ではない。

顧客志向のグローバル化とはいえ、当時、ハニーズは海外進出に対応できるだけの資源やマネジメントスキルを必ずしも十分に持ち合わせていたわけではない。そうした状況からすると、この海外への生産移転は、経営資源からみれば明らかにストレッチ戦略でもあった。

中国市場への進出やチャイナプラスワンとしてのミャンマーへの進出でも、進出後にさまざまな生産に関する課題に直面している。それでも海外生産が成功したのは、なにが海外生産で欠けているかを素早く認識し、明確な手立てを打ってきたからである。例えば、生産拠点を移したことで、生産のサイクルが2～3か月と長くなるところを、企画力を高めることで30日から40日で回すことを可能にしている。

生産システムだけではなく、中国の市場開拓においてもかなりのストレッチ戦略を展開してきている。中国市場の可能性に気づいてからは、短期間に、しかも急激に店舗を拡大している。この急激な店舗展開に対しても適切な対応をとってきた。現場でのオペレーションマネジメントは現地採用を基本として動かしたが、オペレーションの中核となるポジションには、日本での留学経験のある人材を採用している。また、日本からオペレーションマネジャークラスを派遣することで店舗運営などの教育や指導を行っている。現地マネジメントのポイントを押さえたうえでの急成長である。急成長期のマネジメントは、当然、資源の配分と蓄積が異なってくる。急成長だからこそ、オペレーションが適切に回るポイントを見極め、そこに資源を集中させることが必要となる。ハニーズの中国市場での事業展開は、まさに急成長期のマネジメントのポイントを適切に抑えたものである。

このような急成長の時でも、ハニーズらしさを失ってはいない。日本で構築してきたハニーズのビジネスモデルは、流行の最先端ファッションには興味を持つものの、高価格ではなく、手ごろな価格でファッションを楽しみたいという顧客が存在する市場をターゲットにしたものである。こうした市場でのニーズを押さえ、しかも大都市での先端的なファッションセンスを提供することが、強みとなっている。

一般的には、小売りの海外展開の場合、本国で成功した方式を現地に持ち込むと同時に、出店後には試行錯誤を繰り返しながら、現地のニーズに適合する品揃えやサービスを開発していくことになる。ところが、ハニーズの場合は、日本でのカジュアル商品をそのまま中国に持ち込むことで市場の開拓に成功している。日本でのファッションの伝播モデルが適応できる市場を的確に選択していることを示唆している。地域を超えて、海外市場に向けても、ハニーズらしさを全面に押し出した海外戦略である。

このハニーズらしさの追求が、中国での素早い撤退にもつながっている。中国市場が成熟化するにつれて、欧米型のファッションが流行してくるとみるや、そのトレンドに追従することはせず、すぐに撤退している。自社のビジネスモデルを基盤とした顧客選択基準が明確だからこそ、迅速に撤退できたのである。

成長戦略でもハニーズらしさがみて取れる。ふつうであれば、生産戦略でも市場戦略でも、成長速度とマネジメントシステムの適合を考えて戦略が立案される。しかし、ハニーズの戦略は、成長するときには徹底的に成長のアクセルを踏み、その成長速度にマネジメントシステムを適合させる戦略である。資源の不均衡ダイナミズムを意図的に創り出して成長している。

もちろん、その際には、中核的な経営資源である先端的なファッションを理解し、そのエッセンスを地方に合わせて具体的な衣料に表現するプロセス、そこで必要となるノウハウを徐々に組織内部に取り組み、自社で蓄積・強化できる組織体制を構築している。短期間に膨大なファッションアイデアを出し合い、それを短期で製品にまで仕上げ、販売する。しかも、動きの速い流行に合わせて、このプロセス・サイクルを短期間で回していく。こうした中核的な経営資源を組織化したことが、ハニーズの不均衡ダイナミズム戦略を可能にさせている。

あえてマネジメントの不均衡を創り出して、その不均衡を成長へのダイナミズムに転換できたのは、江尻義久会長というカリスマ型のリーダーがいたから実現可能だったともいえる。現在、ハニーズは、江尻英介新社長の代に移り、今までの強力なリーダーシップで組織を引っ張るのではなく、ボトムアップ型にして組織的な知識を活用する新しいマネジメン体制に移行してきている。蓄積されてきた流行ファッションを迅速に生み出す組織ノウハウを、新しいリーダーの下で、新たな活用、蓄積、強化へと動き出している。事実、部門横断的な組織を新設することで、新しいブランドを創造するなど、江尻英介新社長はハニーズを新たな成長ステージへと導こうとしている。

大七に学ぶ――一貫したストーリーを持つブランド戦略

焼酎を含む広い意味での日本酒は老舗企業が最も多い業種である。全国各地にいわゆる地酒を製造する酒蔵が存在し、古くから事業を営んできている。多くは地元に愛され、地元に確固たる基盤を築き、小さな商圏で堅実な商売を続けてきている。日本酒の等級制が廃止され、地酒ブームが起こったことで、競争は全国展開することになり、県境をまたいだ企業成長を成し遂げてきた。県外進出はすでに果たしている企業が多い。

また大手の酒造メーカーは早くから世界市場に向けた市場戦略に挑戦し、海外にも販路を広げてきているが、地酒メーカーの中にも世界市場に向けた挑戦を試みているものも多く出てきている。事実、日本酒造組合中央会によれば、輸出金額は上昇傾向を示してきていて、２０２３年には、輸出総額４１０億円、数量２・９万リットルに達している。日本的な伝統産業のグローバル化戦略が展開されている。

大七も、こうしたグローバル戦略を展開する地酒メーカーである。海外市場に最初に目を向けたきっかけは百貨店が主催するフランスのワインシャトー見学であった。日本人ワインソムリエが日本の酒造メーカーに世界を知ってもらおうというイベントに参加した。日本での実績が基盤となって、声をかけられたのである。市場に近い販売のプロである百貨店、酒の味わい方のノウハウを持つプロ、これらのプロからの声掛けに応じた形で、世界市場の一端に触れることになったとも言える。

世界に冠たるシャトーに実際に訪問してみると、規模を追わない伝統的な家族経営で、自分たちとの類似点が多いことに気づく。日本の伝統によって培われてきた日本酒の、世界進出への可能性に気がついたのである。今まで日本市場を対象にして積み上げてきた醸造の仕組み、ノウハウが、海外でも活用できる可能性を秘めていることを、身をもって経験した。

その後、実際の海外進出でも、市場のプロからの誘いがきっかけとなった。日本酒唎酒師といった、日本酒のプロが立ち上げた日本酒サービス研究会から生まれた日本産清酒輸出機構が、代表的な日本酒メーカーに対して海外進出の機会を提供し、それを活用したのである。

この経験は、海外進出における大きな学びとなっている。日本酒ではすでに先駆者たちが世界に進出していたが、多くの課題を抱えていた。その課題と解決策を実体験できた。専門の流通業者の活用は、市場での価格高騰を生み出し、手ごろに飲酒できる環境づくりの足かせとなっている。自分たちで直接、レストランに納品する、ダイレクト・チャネルの開発の必須性。日本酒の本来の味を知ってもらうため、流通経路で温度管理を確実に実施し、日本酒の美味しさを届けることの重要性。そして、まずは現地のプロに対して日本酒の美味しさ、食事との組み合わせの妙を啓蒙することで、海外日本酒市場を育成するという、一見、迂遠に見える市場創造手段の必要性。こうした海外市場進出での不可欠な基盤づくりを実践することになった。

こうして、海外進出のきっかけは市場のプロからの支援を活用し、ノウハウを学んでいった。まずは、市場を知ること、市場を熟知しているプロからの支援を得ての進出であった。

市場での進出を果たした後でも、次の成長に向けた学びを得て、生かしている。15社が揃って進出を果たし、まずはアメリカで商品訴求、市場浸透を行った。この活動が進み、成功するにつれて、「日本酒」ではなく、「大七」が問われることになる。他社の日本酒と自社のものはどこが違い、何を市場に向けて訴えるのか、どのような顧客に向けて情報を発信するのか、つまり日本酒製造業としての企業個性を自問することになる。仏ロマネ・コンティの蔵元との出会いから地方の家族経営蔵元の可能性に気づくことになった。この気づきから単独で海外市場を開拓する、独自路線への転換を決意した。こうして地酒メーカーとして培ってきた経営資源を再確認し、その個性を生かした海外市場の開拓に向けた戦略に舵を切った。フランス市場への進出である。

日本でも少数となった生酛づくりを極めた日本酒という個性を海外市場でも訴求することで、日本酒ではなく、「大七」ブランドを前面に押し出した市場戦略を展開することを決断した。この決断は、ブランド一貫性を問われることにつながる。原材料から始まり、製造工程、販売経路、さらには価格設定、販売促進に至る、大七ブランドを構成するすべての要素を見直し、強化した。加えて、そうしたブランドを支える実態を踏まえて、それらの間に一貫したストーリーが実現できていることが、ブランド構築・強化には必須条件となる。

大七では、海外進出を契機として、製造工程の革新にみられるように、国内でのバリューチェーンの高度化・精緻化も連動させ、継続的に進化させることに挑戦している。これを大七ブランドの持続的競争力の構築に結びつけようと試みている。

日本全薬工業に学ぶ——双方向のコミュニケーションがとれる販売網

日本全薬工業は人体薬の会社として設立された。しかし、偶然、地元の農家が必要としている馬用のリンゲル液の製造依頼を受けたことが、動物薬を手掛けるきっかとなった。自社では考えもしなかったニーズと出会い、市場の声に耳を傾けたことが出発点であった。ときには市場からビジネス・ヒントが持ち込まれることがあるという、顧客の要望から始まるオープンイノベーションであった。その後も、これがきっかけになって、他の動物薬の開発へとつながっていった。

自社開発した動物薬は、一農家あたりでは量は望めないものであったため、生産効率を高めるために、福島県を超えて販路を開拓していった。このため、県外市場への進出は、相対的に早くから始まった。

海外に目を向けたのは、自社のビジネスの可能性に不安を抱いたため、畜産先進国アメリカから動物薬ビジネスを学ぼうとしたことがきっかけであった。しかし、ここでビジネスそのものの意味に関して学ぶことになった。動物薬といったモノを提供することがビジネスであると考えていた自分たちの発想が、根本から違っていたことに気づいたのである。動物薬を中心にして畜産農家のビジネスを支援することが動物薬市場の創造につながること、顧客である畜産農家にとっては、薬は畜産ビジネスを遂行するための一つの手段でしかなく、それだけで彼らのビジネスが成り立っているのではないことを理解した。そして、顧客・市場にとっての自分たちのビジネスの意味を捉え直し、ミッションとビジネスモデルを転換することになった。

同社のビジネスは、この意味では、海外市場でも通じるものであることは、最初から理解されていたことになる。とはいえ、実際には畜産後進国日本で、このビジネスモデルを実現することは至難の技であった。日本の実情に合わせて、基礎から創り込むことが必要になったからである。日本全薬工業の成長の歩みは、そうした日本型ビジネスモデルを構築する歴史であったし、現在もそれは進行中である。

同社のビジネスモデルでは、しゃくなげ会の設立が大きな役割を果たしていて、獣医師などの関係者が一緒になって畜産農家を支援する組織として機能している。また、これと連動する形で同社は、獣医師とのダイレクトな協力関係を構築するだけでなく、農家に直接、営業スタッフが商品を納品する仕組みも構築した。しかも、中核的商品である鉱塩®にみられるように、頻繁に農家を訪れる必要がある。畜産農家といった最終顧客との間で、商品が使われる現場で双方向のコミュニケーションをとれる効果的な販売網になっている。この強さが同社の競争力の源泉の一つになっている。

直接的な海外との取引は、海外からの動物薬品の輸入販売を手掛けたことに始まる。畜産業の支援を掲げることは、自社だけの薬を提供することでは達成できない。先進的な海外の動物薬の利用も不可欠であるとの認識から、海外動物薬企業との業務提携も進めることにした。グローバルなネットワークを国内市場に向けて活用するビジネスモデルまでに進化させた。

産業動物で築き上げた、こうした獣医師との連携は、ペット動物であるCA(コンパニオン・アニマル)市場でも導入され、営業スタッフは動物病院の獣医師に直接商品を届けている。ここでも、市場に近い動物医療の現場での双方向コミュニケーションを実現している。

海外戦略では、最初は生産コストの低減を意図して中国に進出を果たしたが、その後、中国での動物薬市場の可能性を見極め、韓国市場との連動も組み込んで、営業拠点を設けている。畜産後進国の日本でゼロからビジネスを立ち上げ、成功に結びつけた経営ノウハウ、ビジネスモデルを、動物薬市場としては立ち上がりつつあるアジアの国で展開しようと動き出している。

日本全薬工業は、国内市場では動物薬でのバイオテクノロジーを活用した新薬の開発など、次の成長に向けた投資を継続している。国内の競争力を継続的に強化し、持続的な競争力を構築するとともに、培ってきたノウハウの海外展開に踏み出し、グローバル企業への成長に挑み始めている。

3 在地超地のマジメント

在地超地による企業成長の事例を検討した。それぞれが独自の業界で、自社の状況に応じて独自の成長を遂げている。一見すると、多様なマネジメントを実施しているようにみえる。とはいえ、そうした成長の軌跡を辿ると、その方法論において、いくつかの共通した考え方がみてとれる。そして、立ち塞がる数多の障壁を超えるための、マネジメント手法に関する共通した考え方を把握できる。そこで、これらの事例から、在地超地のマネジメントについて、そのポイントを整理してみよう。

事業の意味を問い直し、中核的な経営資源を蓄積・強化する

最初に県外、海外に向けて活用できる、自社の持つ経営資源を認識するという障壁に立ち向かうためのマネジメントである。

自社の経営資源を、それ自体に焦点を当てて検討することで、客観的に強みとして認識することは難しい。いずれの事例でも、自社がビジネスを展開している市場ないしは顧客との関わりの中で、自社が提供する商品・サービスの意味を問い直すことがきっかけとなっている。もちろん、具体的な方法論では異なるものの、そうしたきっかけを事業成長の機会として捉え、成長の方向性を検討している。

アリーナは顧客に触れて、自社が顧客に収めるのは要求されたスペックに単に応える部品といったモノの供給ではなく、それを通して直接の顧客のビジネスを支援することが、自分たちの役割であることを認識した。「狭隣接高密度実装技術」といった自社の中核的ノウハウを蓄積・強化することを通して、特定の限られた客ではなく、そうした技術を求める市場に活躍の場を広げていけるとの構想を描いたのである。

ノーリンの事業展開は、依頼された伐採といった顧客からの仕事をきっかけとして、

衰退の一途を辿っている日本の林業が抱える経営課題を解決することが、自社の事業の意味であると位置づけたことが出発点であった。大規模な機械化をはじめとして、その後も林業が抱える問題を解決するためにビジネスを転換させ、拡張させてきた。また、創業当初から県外での山林仕事を引き受け、シイタケ栽培用のホダ木を販売するなど、商材を県外にまで広げて、成長の糸口をつかんでいる。次々と事業環境が変化し、その度に投げかけられた新たな課題を解決することを通して、仕事の幅を広げ、ノウハウを積み上げてきた。こうして、バイオマス発電にまで至るバリューチェーンを構築し、林業での垂直型ビジネスを創造している。

くつろぎ宿は、地域の近隣の泊り客を対象としてきた旅館の在り方から、再生を契機に事業を再考した。宿泊客を分析し、自分たちにとっての優良顧客は誰なのかといった疑問を呈して、ゼロベースで市場を見直したことが、首都圏を中心とした地元以外の顧客層の発見につながった。地域資産を生かしながら、その魅力を求める顧客に向けて、サービスを再編成することで事業の再構築へ踏み出している。しかも、こうしたサービスを提供するノウハウを蓄積・強化して、中核的な経営資源とすることで地方旅館ビジネスの意味を変えている。

海外への事業展開でも同様に、ハニーズは先端ファッションが生まれる都会ではなく、それを求める地方の人に高感度・高品質・リーズナブルな価格でファッションを提供するという市場を、地元で発見したことが出発点となっている。地元市場でのファッション・ニーズをより広いコンセプトで捉え直し、そのために必要となる経営ノウハウを蓄積・強化したことが、地元を超える市場への進出を可能とさせている。ここでも市場との対話がきっかけとなっている。しかも、このビジネスアイデアを海外にまで広げている。

大七もすでに国内市場では県境を超えた事業を展開してきた。こうした実績を踏まえて、海外へ進出しているが、最初は「日本酒」を輸出することが目的であった。しかし、フランスのビッグブランド・ワイナリーの経営に触れたことで、自社が培ってきた地方醸造業としての経営ノウハウが世界でも通用すると気づき、「大七」ブランドを輸出することへと方向を転換している。もちろん、日本酒を愛するワインソムリエとの出会いも、大七の価値を再認識することにつながっている。海外での体験という点では異なるものの、市場の声に耳を傾けて事業の意味を再認識し、生酛づくりという自社の中核的な経営資源の活用、強化につなげている。

日本全薬工業の動物薬への事業転換は、動物薬の製造依頼という市場の声に始まる。

その後、アメリカでの先進的な動物薬産業のビジネスモデルに出会って、さらに動物薬事業の意味を畜産農家への幅広い支援にあると捉え直した。獣医師なども巻き込んだビジネスモデルの構築と、それを基盤として動物薬ビジネスに必要となるノウハウを蓄積・強化したことが、その後の成長の基盤となっている。

地方で生まれた企業であっても、顧客や市場との関係で、自社の事業の意味、意義を広く捉え直し、地元以外の市場でも通用するビジネス・ミッション、ビジネス・コンセプトを構想したことが、超地への動きを生み出している。さらには、そうしたミッションを実現するために必要となる、競争力の源泉としてのノウハウやスキルなどの経営資源を再定義して蓄積・強化したことが、超地活動の持続性につながっている。

ビジネスモデルを進化させ続ける

県外への進出では、既存のビジネス上での顧客や関係性を活用する形での方法をとっている。

アリーナはそもそも、下請企業として県外企業との取引から事業を始めていて、下請け企業間のネットワークなども活用して、取引先を拡大している。この意味では、事業そのものに付随している関係性を活用しての、県外進出であった。
ノーリンでも、同様に県の林業組合といった顧客からの紹介を通じて、県外市場へと取引先を増やしている。くつろぎ宿でもすでに県外からの宿泊客からも利用されていて、県境を超えたビジネスを展開していた。課題は、そうした顧客をメインターゲットとして考えていなかったことであった。顧客単価、顧客満足を総合的に分析した結果、県外顧客にメインターゲットをシフトさせていった。いずれも、既存ビジネスで培ってきた関係性資産を活用している。

海外進出にまで事業を拡大した3事例でも、国内での県外進出が先立っている。ハニーズでは、成功したビジネスモデルをまずは隣接する近県へ拡大することから県外進出を果たしている。大七酒造は品評会でブランド力を上げるとともに、東北を中心にして市場を広げている。日本全薬工業でも、開発した商品のブランド力を生かして全国に向けて販売網を拡大している。ここでも、既存の事業展開の一環として国内市場を広げている。

海外進出にあたっては、ハニーズと日本全薬工業は、国内市場での競争力を強化する意図で、生産機能の海外移転から始めている。これを契機として、市場としての可能性を検討してから、販売機能を立ち上げている。一方、大七酒造は国内での取引を基盤として、市場のプロフェッショナルの力を借りて海外市場に橋頭堡を築いている。国内市場で展開してきた競争戦略の一環として、または競争戦略を通して生み出された成果を活用して、市場進出を果たしていると思われる。

こうしてみると、広い意味では、地元での事業展開で強化してきた戦略的企業行動とそこから生まれた経営資源を活用して、超地活動への第一歩を踏み出している。ここには、戦略的な一貫性が見てとれる。とはいえ、超地活動でのより重要な共通性は、進出後も継続して自社のビジネスモデルを進化させ続けていることにある。継続的に、競争力を強化させ、持続的な競争力の構築に向けて経営革新に邁進していることが、在地超地マネジメントの基盤となっている。

もちろん、その具体的な方法論には多様性がみられる。アリーナは自社の強みの源泉である狭隣接高密度実装技術を、地域で立ち上がりつつある航空宇宙産業といった異なる業界でも活かそうと、他業種への拡大といった進化モデルに挑戦している。ノーリンは、企業成長の過程そのものがビジネスモデルの進化プロセスである。山林の育成から、価値がないとみられた間伐材や建材としての価値の低い木材の活用に至るまで、林業に関わるすべてのプロセスをより高い価値を生み出すバリューチェーンへ革新、拡張している。また、くつろぎ宿では地域資産の魅力を絶えず掘り起こし、それを提供するサービスの強化・拡大に挑戦している。コア・サービスの継続的な革新といった方法論を精緻化し続けている。

海外進出を果たした事例でも、ビジネスモデルは進化し続けている。ハニーズは流行の変化に合わせて短期間で、迅速にファッションを企画から、商品開発、さらには商品供給に至るまでのビジネスの流れを、物流システムなども含めて、絶えず進化させてきている。大七酒造では生酛づくりの日本酒の特徴を生かすために、米作り、精米から始まる酒造工程のすべて、さらには貯蔵から販売経路に至るまで、ビジネス・プロセスの全過程でイノベーションを導入している。日本全薬工業も産業動物だけでなく、コンパニオン・アニマルにまで事業領域を広げ、人と動物が共生する社会の実現に向けた多様な商品・サービスを提供する事業へと成長を遂げている。

しかも、海外進出では、こうして国内で構築し、進化させてきたビジネスモデルを活用できる市場に焦点を当てていることも、重要である。ハニーズが中国で事業を展開したのは、高感度・高品質・リーズナブルな価格でのファッションが求められる市場であることを見極めたからであり、それが変化したことに対応して、次の適合する市場へとビジネス拠点を移行させている。大七酒造も自社の日本酒の独自性を追求したことに応じて、米国からフランスへと重点市場を移行させている。日本全薬工業がアジア市場に進出したのも、畜産やペット動物の市場が立ち上がりを見せていて、日本市場で立ち上がり時期から蓄積してきたノウハウを十分に生かせる市場であるとの判断が働いたからである。

さらには、国内市場では引き続き競争力を強化するために革新を継続している。こうした新たな革新もゆくゆくは海外のターゲット市場でも生かすことができる経営資産である。もちろん、国内市場で革新の手を緩めることは、顧客・競合が絶えず変化する環境では競争力の弱体化につながる。この意味でも、ビジネスモデルを進化させることは避けて通ることはできない。こうしてみると、海外市場での事業展開では、自社が構築してきた強みとなるビジネスモデルを海外へ移転するだけではなく、ビジネスモデルそのものを進化させるノウハウの移転も連動させることが重要なのである。

従業員を参画させる

在地超地に向けて掲げたミッションを達成するためには、市場の変化を認識し、素早く改善・変革行動につなげる必要がある。そのためには、従業員の経営への参画は欠かせない。顧客に直接的、間接的に接するのは彼らだからである。彼らのタスク遂行能力を向上させ、現場での変化に応じた迅速な提案、そして行動を促すことは、経営リーダーの戦略的な方針決定や判断と並んで、企業成長のために不可欠となる要素である。

アリーナでは、既存の顧客に対する提案力を、営業と一体化された製造現場が担っている。また、現場が自主的に、現場力の向上に向けて教育訓練体系を整備しようとしている。こうした現場力によって既存市場の深耕、拡大が進むとともに、経営リーダーが新たな業界に向けた提案力を創り込むことに専念することも可能にさせている。ノーリンでは、伐採作業、さらには伐採木材の運搬作業を効率的に遂行するオペレーターの能力向上は欠かせない。しかも、バイオマス発電にまで拡大した事業を着実に、効率的に運営するためには、木質チップの運送、品質確保など、新たなノウハウとその向上も欠かせない。絶えず、現場で能力を向上させ、自主的に成長している人材が、事業の足腰の強さを生み出している。くつろぎ宿のマルチタスク化、工務の内製化などは、現場発の旅館サービス改善提案・実行とともに、泊り客へのサービスの向上につながるインフラとなっている。

ハニーズでは、ファッションの企画から製造、販売に至る、競争力の源泉となるノウハウは、それぞれの担当部署がリーダーの下で強化、蓄積してきたものである。しかも、新社長は、こうしたノウハウのさらなる強化に向けて、担当部署間の連携を通して組織的なノウハウへと昇華させようと動き出している。トップダウンではなく、ボトムアップ型への組織運営に転換することで、次の成長に向けた布石を打っている。大七酒造は、生酛づくりの強みをさらに強化するために、新しい酒蔵の建設に応じて、現代の名工を輩出させたことにみられるように、製造現場での人材力強化に力を入れている。これによって、ハイエンド・ブランドとしての大七の魅力を海外市場に向けても訴求している。日本全薬工業では、畜産農家、そして獣医師との直接的なつながりを通して、販売スタッフが市場へ商品・情報を提供するとともに、市場の情報を収集することが強みの源泉の一つになっている。この現場力を強化してきたことが同社のこれまでの成長に貢献しており、この強みを海外にも反映しようと動き出している。

当然のこととはいえ、日常的な事業運営に携わる従業員の業務遂行能力は、経営戦略の実現には欠かせない。企業ミッションを理解し、その実現に向けて地道に顧客のニーズや期待に応える彼らの経営への参画を促すことは、経営の基本なのだろう。

既述のように、在地超地企業がその成長を遂げるためには、多くの壁を超えなければならない。事例研究から明らかにされた、共通したマネジメントの考え方は、こうした壁を超えるための基本的な知恵を示唆している。

「事業の意味を問い直し、中核的な経営資源を蓄積・強化する」ことは、創業地を超えて、自社の事業を伸ばしていくための起点となるだけでなく、自社の経営資源の強みを確認し、それを活用できる、より広い市場を認識することにつながる。資源解釈の壁、そして市場認知の壁を超えるための必要条件となるわけである。

「ビジネスモデルを進化させ続ける」ことは、一旦参入を果たした市場で、地歩を確保し、自社が目指すミッションのさらなる達成に向けて、必要となる経営資源を高度化することで、競争力を強化すること、また持続的競争優位性を構築することにつながる。そして、経営資源の壁と競争の壁を超えるための経営行動を促すことになる。

最後の「従業員を参画させる」ことは、中核的な経営資源の蓄積・強化に向けて組織体制を整備し、管理システムを向上させることにつながる。また、企業のミッション実現に向け、経営者だけでなく従業員も一緒になって経営努力に参加することで、経営者だけの企業家精神ではなく、従業員の企業家精神も養うことにもつながる。組織づくりの壁、そして企業家精神の壁を超えることに貢献する。

　こうして一般化した在地超地マネジメントでの知恵は、在地超地に限ったものではなく、企業成長のためのマネジメント全般にも適応できるものであるかもしれない。とはいえ、事例から学べる多様で具体的な在地超地マネジメントの展開方法と、その基底にある基本的な考え方の両方を合わせて学ぶとき、在地超地のためのマネジメントに向けて、実践でも生かしうる知恵としての価値を持つことになる。この意味で、本書の事例、そしてその整理が役立つことを願いたい。

結びにかえて

本調査研究は、日本生産性本部がとうほう地域総合研究所と一緒に始めた「地方発！現場検証シリーズ」がきっかけとなっている。福島県の復興に少しでも役立てばとの思いで、優秀な福島県の中小・中堅企業、地方自治体を、生産性新聞を通して全国に向けてお伝えしようという企画であった（日本生産性本部『生産性新聞』https://www.jpc-net.jp/movement/paper.html、とうほう地域総合研究所機関誌『福島の進路』https://tohorc.or.jp/kikanshi/に掲載）。

ところが、インタビュー調査を進めていくと、震災で大きな痛手を負ったと思われるにもかかわらず、強靱な回復力を発揮し、順調に事業を成長させている組織の多さに驚くことになった。再度、地域企業の自力に気づかされ、むしろ勉強し直さねばとの考えに至った。この勉強し直しの調査研究が、本書に結びついている。ここで取り上げた事例研究では、6社という限られたものであった。とはいえ、ご協力いただいた企業でのインタビューをはじめとする調査によって、時系列での企業成長の過程を詳しく整理することができた。改めて、お礼を申し上げたい。

この研究結果が、少しでも地域を超えて企業活動を伸長させる地域企業の成長マネジメントの一助になれるとすれば、望外の喜びである。

ところで、地域経済の活性化は避けて通れない課題である。そこでは、事例研究でみたように個別企業の努力はもちろんのこと、地域経済を支える地域金融機関の役割も欠かせない。今回、調査対象となった企業は、とうほう地域総合研究所並びに東邦銀行にご紹介いただいた組織で、銀行の取引先である。もちろん、個別企業の自助努力があって、こうした在地超地は実現できたことは基本にある。とはいえ、東邦銀行からの支援もまた、その一助となっていることも否めないであろう。

本書では、そうした銀行、研究所の支援ノウハウやマネジメントについては、整理分析を行っていない。とはいえ、企業の在地超地マネジメントのダイナミックな動きに対応する形での支援を分析することは、地域金融機関の支援行動の在り方に関する考え方を整理することにも貢献するものと思われる。地域経済の活性化に向けた、次の研究課題としたい。

２０２５年2月吉日

著者を代表して　神田　良

付録

福島県内企業の県外・海外市場への進出状況
「県内企業へのアンケート調査結果」より

２０２４年４月、民間の有識者でつくる「人口戦略会議」は全国１７２９自治体の持続可能性分析結果を公表した。２０２０年から２０５０年までの30年間で20～39歳の若年女性人口が50％以上減少する「消滅可能性自治体」は全国７４４自治体に上り、このうち福島県では浜通り地域の13市町村を除く46市町村の７割を超える33市町村が該当するとされている。

少子高齢化と人口流出の危機感が今後さらに高まると予想される中、県内企業においては県外や海外ニーズ取り込みの必要性が高まるものとみられる。そこで、県内企業に対し実施したアンケート調査結果から、県外・海外市場への進出状況を確認してみる。

【調査要領】

テキスト　ボックス調査方法　　郵送による配布・回収、Ｗｅｂ併用

調査対象　　県内企業５２５社

回答企業　　３０８社（有効回答率58・7％）

調査時期　　２０２４年１月

構成比は小数点第２位以下を四捨五入しているため、合計が１００にならない場合がある。
本稿における県外とは国内の県外を指し、海外と区別している。

設問項目

Q１　県外（国内）の取引先または顧客の有無
Q２　Q１で「ある」の場合、県外（国内）の取引先または顧客の売上高に占める割合
Q３　Q１で「ある」の場合、県外（国内）市場への進出時期
Q４　Q１で「ある」の場合、県外（国内）市場に進出したきっかけ
Q５　Q１で「ある」の場合、県外（国内）市場へ進出するときの課題
Q６　海外の取引先または顧客の有無
Q７　Q６で「ある」の場合、海外の取引先または顧客の売上高に占める割合
Q８　Q６で「ある」の場合、海外市場への進出時期
Q９　Q６で「ある」の場合、海外市場に進出したきっかけ
Q10　Q６で「ある」の場合、海外市場へ進出するときの課題

Ⅰ 回答企業の属性

1 業種構成

今回、県内企業308社より回答をいただいた。その業種構成は、製造業が134社(構成比43・5%)、非製造業が174社(同56・5%)となっている(図表1)。

2 資本金

資本金規模は「1000万円以上5000万円未満」が61・4%と6割を超え最も多く、次いで「5000万円以上1億円未満」が19・5%、「1億円以上10億円未満」が11・0%、「1000万円未満」が5・2%、「10億円以上」が2・9%となっている。業種別にみると、いずれの業種においても「1000万円以上5000万円未満」が最も多い一方、「1億円以上」については製造業で21・7%と唯一2割を超えている(図表2)。

3 創業年数

創業年数は「50年以上75年未満」が45・1％と最も多く、次いで「25年以上50年未満」が24・0％、「75年以上100年未満」が16・2％、「100年以上」が9・1％、「25年未満」が2・9％となっている。業種別にみると、いずれの業種においても「75年未満」が5割を超えている。一方「100年以上」は情報通信を除き1割前後となっている（図表3）。

次に、各アンケート項目を「業種」「資本金」「創業年数」の区分で分

図表1　回答企業の業種構成

業　種	回答企業数（社）	構成比（%）
製造業計	134	43.5
食料品	22	7.1
繊維品	13	4.2
木材・木製品	9	2.9
紙・紙加工品	8	2.6
化学	8	2.6
窯業・土石	5	1.6
鉄鋼・非鉄・金属製品	11	3.6
はん用・生産用・業務用機械	6	1.9
電気機械	12	3.9
電子部品・デバイス	9	2.9
輸送用機械	9	2.9
その他の製造業	22	7.1

業　種	回答企業数（社）	構成比（%）
非製造業計	174	56.5
建設業	31	10.1
運輸業	11	3.6
情報通信	3	1.0
百貨店・スーパー	6	1.9
飲・食料品	19	6.2
衣料	1	0.3
建材	7	2.3
機械機具	3	1.0
自動車	10	3.2
燃料	9	2.9
その他卸・小売業	21	6.8
サービス業	43	14.0
その他非製造業	10	3.2
合計	308	100.0

析し、県内企業の特徴をみてみる。

Ⅱ　アンケート分析

1　県外市場への進出について

❶ 県外の取引先・顧客の有無

県外の取引先・顧客の有無については、全体で「ある」が70・5%と7割に達した。「ある」を業種別にみると、回答先数は少ないながら「情報通信」が100%で、「製造業」も88・1%に上り、地域内での取引が多いと考えられる「建設業」（38・7%）や「サービス業」（46・5%）など

図表2
業種×資本金

		n=	1,000万円未満	1,000万円以上5,000万円未満	5,000万円以上1億円未満	1億円以上10億円未満	10億円以上
全体		(308)	5.2	61.4	19.5	11.0	2.9
業種	製造業	(134)	6.0	49.3	23.1	17.2	4.5
	建設業	(31)		71.0	19.4	9.7	
	運輸業	(11)	9.1	72.7	9.1	9.1	
	情報通信	(3)		100			
	卸・小売業	(76)	5.3	69.7	15.8	6.6	2.6
	サービス業	(43)	7.0	65.1	20.9	4.7	[illegible]
	その他非製造業	(10)		90.0	10.0		

1%未満のデータラベルは非表示　(%)

図表3
業種×創業年数

		n=	25年未満（2000年～）	25年以上50年未満（1975～1999年）	50年以上75年未満（1950～1974年）	75年以上100年未満（1925～1949年）	100年以上（～1924年）	無回答
全体		(308)	2.9	24.0	45.1	16.2	9.1	2.6
業種	製造業	(134)	6.0	20.1	48.5	14.9	8.2	2.2
	建設業	(31)		19.4	38.7	25.8	9.7	6.5
	運輸業	(11)		9.1	63.6	18.2	9.1	
	情報通信	(3)		66.7	33.3			
	卸・小売業	(76)		23.7	43.4	18.4	11.8	2.6
	サービス業	(43)		41.9	41.9	7.0	7.0	2.3
	その他非製造業	(10)	10.0	20.0	30.0	30.0	10.0	

1%未満のデータラベルは非表示　(%)

と差がみられる。

資本金別にみると、「ある」は資本金規模が「５０００万円以上」で８割を超え、「10億円以上」では１００％となっている。一方、回答企業が多い「１０００万円以上５０００万円未満」では62・４％と最も低かった。

創業年数別で大きな差異はみられないが、「ある」は２０００年以降に創業した企業で77・８％と最も高く、１００年企業では67・９％と7割を下回る結果となった（図表４）。

❷ 売上高に占める県外取引の割合

県外の取引先・顧客があると回答した

図表４

県外市場への進出の有無

		n=	ある	ない	無回答
全体		(308)	70.5	27.9	1.6
業種	製造業	(134)	88.1	11.2	
	建設業	(31)	38.7	58.1	3.2
	運輸業	(11)	54.5	36.4	9.1
	情報通信	(3)	100.0		
	卸・小売業	(76)	67.1	30.3	2.6
	サービス業	(43)	46.5	53.5	
	その他非製造業	(10)	70.0	30.0	
資本金	1,000万円未満	(16)	68.8	31.3	
	1,000万円以上5,000万円未満	(189)	62.4	35.4	2.1
	5,000万円以上1億円未満	(60)	80.0	20.0	
	1億円以上10億円未満	(34)	91.2	5.9	2.9
	10億円以上	(9)	100.0		
創業年数	25年未満（2000年～）	(9)	77.8	22.2	
	25年以上50年未満（1975～1999年）	(74)	70.3	25.7	4.1
	50年以上75年未満（1950～1974年）	(139)	72.7	27.3	
	75年以上100年未満（1925～1949年）	(50)	72.0	26.0	2.0
	100年以上（～1924年）	(28)	67.9	32.1	
	無回答	(8)	25.0	62.5	12.5

カッコ内は創業年

1%未満のデータラベルは非表示 (%)

217社について、売上高に占める県外取引の割合をみると、全体で「50％以上」が53・0％と5割を超えている。業種別にみると、回答者数が多い「製造業」では「50％以上」が74・6％と、「製造業」で県外取引がある企業の多くは県外取引が主体となっており、全体の平均を引き上げている。一方、「建設業」は「5％未満」が58・3％、「卸・小売業」「サービス業」も「10％未満」が3分の1を超えるなど、業種による差が目立っている。

資本金別にみると、資本金規模が大きくなるほど県外取引の割合が高くなる傾向がみられ、「50％以上」は「5000万円以上1億円未満」「1億円以上10億円未満」が6割前後、「10億円以上」は100％となっている。

創業年数別では、いずれも「50％以上」が最も多い結果となったが、特に「25年未満」と「100年以上」の両極でその傾向が強く表れている（図表5）。

❸ 県外市場への進出時期

県外市場へ進出している企業の進出時期は、全体で「30年以上前から」が63・6％と最も多く、次いで「20年から30年以内」が17・5％となり、合わせて「20年以上前」が

8割に達している。一方、「今から5年以内」「5年から10年以内」は合わせて9・7%で、東日本大震災以降となる時期が約1割となっている。業種別にみると、「30年以上前から」が「運輸業」で83・3%、「建設業」で75・0%、「製造業」で68・6%などとなっている。

資本金別にみると、資本金規模が大きくなるほど進出時期が早い傾向があり、「30年以上前から」は「10億円以上」で100%、「1億円以上10億円未満」で93・5%、「5000万円以上1億円未満」で68・8%などとなっている。

創業年数別にみると、創業年数が長いほど進出時期が早いのは予想通りである

図表5

売上高に占める県外取引の割合

		n=	5%未満	5%以上10%未満	10%以上25%未満	25%以上50%未満	50%以上	無回答
全体		(217)	16.1	7.4	9.2	14.3	53.0	
業種	製造業	(118)	5.9	1.7	7.6	10.2	74.6	
	建設業	(12)	58.3	33.3				8.3
	運輸業	(6)		16.7	33.3	33.3	16.7	
	情報通信	(3)	33.3		33.3	33.3		
	卸・小売業	(51)	25.5	13.7	11.8	19.6	29.4	
	サービス業	(20)	30.0	5.0	5.0	20.0	40.0	
	その他非製造業	(7)	14.3	14.3	14.3	14.3	42.9	
資本金	1,000万円未満	(11)	45.5	18.2	9.1	9.1	18.2	
	1,000万円以上5,000万円未満	(118)	16.9	6.8	12.7	15.3	48.3	
	5,000万円以上1億円未満	(48)	14.6	8.3	6.3	10.4	60.4	
	1億円以上10億円未満	(31)	9.7	6.5	3.2	22.6	58.1	
	10億円以上	(9)					100.0	
創業年数	25年未満（2000年～）	(7)		14.3	14.3		71.4	
	25年以上50年未満（1975～1999年）	(52)	13.5	7.7	7.7	19.2	51.9	
	50年以上75年未満（1950～1974年）	(101)	16.8	5.9	10.9	14.9	51.5	
	75年以上100年未満（1925～1949年）	(36)	27.8	8.3	8.3	8.3	47.2	
	100年以上（～1924年）	(19)	5.3	10.5	5.3	15.8	63.2	
	無回答	(2)					100.0	

カッコ内は創業年

1%未満のデータラベルは非表示　(%)

が、「30年以上前から」は「100年以上」で84・2％と8割を超え最も高く、「50年以上75年未満」で69・3％、「75年以上100年未満」で63・9％などとなっている（図表6）。

❹県外市場進出のきっかけ

県外市場進出のきっかけについて項目ごとにどの程度大きかったかをみると、「大きなきっかけ」として最も多く挙げられたのは「自社の営業活動などの販売拡大活動」の25・3％であった。「かなりあった」「少しあった」を含めると「取引先または顧客からの直接的な問い合わせ」が78・3％となり、多くの企業がきっ

図表6
県外市場の進出時期

凡例：今から5年以内／5年から10年以内／10年から20年以内／20年から30年以内／30年以上前から／無回答

区分	項目	n=	数値（グラフ表示順）
全体		(217)	3.7 / 6.0 / 7.4 / 17.5 / 63.6 / 1.8
業種	製造業	(118)	2.5 / 4.2 / 5.9 / 16.1 / 68.6 / 2.5
	建設業	(12)	16.7 / 8.3 / 75.0
	運輸業	(6)	16.7 / 83.3
	情報通信	(3)	66.7 / 33.3
	卸・小売業	(51)	3.9 / 9.8 / 13.7 / 13.7 / 56.9 / 2.0
	サービス業	(20)	10.0 / 5.0 / 35.0 / 50.0
	その他非製造業	(7)	14.3 / 28.6 / 14.3 / 42.9
資本金	1,000万円未満	(11)	18.2 / 9.1 / 27.3 / 18.2 / 27.3
	1,000万円以上5,000万円未満	(118)	4.2 / 8.5 / 9.3 / 21.2 / 54.2 / 2.5
	5,000万円以上1億円未満	(48)	2.1 / 4.2 / 4.2 / 18.8 / 68.8 / 2.1
	1億円以上10億円未満	(31)	6.5 / 93.5
	10億円以上	(9)	100.0
創業年数	25年未満（2000年～）	(7)	14.3 / 28.6 / 28.6 / 28.6
	25年以上50年未満（1975～1999年）	(52)	3.8 / 9.6 / 36.5 / 50.0
	50年以上75年未満（1950～1974年）	(101)	4.0 / 6.9 / 5.9 / 11.9 / 69.3 / 2.0
	75年以上100年未満（1925～1949年）	(36)	2.8 / 13.9 / 5.6 / 11.1 / 63.9 / 2.8
	100年以上（～1924年）	(19)	5.3 / 5.3 / 5.3 / 84.2
	無回答	(2)	50.0 / 50.0

カッコ内は創業年　　1％未満のデータラベルは非表示　（％）

かけとしていた。一方、「銀行などの金融機関からの支援・紹介」「商工会や業界団体などを通しての紹介」がきっかけと回答した企業は少数であった(図表7)。次に、各項目について詳しくみてみる。

a 取引先または顧客からの直接的な問い合わせ

業種別にみると、製造業は「取引先または顧客からの直接的な問い合わせ」が「大きなきっかけ」となった割合が35・6％と3分の1を超え、何らかのきっかけになったとする割合は合計86・5％に上るなど、大半の企業できっかけとして認識していることがわかる。

資本金別にみると、「1000万円以上」ではいずれも「大きなきっかけ」が2割を超えている。一方、「1000万円未満」は「大きなきっかけ」は18・2％にとどまったが、「かなりあった」「少しあった」を含め何らかのきっかけになったとする割

図表7
県外市場進出のきっかけ

	n=	大きなきっかけ	かなりあった	少しあった	ほとんどない	まったくない	無回答
取引先または顧客からの直接的な問い合わせ	(217)	22.6	18.4	37.3	6.5	7.8	7.4
既存の取引先または顧客からの紹介	(217)	19.8	17.5	35.5	10.6	7.8	8.8
展示・相談会・販売会などの催事への参加	(217)		4.6	24.9	19.8	35.5	12.4
銀行などの金融機関からの支援・紹介	(217)		1.4	16.1	28.6	39.6	13.8
商工会や業界団体などを通しての紹介	(217)		2.8	14.3	27.2	41.5	13.8
自社の営業活動などの販売拡大活動	(217)	25.3	21.2	27.2	6.0	10.6	9.7
ホームページやＥＣなどのネットワークの活用	(217)	1.8	8.3	26.3	22.1	29.5	12.0

1％未満のデータラベルは非表示 (％)

合は9割を超え最も高い結果となった。

創業年数別にみると、何らかのきっかけになったとする割合は「25年未満」が100％、「100年以上」が89・5％と、創業年数が長い企業と短い企業で特に高くなっている（図表8）。

b 既存の取引先または顧客からの紹介

業種別にみると、製造業は何らかのきっかけになったとする割合が78・8％で、「取引先または顧客からの直接的な問い合わせ」には及ばないが多くの企業できっかけになっている。一方、「卸・小売業」「サービス業」は「ほ

図表8
県外市場進出のきっかけ…「取引先または顧客からの直接的な問い合わせ」

凡例：おおきなきっかけ／かなりあった／少しあった／ほとんどない／まったくない／無回答

		n=	数値（帯グラフ左から）
全体		(217)	22.6 / 18.4 / 37.3 / 6.5 / 7.8 / 7.4
業種	製造業	(118)	35.6 / 21.2 / 29.7 / 2.5 / 5.9 / 5.1
	建設業	(12)	8.3 / 25.0 / 50.0 / 16.7
	運輸業	(6)	16.7 / 16.7 / 50.0 / 16.7
	情報通信	(3)	33.3 / 33.3 / 33.3
	卸・小売業	(51)	9.8 / 9.8 / 45.1 / 11.8 / 11.8 / 11.8
	サービス業	(20)	20.0 / 50.0 / 10.0 / 10.0 / 10.0
	その他非製造業	(7)	14.3 / 42.9 / 14.3 / 14.3 / 14.3
資本金	1,000万円未満	(11)	18.2 / 9.1 / 63.6 / 9.1
	1,000万円以上5,000万円未満	(118)	22.0 / 20.3 / 34.7 / 5.1 / 8.5 / 9.3
	5,000万円以上1億円未満	(48)	25.0 / 12.5 / 39.6 / 10.4 / 6.3 / 6.3
	1億円以上10億円未満	(31)	22.6 / 25.8 / 35.5 / 9.7 / 3.2 / 3.2
	10億円以上	(9)	22.2 / 11.1 / 33.3 / 22.2 / 11.1
創業年数	25年未満（2000年～）	(7)	42.9 / 28.6 / 28.6
	25年以上50年未満（1975～1999年）	(52)	19.2 / 21.2 / 42.3 / 7.7 / 3.8 / 5.8
	50年以上75年未満（1950～1974年）	(101)	27.7 / 7.9 / 40.6 / 5.9 / 8.9 / 8.9
	75年以上100年未満（1925～1949年）	(36)	11.1 / 27.8 / 27.8 / 11.1 / 13.9 / 8.3
	100年以上（～1924年）	(19)	15.8 / 47.4 / 26.3 / 5.3 / 5.3
	無回答	(2)	50.0 / 50.0

カッコ内は創業年　　1%未満のデータラベルは非表示　（%）

とんどない」「まったくない」の合計が3割に達するなど、業種による差もみられる。

資本金別にみると、何らかのきっかけになったとする割合は最も低い「1000万円から5000万円未満」でも68・6%となり、一定の効果につながっているとみられるが、「ほとんどない」「まったくない」の合計も2割に達している。

創業年数別にみると、「25年未満」は「大きなきっかけ」が57・1%と5割を超えている。一方、「100年以上」では「ほとんどない」「まったくない」の合計が3割を超えるなど、創

図表9
県外市場進出のきっかけ…「既存の取引先または顧客からの紹介」

		n=	大きなきっかけ	かなりあった	少しあった	ほとんどない	まったくない	無回答
全体		(217)	19.8	17.5	35.5	10.6	7.8	8.8
業種	製造業	(118)	24.6	18.6	35.6	7.6	5.9	7.6
	建設業	(12)	16.7	16.7	58.3	8.3		
	運輸業	(6)	50.0		50.0			
	情報通信	(3)		33.3	33.3			33.3
	卸・小売業	(51)	13.7	13.7	31.4	17.6	13.7	9.8
	サービス業	(20)	10.0	20.0	30.0	20.0	10.0	10.0
	その他非製造業	(7)		28.6	28.6		14.3	28.6
資本金	1,000万円未満	(11)	27.3	18.2	45.5			9.1
	1,000万円以上5,000万円未満	(118)	25.4	16.1	27.1	13.6	7.6	10.2
	5,000万円以上1億円未満	(48)	10.4	16.7	45.8	8.3	10.4	8.3
	1億円以上10億円未満	(31)	6.5	25.8	48.4	9.7	6.5	3.2
	10億円以上	(9)	33.3	11.1	33.3		11.1	11.1
創業年数	25年未満（2000年～）	(7)	57.1	14.3	14.3			14.3
	25年以上50年未満（1975～1999年）	(52)	13.5	26.9	36.5	7.7	5.8	9.6
	50年以上75年未満（1950～1974年）	(101)	22.8	9.9	38.6	9.9	9.9	8.9
	75年以上100年未満（1925～1949年）	(36)	22.2	19.4	30.6	11.1	8.3	8.3
	100年以上（～1924年）	(19)	5.3	31.6	26.3	26.3	5.3	5.3
	無回答	(2)			100.0			

カッコ内は創業年

1%未満のデータラベルは非表示　(%)

業年数の長い企業では直接的な問い合わせに比べ紹介の割合がやや低い傾向がみられる（図表9）。

c 展示・相談会・販売会などの催事への参加

業種別にみると、多くの業種で「ほとんどない」「まったくない」の合計が5割を超え、製造業においても47・5％となり、催事への参加がきっかけとなった企業は少数となっている。

資本金別による大きな差異はみられず、創業年数別にみると、「あった」が「ない」を上回るのは「25年未満」と「100年以上」で、新規参入企業と老舗企業で活用している様子がうかがえる（図表10）。

d 銀行などの金融機関からの支援・紹介

業種別にみると、「大きなきっかけ」と回答したのは「サービス業」の1社のみで、「ほとんどない」「まったくない」の合計がいずれの業種も5割を超え、製造業では7割に達している。

資本金別にみると、何らかのきっかけになったとする割合はいずれも4割を下回り、「1000万円未満」では「まったくない」が63・6％に上っている。

創業年数別にみると、何らかのきっかけになったとする割合は「25年以上50年未満」「50年以上75年未満」で2割に達したものの、全般的に低調な結果となっている（図表11）。

e 商工会や業界団体などを通しての紹介

業種別にみると、何らかのきっかけになったとする割合は「サービス業」が35・0％と最も高かったが、金融機関と

図表 10

県外市場進出のきっかけ…「展示・相談会・販売会などの催事への参加」

凡例：大きなきっかけ　かなりあった　少しあった　ほとんどない　まったくない　無回答

区分		n=	割合（%・表示順）
全体		(217)	2.8 / 4.6 / 24.9 / 19.8 / 35.5 / 12.4
業種	製造業	(118)	5.1 / 6.8 / 28.8 / 21.2 / 26.3 / 11.9
	建設業	(12)	16.7 / 33.3 / 50.0
	運輸業	(6)	100.0
	情報通信	(3)	33.3 / 33.3 / 33.3
	卸・小売業	(51)	2.0 / 21.6 / 21.6 / 37.3 / 17.6
	サービス業	(20)	5.0 / 20.0 / 15.0 / 50.0 / 10.0
	その他非製造業	(7)	28.6 / 57.1 / 14.3
資本金	1,000万円未満	(11)	9.1 / 27.3 / 9.1 / 54.5
	1,000万円以上5,000万円未満	(118)	2.5 / 3.4 / 21.2 / 16.9 / 41.5 / 14.4
	5,000万円以上1億円未満	(48)	4.2 / 33.3 / 25.0 / 25.0 / 12.5
	1億円以上10億円未満	(31)	6.5 / 35.5 / 29.0 / 19.4 / 9.7
	10億円以上	(9)	11.1 / 22.2 / 11.1 / 44.4 / 11.1
創業年数	25年未満（2000年～）	(7)	14.3 / 14.3 / 28.6 / 28.6 / 14.3
	25年以上50年未満（1975～1999年）	(52)	3.8 / 5.8 / 21.2 / 17.3 / 42.3 / 9.6
	50年以上75年未満（1950～1974年）	(101)	2.0 / 2.0 / 26.7 / 16.8 / 37.6 / 14.9
	75年以上100年未満（1925～1949年）	(36)	5.6 / 19.4 / 27.8 / 33.3 / 13.9
	100年以上（～1924年）	(19)	5.3 / 10.5 / 31.6 / 26.3 / 15.8 / 10.5
	無回答	(2)	50.0 / 50.0

カッコ内は創業年　　1%未満のデータラベルは非表示　（%）

同様に「ほとんどない」「まったくない」の合計が全般的に圧倒的となっている。

資本金別にみると、何らかのきっかけになったとする割合が3割を超えたのは「10億円以上」のみで、「1億円以上10億円未満」「1000万円以上5000万円未満」では「ほとんどない」「まったくない」の合計が7割に達している。

創業年数別にみると、何らかのきっかけになったとする割合は「25年以上50年未満」で25・0%となった以外はいずれも2割を下回り、全般的に低調な結果となっている(図表12)。

図表 11

県外市場進出のきっかけ…「銀行などの金融機関からの支援・紹介」

		n=	大きなきっかけ	かなりあった	少しあった	ほとんどない	まったくない	無回答
全体		(217)		1.4	16.1	28.6	39.6	13.8
業種	製造業	(118)			16.1	33.1	37.3	12.7
	建設業	(12)			33.3	41.7	25.0	
	運輸業	(6)					100.0	
	情報通信	(3)					66.7	33.3
	卸・小売業	(51)			15.7	25.5	39.2	19.6
	サービス業	(20)	5.0	10.0	15.0	20.0	40.0	10.0
	その他非製造業	(7)			14.3	14.3	42.9	28.6
資本金	1,000万円未満	(11)			27.3		63.6	9.1
	1,000万円以上5,000万円未満	(118)		1.7	10.2	26.3	45.8	16.1
	5,000万円以上1億円未満	(48)	2.1	2.1	20.8	29.2	33.3	12.5
	1億円以上10億円未満	(31)			22.6	51.6	16.1	9.7
	10億円以上	(9)			33.3	11.1	44.4	11.1
創業年数	25年未満(2000年〜)	(7)				42.9	42.9	14.3
	25年以上50年未満(1975〜1999年)	(52)	1.9	1.9	17.3	26.9	38.5	13.5
	50年以上75年未満(1950〜1974年)	(101)		2.0	18.8	23.8	40.6	14.9
	75年以上100年未満(1925〜1949年)	(36)			13.9	36.1	36.1	13.9
	100年以上(〜1924年)	(19)			10.5	36.8	42.1	10.5
	無回答	(2)				50.0	50.0	

カッコ内は創業年

1%未満のデータラベルは非表示 (%)

f 自社の営業活動などの販売拡大活動

業種別にみると、何らかのきっかけになったとする割合は、回答数は少ないながら「情報通信」が１００％で、「製造業」も８割に達するなど、多くの業種で活動が一定の効果につながっているとみられる。

資本金別にみると、「１０００万円未満」は「ほとんどない」「まったくない」の合計が36・4％とやや高く、経営資源が限られる小規模事業者においては、営業・販促活動が不十分となっている様子がうかがえる。

創業年数別にみると、何らかのきっ

図表 12

県外市場進出のきっかけ…「商工会や業界団体などを通しての紹介」

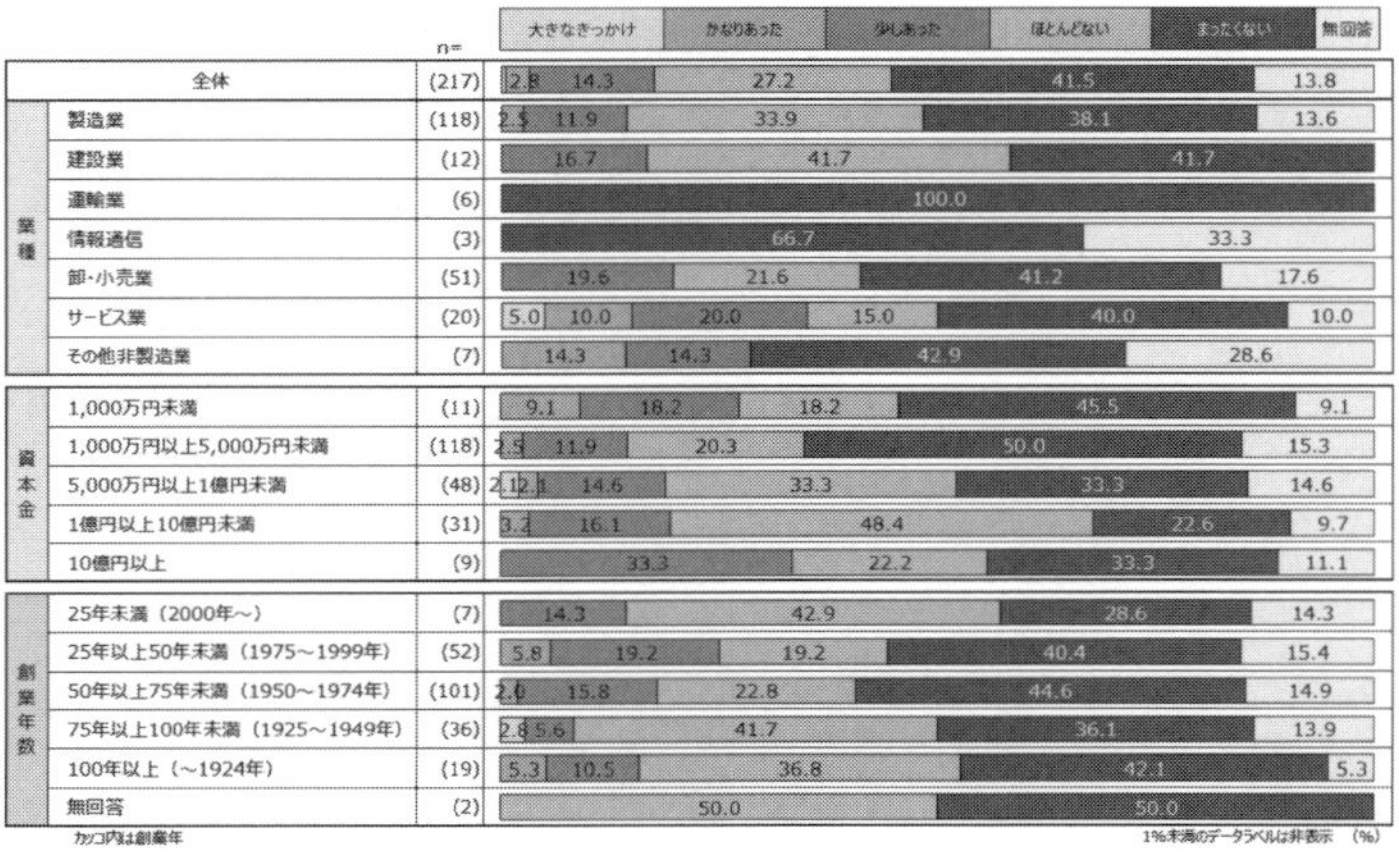

凡例：大きなきっかけ／かなりあった／少しあった／ほとんどない／まったくない／無回答

区分	項目	n=	値（左から順、%）
	全体	(217)	2.8 / 14.3 / 27.2 / 41.5 / 13.8
業種	製造業	(118)	2.5 / 11.9 / 33.9 / 38.1 / 13.6
業種	建設業	(12)	16.7 / 41.7 / 41.7
業種	運輸業	(6)	100.0
業種	情報通信	(3)	66.7 / 33.3
業種	卸・小売業	(51)	19.6 / 21.6 / 41.2 / 17.6
業種	サービス業	(20)	5.0 / 10.0 / 20.0 / 15.0 / 40.0 / 10.0
業種	その他非製造業	(7)	14.3 / 14.3 / 42.9 / 28.6
資本金	1,000万円未満	(11)	9.1 / 18.2 / 18.2 / 45.5 / 9.1
資本金	1,000万円以上5,000万円未満	(118)	2.5 / 11.9 / 20.3 / 50.0 / 15.3
資本金	5,000万円以上1億円未満	(48)	2.1 / 2.1 / 14.6 / 33.3 / 33.3 / 14.6
資本金	1億円以上10億円未満	(31)	3.2 / 16.1 / 48.4 / 22.6 / 9.7
資本金	10億円以上	(9)	33.3 / 22.2 / 33.3 / 11.1
創業年数	25年未満（2000年～）	(7)	14.3 / 42.9 / 28.6 / 14.3
創業年数	25年以上50年未満（1975～1999年）	(52)	5.8 / 19.2 / 19.2 / 40.4 / 15.4
創業年数	50年以上75年未満（1950～1974年）	(101)	2.0 / 15.8 / 22.8 / 44.6 / 14.9
創業年数	75年以上100年未満（1925～1949年）	(36)	2.8 / 5.6 / 41.7 / 36.1 / 13.9
創業年数	100年以上（～1924年）	(19)	5.3 / 10.5 / 36.8 / 42.1 / 5.3
創業年数	無回答	(2)	50.0 / 50.0

カッコ内は創業年

1%未満のデータラベルは非表示　(%)

かけになったとする割合は「100年以上」で89・5%、「25年未満」で85・5%と高く、ともに「ほとんどない」「まったくない」の回答はなかった。一方、「75年以上100年未満」では「ほとんどない」「まったくない」の合計が3割を超えており、必ずしも業歴の長さとは一致していない結果となっている（図表13）。

g ホームページやECなどのネットワークの活用

業種別にみると、「運輸業」「卸・小売業」「建設業」「製造業」で「ほとんどない」「まったくない」の合計が5割を超える

図表13
県外市場進出のきっかけ…「自社の営業活動などの販売拡大活動」

		n=	大きなきっかけ	かなりあった	少しあった	ほとんどない	まったくない	無回答
全体		(217)	25.3	21.2	27.2	6.0	10.6	9.7
業種	製造業	(118)	27.1	24.6	28.8	4.2	7.6	7.6
	建設業	(12)	16.7	8.3	41.7	16.7	16.7	
	運輸業	(6)		16.7	33.3		50.0	
	情報通信	(3)	33.3	33.3	33.3			
	卸・小売業	(51)	27.5	15.7	23.5	7.8	9.8	15.7
	サービス業	(20)	20.0	25.0	20.0	10.0	15.0	10.0
	その他非製造業	(7)	28.6	14.3	14.3		14.3	28.6
資本金	1,000万円未満	(11)			63.6	9.1	27.3	
	1,000万円以上5,000万円未満	(118)	22.0	22.0	23.7	7.6	11.9	12.7
	5,000万円以上1億円未満	(48)	31.3	18.8	27.1	4.2	10.4	8.3
	1億円以上10億円未満	(31)	32.3	29.0	29.0	3.2	3.2	3.2
	10億円以上	(9)	44.4	22.2	22.2			11.1
創業年数	25年未満（2000年～）	(7)	42.9	14.3	28.6			14.3
	25年以上50年未満（1975～1999年）	(52)	25.0	21.2	32.7	3.8	9.6	7.7
	50年以上75年未満（1950～1974年）	(101)	26.7	20.8	25.7	5.9	10.9	9.9
	75年以上100年未満（1925～1949年）	(36)	16.7	13.9	25.0	13.9	19.4	11.1
	100年以上（～1924年）	(19)	26.3	42.1	21.1			10.5
	無回答	(2)	50.0		50.0			

カッコ内は創業年
1%未満のデータラベルは非表示　(%)

など、ホームページやＥＣサイトなどの活用が大きな効果につながる事例は少数とみられる。

資本金別にみると、ホームページやＥＣサイトを作成していない割合が高いとみられる「１０００万円未満」では「ほとんどない」「まったくない」の合計が７割を超え最も高くなっている。ただし「10億円以上」でも５割を超えており、何らかのきっかけになったとする割合が「ほとんどない」「まったくない」の合計を上回った階層はなかった。

創業年数別にみると、何らかのきっかけになったとする割合は「１００年以上」で52・6％となり、唯一５割を超え、

図表 14

県外市場進出のきっかけ…「ホームページやＥＣなどのネットワークの活用」

凡例：大きなきっかけ／かなりあった／少しあった／ほとんどない／まったくない／無回答

区分	項目	n=	値（左から順に）
	全体	(217)	1.8 / 8.3 / 26.3 / 22.1 / 29.5 / 12.0
業種	製造業	(118)	1.7 / 7.6 / 29.7 / 23.7 / 26.3 / 11.0
業種	建設業	(12)	41.7 / 33.3 / 25.0
業種	運輸業	(6)	16.7 / 16.7 / 66.7
業種	情報通信	(3)	33.3 / 33.3 / 33.3
業種	卸・小売業	(51)	3.9 / 5.9 / 13.7 / 25.5 / 33.3 / 17.6
業種	サービス業	(20)	25.0 / 20.0 / 15.0 / 30.0 / 10.0
業種	その他非製造業	(7)	57.1 / 28.6 / 14.3
資本金	1,000万円未満	(11)	9.1 / 9.1 / 9.1 / 36.4 / 36.4
資本金	1,000万円以上5,000万円未満	(118)	1.7 / 8.5 / 22.9 / 17.8 / 34.7 / 14.4
資本金	5,000万円以上1億円未満	(48)	2.1 / 41.7 / 20.8 / 25.0 / 10.4
資本金	1億円以上10億円未満	(31)	3.2 / 16.1 / 22.6 / 35.5 / 12.9 / 9.7
資本金	10億円以上	(9)	11.1 / 22.2 / 22.2 / 33.3 / 11.1
創業年数	25年未満（2000年～）	(7)	28.6 / 42.9 / 28.6
創業年数	25年以上50年未満（1975～1999年）	(52)	3.8 / 7.7 / 28.8 / 21.2 / 26.9 / 11.5
創業年数	50年以上75年未満（1950～1974年）	(101)	1.0 / 7.9 / 25.7 / 18.8 / 32.7 / 13.9
創業年数	75年以上100年未満（1925～1949年）	(36)	2.8 / 2.8 / 25.0 / 27.8 / 27.8 / 13.9
創業年数	100年以上（～1924年）	(19)	26.3 / 26.3 / 21.1 / 21.1 / 5.3
創業年数	無回答	(2)	50.0 / 50.0

カッコ内は創業年

1%未満のデータラベルは非表示　（%）

１００年を超える老舗企業においても活用が進んでいる様子がうかがえる。一方、「25年未満」は「ほとんどない」「まったくない」の合計が7割に達した（図表14）。

❺ 県外市場進出の課題

県外市場進出の課題をみると、「大きな課題」として最も多かったのは「コストなどを含んだ適切な価格の設定」で18・0％であった。また、「かなりあった」「少しあった」を含めると「取引先または顧客の把握」が78・9％となり、多くの企業が課題と感じている（図表15）。

a 取引先または顧客の把握

業種別にみると、何らかの課題があるとする割合は最も低い「運輸業」でも66・6％と3分の2に上り、いずれの業種においても課題として認識されている。

図表 15
県外市場進出の課題

	n=	大きな課題	かなりあった	少しあった	ほとんどない	まったくない	無回答
取引先または顧客の把握	(217)	17.1	32.3	29.5	7.4	6.0	7.8
顧客に合った商品・サービスの開発	(217)	12.9	23.5	27.2	17.1	7.8	11.5
コストなどを含んだ適切な価格の設定	(217)	18.0	32.3	25.3	7.8	6.5	10.1
卸や特約店などの流通チャネルの開拓	(217)	6.0	15.2	25.3	19.8	19.4	14.3
広告や宣伝などの販売促進活動	(217)	5.5	8.3	22.1	28.1	22.6	13.4
設備拡大など商品・サービス提供能力の拡大	(217)	7.8	17.1	29.0	19.8	14.3	12.0
拡大に応じた資金調達力の強化	(217)	5.5	14.7	23.5	25.3	18.4	12.4
その他	(217)	1.4	1.4	6.5	4.6	16.6	69.6

1%未満のデータラベルは非表示 （%）

資本金別にみると、「10億円以上」では「ほとんどない」「まったくない」の合計が33・3％となったが、何らかのきっかけになったとする割合は「1億円以上10億円未満」で9割を超えており、資本金規模にかかわらず情報収集に関する課題を抱える企業が多い結果となっている。

創業年数別にみると、「大きな課題」とする割合は「25年未満」で28・6％とやや高くなったが、その他大きな差異はみられなかった（図表16）。

b　取引先または顧客の把握顧客に合った商品・サービスの開発

業種別にみると、何らかの課題がある

図表16

県外市場進出の課題…「取引先または顧客の把握」

		n=	大きな課題	かなりあった	少しあった	ほとんどない	まったくない	無回答
全体		(217)	17.1	32.3	29.5	7.4	6.0	7.8
業種	製造業	(118)	16.9	37.3	25.4	5.1	6.8	8.5
	建設業	(12)	25.0	25.0	41.7	8.3		
	運輸業	(6)		33.3	33.3	16.7		16.7
	情報通信	(3)	33.3		66.7			
	卸・小売業	(51)	17.6	23.5	37.3	9.8	3.9	7.8
	サービス業	(20)	15.0	40.0	15.0	15.0	10.0	5.0
	その他非製造業	(7)	14.3	14.3	42.9		14.3	14.3
資本金	1,000万円未満	(11)	18.2		45.5	18.2		18.2
	1,000万円以上5,000万円未満	(118)	16.9	31.4	30.5	4.2	8.5	8.5
	5,000万円以上1億円未満	(48)	14.6	39.6	22.9	12.5	[illegible]	8.3
	1億円以上10億円未満	(31)	22.6	35.5	35.5	3.2	3.2	
	10億円以上	(9)	11.1	33.3	11.1	22.2	11.1	11.1
創業年数	25年未満（2000年～）	(7)	28.6	42.9	14.3		14.3	
	25年以上50年未満（1975～1999年）	(52)	15.4	28.8	34.6	9.6	[illegible]	9.6
	50年以上75年未満（1950～1974年）	(101)	19.8	27.7	30.7	6.9	6.9	7.9
	75年以上100年未満（1925～1949年）	(36)	11.1	41.7	22.2	11.1	5.6	8.3
	100年以上（～1924年）	(19)	15.8	36.8	31.6		10.5	5.3
	無回答	(2)		100.0				

カッコ内は創業年　　　1%未満のデータラベルは非表示　（%）

とする割合は「サービス業」で70・0%、「製造業」で69・6%となり、商品・サービス開発にかかわりの深い業種で高い結果となっている。

資本金別にみると、何らかの課題があったとする割合はいずれも5割を超えており、資本金規模にかかわらず課題と認識している企業が多い。

創業年数別にみると、何らかの課題があったとする割合はいずれも5割を超え、資本金規模と同様にこちらも大きな差異はみられなかった（図表17）。

図表17

県外市場進出の課題…「顧客に合った商品・サービスの開発」

		n=	大きな課題	かなりあった	少しあった	ほとんどない	まったくない	無回答
全体		(217)	12.9	23.5	27.2	17.1	7.8	11.5
業種	製造業	(118)	13.6	31.4	24.6	12.7	9.3	8.5
	建設業	(12)	8.3	8.3	50.0	33.3		
	運輸業	(6)	16.7	16.7		50.0		16.7
	情報通信	(3)			33.3		33.3	33.3
	卸・小売業	(51)	15.7	13.7	27.5	21.6	5.9	15.7
	サービス業	(20)	10.0	25.0	35.0	15.0	5.0	10.0
	その他非製造業	(7)			28.6	14.3	14.3	42.9
資本金	1,000万円未満	(11)	27.3		27.3	27.3	9.1	9.1
	1,000万円以上5,000万円未満	(118)	9.3	24.6	25.4	16.9	10.2	13.6
	5,000万円以上1億円未満	(48)	16.7	25.0	31.3	10.4	4.2	12.5
	1億円以上10億円未満	(31)	12.9	25.8	32.3	22.6	3.2	3.2
	10億円以上	(9)	22.2	22.2	11.1	22.2	11.1	11.1
創業年数	25年未満（2000年～）	(7)	28.6	42.9			14.3	14.3
	25年以上50年未満（1975～1999年）	(52)	11.5	21.2	36.5	9.6	7.7	13.5
	50年以上75年未満（1950～1974年）	(101)	12.9	20.8	23.8	20.8	6.9	14.9
	75年以上100年未満（1925～1949年）	(36)	11.1	27.8	25.0	25.0	5.6	5.6
	100年以上（～1924年）	(19)	10.5	31.6	31.6	10.5	15.8	
	無回答	(2)	50.0		50.0			

カッコ内は創業年

1%未満のデータラベルは非表示　（%）

C コストなどを含んだ適切な価格の設定

業種別にみると、何らかの課題があるとする割合は「運輸業」で83・3%と最も高く、「サービス業」も8割に達するなど、多くの業種で適切な価格設定に苦心する様子がうかがえる。

資本金別にみると、何らかの課題があったとする割合は「10億円以上」を除きいずれも7割を超えており、資本金規模にかかわらず課題と認識している企業が多い。

創業年数別にみると、何らかの課題があったとする割合は最も低い「100年以上」でも68・4%に上り、創業年数に

図表 18

県外市場進出の課題…「コストなどを含んだ適切な価格の設定」

		n=	大きな課題	かなりあった	少しあった	ほとんどない	まったくない	無回答
全体		(217)	18.0	32.3	25.3	7.8	6.5	10.1
業種	製造業	(118)	18.6	33.1	27.1	5.9	6.8	8.5
	建設業	(12)	33.3	16.7	25.0	16.7	8.3	
	運輸業	(6)	33.3	33.3	16.7	16.7		
	情報通信	(3)			33.3		33.3	33.3
	卸・小売業	(51)	15.7	39.2	15.7	11.8	3.9	13.7
	サービス業	(20)	10.0	35.0	35.0	5.0	5.0	10.0
	その他非製造業	(7)	14.3		42.9		14.3	28.6
資本金	1,000万円未満	(11)	18.2	9.1	45.5	27.3		
	1,000万円以上5,000万円未満	(118)	17.8	30.5	25.4	6.8	7.6	11.9
	5,000万円以上1億円未満	(48)	20.8	31.3	25.0	4.2	6.3	12.5
	1億円以上10億円未満	(31)	16.1	45.2	25.8	6.5	3.2	3.2
	10億円以上	(9)	11.1	44.4		22.2	11.1	11.1
創業年数	25年未満（2000年～）	(7)	28.6	57.1				14.3
	25年以上50年未満（1975～1999年）	(52)	19.2	32.7	25.0	9.6	5.8	7.7
	50年以上75年未満（1950～1974年）	(101)	18.8	26.7	28.7	7.9	5.0	12.9
	75年以上100年未満（1925～1949年）	(36)	13.9	41.7	22.2	8.3	8.3	5.6
	100年以上（～1924年）	(19)	10.5	31.6	26.3	5.3	15.8	10.5
	無回答	(2)	50.0	50.0				

カッコ内は創業年

1%未満のデータラベルは非表示　(%)

よる大きな差異はみられないが、特に「大きな課題」とする割合は創業年数が短いほど高い結果となっている（図表18）。

d 卸や特約店などの流通チャネルの開拓

業種別にみると、何らかの課題があるとする割合は「建設業」で75・0％と最も高く、「サービス業」が60・0％、「卸・小売業」が54・9％と5割を超えている。

資本金別にみると、何らかの課題があったとする割合は「5000万円以上1億円未満」が60・5％、「1億円以上10億円未満」が51・6％と5割を超える一方、「1000万円未満」は18・2％

図表19

県外市場進出の課題…「卸や特約店などの流通チャネルの開拓」

		n=	大きな課題	かなりあった	少しあった	ほとんどない	まったくない	無回答
全体		(217)	6.0	15.2	25.3	19.8	19.4	14.3
業種	製造業	(118)	4.2	11.9	23.7	22.0	24.6	13.6
	建設業	(12)	25.0	8.3	41.7		25.0	
	運輸業	(6)			16.7	50.0	16.7	16.7
	情報通信	(3)			33.3	33.3		33.3
	卸・小売業	(51)	9.8	21.6	23.5	23.5	3.9	17.6
	サービス業	(20)		30.0	30.0	5.0	25.0	10.0
	その他非製造業	(7)		14.3	28.6		28.6	28.6
資本金	1,000万円未満	(11)		9.1	9.1	27.3	36.4	18.2
	1,000万円以上5,000万円未満	(118)	4.2	17.8	21.2	20.3	20.3	16.1
	5,000万円以上1億円未満	(48)	12.5	6.3	41.7	14.6	14.6	10.4
	1億円以上10億円未満	(31)	6.5	16.1	29.0	19.4	16.1	12.9
	10億円以上	(9)			33.3	33.3	22.2	11.1
創業年数	25年未満（2000年～）	(7)		28.6	42.9	28.6		
	25年以上50年未満（1975～1999年）	(52)	3.8	13.5	30.8	17.3	15.4	19.2
	50年以上75年未満（1950～1974年）	(101)	5.9	11.9	23.8	18.8	23.8	15.8
	75年以上100年未満（1925～1949年）	(36)	8.3	19.4	16.7	22.2	22.2	11.1
	100年以上（～1924年）	(19)	10.5	26.3	31.6	15.8	10.5	5.3
	無回答	(2)				100.0		

カッコ内は創業年

1%未満のデータラベルは非表示　(%)

にとどまるなど、ばらつきがみられる。

創業年数別にみると、「ほとんどない」「まったくない」の合計は「75年以上100年未満」「50年以上75年未満」で4割を超え、何らかの課題があるとする割合は「25年未満」「100年以上」で7割前後とばらつきがあり、創業年数による影響は小さいとみられる（図表19）。

e 広告や宣伝などの販売促進活動

業種別にみると、何らかの課題があるとする割合は「情報通信」「サービス業」「建設業」で5割に達した。一方、「運輸業」「製造業」「卸・小売業」は「ほとんどない」「まったくない」の合計が上回るなど、業種による違いもみられる。

資本金別にみると、何らかの課題があるとする割合は「1000万円未満」「1000万円以上5000万円未満」の資本金規模が小さい企業では低い結果となっている。

創業年数別にみると、「ほとんどない」「まったくない」の合計は「25年未満」「50年以上75年未満」で5割を超えている（図表20）。

f　設備拡大など商品・サービス提供能力の拡大

業種別にみると、何らかの課題があるとする割合は「運輸業」「製造業」「建設業」「サービス業」で5割に達した。

資本金別にみると、何らかの課題があるとする割合は「1億円以上10億円未満」が74・3%と最も高く、「5000万円以上1億円未満」も6割に達している。

創業年数別にみると、何らかの課題があるとする割合は「25年未満」が71・5%と最も高く、必要十分な設備の導入などについて相応の年数を要することがうかがえる結果となっている（図表21）。

図表 20

県外市場進出の課題…「広告や宣伝などの販売促進活動」

凡例：大きな課題／かなりあった／少しあった／ほとんどない／まったくない／無回答

区分	項目	n=	帯グラフの値（左から順）					
	全体	(217)	5.5	8.3	22.1	28.1	22.6	13.4
業種	製造業	(118)	1.7	5.9	22.0	31.4	26.3	12.7
業種	建設業	(12)	16.7	33.3	33.3	16.7		
業種	運輸業	(6)	16.7	50.0	16.7	16.7		
業種	情報通信	(3)	33.3	33.3	33.3			
業種	卸・小売業	(51)	9.8	9.8	17.6	29.4	17.6	15.7
業種	サービス業	(20)	10.0	25.0	25.0	10.0	20.0	10.0
業種	その他非製造業	(7)	42.9	28.6	28.6			
資本金	1,000万円未満	(11)	18.2	36.4	27.3	18.2		
資本金	1,000万円以上5,000万円未満	(118)	1.7	7.6	18.6	30.5	26.3	15.3
資本金	5,000万円以上1億円未満	(48)	12.5	10.4	29.2	20.8	16.7	10.4
資本金	1億円以上10億円未満	(31)	9.7	6.5	29.0	29.0	16.1	9.7
資本金	10億円以上	(9)	11.1	22.2	11.1	22.2	22.2	11.1
創業年数	25年未満（2000年～）	(7)	14.3	28.6	42.9	14.3		
創業年数	25年以上50年未満（1975～1999年）	(52)	5.8	11.5	19.2	26.9	19.2	17.3
創業年数	50年以上75年未満（1950～1974年）	(101)	5.9	3.0	22.8	26.7	28.7	12.9
創業年数	75年以上100年未満（1925～1949年）	(36)	5.6	13.9	22.2	27.8	19.4	11.1
創業年数	100年以上（～1924年）	(19)	5.3	15.8	26.3	26.3	10.5	15.8
創業年数	無回答	(2)	100.0					

カッコ内は創業年

1%未満のデータラベルは非表示　(%)

g 拡大に応じた資金調達力の強化

業種別にみると、何らかの課題があるとする割合は「製造業」「サービス業」「建設業」で4割を超えている。

資本金別にみると、何らかの課題があるとする割合は「1億円以上10億円未満」「5000万円以上1億円未満」で5割に達している。

創業年数別にみると、何らかの課題があるとする割合は「25年未満」が71・5％と最も高く、「100年以上」では31・6％と最も低い結果となっている（図表22）。

図表 21

県外市場進出の課題…「設備拡大など商品・サービス提供能力の拡大」

		n=	大きな課題	かなりあった	少しあった	ほとんどない	まったくない	無回答
全体		(217)	7.8	17.1	29.0	19.8	14.3	12.0
業種	製造業	(118)	6.8	18.6	34.7	14.4	16.1	9.3
	建設業	(12)	8.3		50.0	25.0	16.7	
	運輸業	(6)	33.3	16.7	33.3		16.7	
	情報通信	(3)		33.3		33.3		33.3
	卸・小売業	(51)	9.8	13.7	17.6	31.4	9.8	17.6
	サービス業	(20)	5.0	30.0	15.0	30.0	10.0	10.0
	その他非製造業	(7)			28.6		28.6	42.9
資本金	1,000万円未満	(11)	9.1		18.2	36.4	27.3	9.1
	1,000万円以上5,000万円未満	(118)	5.9	16.1	27.1	18.6	17.8	14.4
	5,000万円以上1億円未満	(48)	12.5	16.7	31.3	20.8	6.3	12.5
	1億円以上10億円未満	(31)	6.5	22.6	45.2	16.1	6.5	3.2
	10億円以上	(9)	11.1	33.3		22.2	22.2	11.1
創業年数	25年未満（2000年～）	(7)	14.3	42.9	14.3	14.3		14.3
	25年以上50年未満（1975～1999年）	(52)	9.6	19.2	25.0	21.2	11.5	13.5
	50年以上75年未満（1950～1974年）	(101)	5.9	17.8	31.7	14.9	15.8	13.9
	75年以上100年未満（1925～1949年）	(36)	5.6	11.1	30.6	27.8	16.7	8.3
	100年以上（～1924年）	(19)	15.8	10.5	26.3	26.3	15.8	5.3
	無回答	(2)			50.0	50.0		

カッコ内は創業年

1%未満のデータラベルは非表示 （%）

2 県外市場への進出について

❶ 海外の取引先・顧客の有無

海外の取引先・顧客の有無については、全体で「ない」が81・8%と8割を超えた。いずれの業種も「ない」が圧倒的となったが、「製造業」は「ある」が26・1%と唯一4分の1を超えている。

創業年数別にみると、「50年以上75年未満」企業で「ある」が12・2%にとどまるなど、いずれのカテゴリーにおいても海外市場への進出企業は少数であるが、その中で100年企業が25・0%と最も高くなっている(図表23)。

次に、各項目について県外市場と同様

図表 22

県外市場進出の課題…「拡大に応じた資金調達力の強化」

		n=	大きな課題	かなりあった	少しあった	ほとんどない	まったくない	無回答
全体		(217)	5.5	14.7	23.5	25.3	18.4	12.4
業種	製造業	(118)	3.4	17.8	25.4	22.0	20.3	11.0
	建設業	(12)			41.7	41.7	16.7	
	運輸業	(6)	33.3	16.7	16.7	16.7	16.7	
	情報通信	(3)			33.3	33.3		33.3
	卸・小売業	(51)	9.8	9.8	17.6	33.3	11.8	17.6
	サービス業	(20)	5.0	20.0	20.0	25.0	20.0	10.0
	その他非製造業	(7)			28.6		42.9	28.6
資本金	1,000万円未満	(11)	9.1		27.3	27.3	27.3	9.1
	1,000万円以上5,000万円未満	(118)	4.2	13.6	22.9	22.9	22.0	14.4
	5,000万円以上1億円未満	(48)	4.2	18.8	27.1	22.9	14.6	12.5
	1億円以上10億円未満	(31)	9.7	16.1	25.8	35.5	6.5	6.5
	10億円以上	(9)	11.1	22.2		33.3	22.2	11.1
創業年数	25年未満(2000年~)	(7)		28.6	42.9		14.3	14.3
	25年以上50年未満(1975~1999年)	(52)	11.5	19.2	23.1	17.3	15.4	13.5
	50年以上75年未満(1950~1974年)	(101)	4.0	14.9	19.8	25.7	21.8	13.9
	75年以上100年未満(1925~1949年)	(36)	2.8	8.3	33.3	36.1	11.1	8.3
	100年以上(~1924年)	(19)	5.3	10.5	15.8	31.6	26.3	10.5
	無回答	(2)			50.0	50.0		

カッコ内は創業年

1%未満のデータラベルは非表示 (%)

に「業種」「資本金」「創業年数」の区分でみてみるが、海外市場についは進出している企業が限られることもあり、業種区分については「製造業」「非製造業」の2区分としている。

❷ 売上高に占める海外市場の割合

海外市場へ進出している企業は51社にとどまったが、売上高に占める海外取引の割合をみると、全体で「1%以上5%未満」が29・4%と最も多く、「1%未満」の13・7%と合わせると「5%未満」が4割を超えている。一方、「20%以上」も21・6%と2割に達するなど二極化の傾向がうかがえる結果となっている。

図表23
海外市場への進出の有無

		n=	ある	ない	無回答
全体		(308)	16.6	81.8	1.6
業種	製造業	(134)	26.1	73.1	
	建設業	(31)	3.2	93.5	3.2
	運輸業	(11)	9.1	81.8	9.1
	情報通信	(3)		100.0	
	卸・小売業	(76)	11.8	85.5	2.6
	サービス業	(43)	9.3	90.7	
	その他非製造業	(10)	10.0	90.0	
資本金	1,000万円未満	(16)	18.8	81.3	
	1,000万円以上5,000万円未満	(189)	10.1	87.8	2.1
	5,000万円以上1億円未満	(60)	23.3	76.7	
	1億円以上10億円未満	(34)	29.4	67.6	2.9
	10億円以上	(9)	55.6	44.4	
創業年数	25年未満（2000年～）	(9)	22.2	77.8	
	25年以上50年未満（1975～1999年）	(74)	21.6	74.3	4.1
	50年以上75年未満（1950～1974年）	(139)	12.2	87.8	
	75年以上100年未満（1925～1949年）	(50)	18.0	80.0	2.0
	100年以上（～1924年）	(28)	25.0	75.0	
	無回答	(8)		87.5	12.5

カッコ内は創業年　　1%未満のデータラベルは非表示　(%)

業種別にみると、製造業・非製造業ともに「1%以上5%未満」が最も多いのは同様で、大きな差異はみられなかった。

資本金別にみると、「1000万円以上5000万円未満」では「20%以上」が31・6%と3割を超えている。「1億円以上10億円未満」では「10%以上」の割合が5割を占めている。

創業年数別にみると、回答数は限られるものの、「25年未満」で「10%以上」が100%に対し、「100年以上」では「5%未満」が85・7%と、対照的な結果となっている(図表24)。

❸ 海外市場への進出時期

海外市場への進出時期をみると、全体で「15年以上前から」が56・9%と5割を超えた。次いで「10

図表24

売上高に占める海外取引の割合

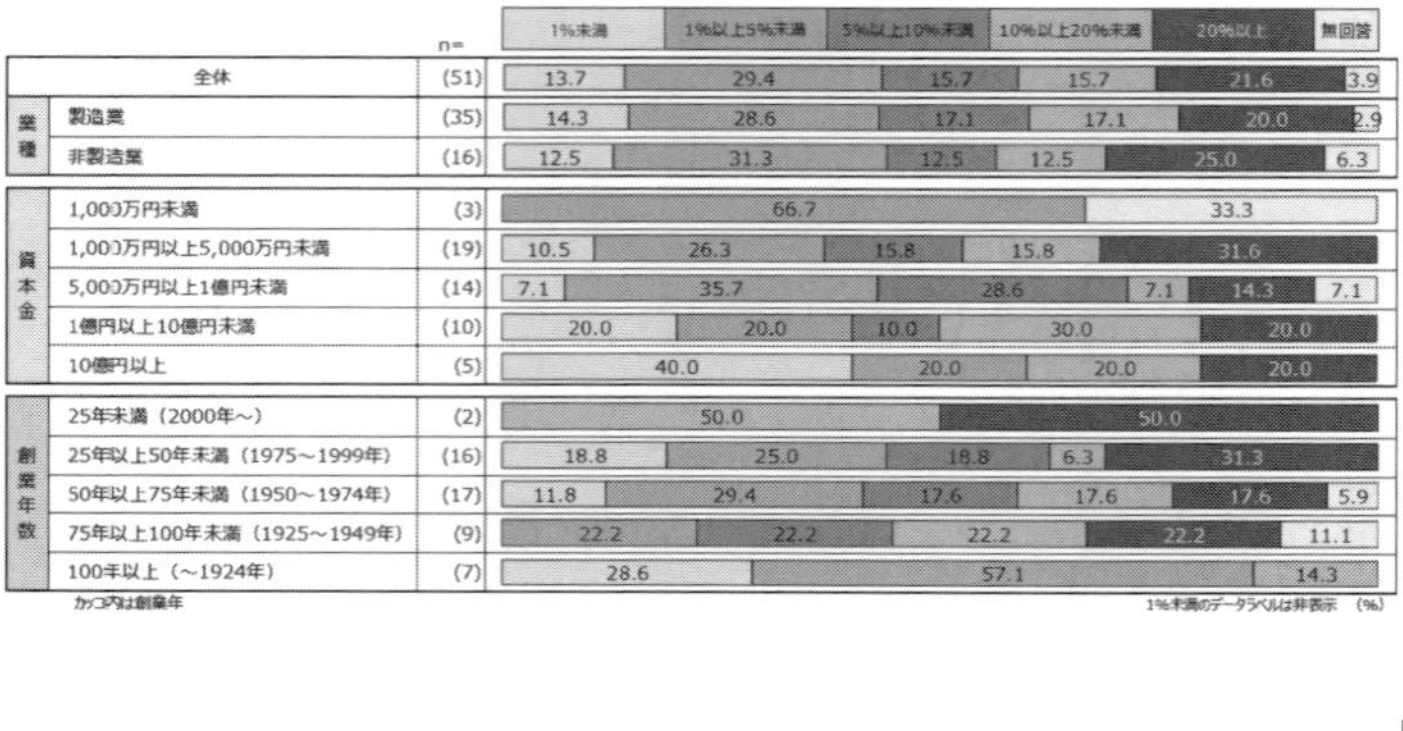

		n=	1%未満	1%以上5%未満	5%以上10%未満	10%以上20%未満	20%以上	無回答
全体		(51)	13.7	29.4	15.7	15.7	21.6	3.9
業種	製造業	(35)	14.3	28.6	17.1	17.1	20.0	2.9
業種	非製造業	(16)	12.5	31.3	12.5	12.5	25.0	6.3
資本金	1,000万円未満	(3)		66.7				33.3
資本金	1,000万円以上5,000万円未満	(19)	10.5	26.3	15.8	15.8	31.6	
資本金	5,000万円以上1億円未満	(14)	7.1	35.7	28.6	7.1	14.3	7.1
資本金	1億円以上10億円未満	(10)	20.0	20.0	10.0	30.0	20.0	
資本金	10億円以上	(5)	40.0	20.0		20.0	20.0	
創業年数	25年未満(2000年〜)	(2)				50.0	50.0	
創業年数	25年以上50年未満(1975〜1999年)	(16)	18.8	25.0	18.8	6.3	31.3	
創業年数	50年以上75年未満(1950〜1974年)	(17)	11.8	29.4	17.6	17.6	17.6	5.9
創業年数	75年以上100年未満(1925〜1949年)	(9)		22.2	22.2	22.2	22.2	11.1
創業年数	100年以上(〜1924年)	(7)	28.6	57.1		14.3		

カッコ内は創業年　　1%未満のデータラベルは非表示　(%)

年から15年以内」が15・7％となり、海外市場での取引が10年以上になる割合が合わせて7割を超えている。

業種別にみると、「製造業」は「15年以上前から」が62・9％を占め、8割の企業が10年以上前から海外へ進出している。一方、「非製造業」は「10年以内」と「15年以上前から」が拮抗している。

創業年数別にみると、「15年以上前から」は創業年数にかかわらず割合が高く、大きな差異はみられなかった(図表25)。

❹ 海外市場進出のきっかけ

海外市場進出の「大きなきっかけ」として最も多かったのは「取引先または顧客からの直接的な問い合わせ」で23・5％であった。また、「かなりあった」

図表 25
海外市場への進出時期

		n=	今から2年以内	2年から5年以内	5年から10年以内	10年から15年以内	15年以上前から	無回答
全体		(51)	2.0	9.8	13.7	15.7	56.9	2.0
業種	製造業	(35)		5.7	11.4	17.1	62.9	2.9
	非製造業	(16)	6.3	18.8	18.8	12.5	43.8	
資本金	1,000万円未満	(3)		33.3			33.3	33.3
	1,000万円以上5,000万円未満	(19)		15.8	10.5	21.1	52.6	
	5,000万円以上1億円未満	(14)	7.1	7.1	35.7	7.1	42.9	
	1億円以上10億円未満	(10)		10.0		10.0	80.0	
	10億円以上	(5)		20.0			80.0	
創業年数	25年未満（2000年～）	(2)		50.0			50.0	
	25年以上50年未満（1975～1999年）	(16)		6.3	12.5	18.8	62.5	
	50年以上75年未満（1950～1974年）	(17)		23.5	11.8	11.8	52.9	
	75年以上100年未満（1925～1949年）	(9)	11.1	11.1			66.7	11.1
	100年以上（～1924年）	(7)		42.9		14.3	42.9	

カッコ内は創業年

1%未満のデータラベルは非表示　(%)

図表 26
海外市場進出のきっかけ

	n=	大きなきっかけ	かなりあった	少しあった	ほとんどない	まったくない	無回答
取引先または顧客からの直接的な問い合わせ	(51)	23.5	19.6	19.6	11.8	17.6	7.8
既存の取引先または顧客からの紹介	(51)	13.7	23.5	31.4	7.8	11.8	11.8
展示・相談会・販売会などの催事への参加	(51)	9.8	7.8	15.7	27.5	25.5	13.7
銀行などの金融機関からの支援・紹介	(51)			13.7	31.4	41.2	13.7
商工会などの業界団体を通しての紹介	(51)		3.9	15.7	27.5	39.2	13.7
自社の営業活動などの販売拡大活動	(51)	17.6	25.5	17.6	9.8	15.7	13.7
ホームページやＥＣなどのネットワークの活用	(51)	2.0	9.8	21.6	23.5	29.4	13.7
その他	(51)	9.8	2.0	3.9	7.8	9.8	66.7

1%未満のデータラベルは非表示 (%)

図表 27
海外市場進出のきっかけ…「取引先または顧客からの直接的な問い合わせ」

		n=	大きなきっかけ	かなりあった	少しあった	ほとんどない	まったくない	無回答
全体		(51)	23.5	19.6	19.6	11.8	17.6	7.8
業種	製造業	(35)	31.4	20.0	20.0	8.6	17.1	2.9
	非製造業	(16)	6.3	18.8	18.8	18.8	18.8	18.8
資本金	1,000万円未満	(3)	33.3		33.3		33.3	
	1,000万円以上5,000万円未満	(19)	31.6	31.6	10.5	5.3	15.8	5.3
	5,000万円以上1億円未満	(14)	14.3	14.3	14.3	7.1	28.6	21.4
	1億円以上10億円未満	(10)	20.0	10.0	30.0	40.0		
	10億円以上	(5)	20.0	20.0	40.0		20.0	
創業年数	25年未満（2000年～）	(2)	100.0					
	25年以上50年未満（1975～1999年）	(16)	25.0	18.8	18.8	12.5	18.8	6.3
	50年以上75年未満（1950～1974年）	(17)	23.5	29.4	17.6	5.9	11.8	11.8
	75年以上100年未満（1925～1949年）	(9)		22.2	33.3	22.2	11.1	11.1
	100年以上（～1924年）	(7)	28.6		14.3	14.3	42.9	

カッコ内は創業年

1%未満のデータラベルは非表示 (%)

「少しあった」を含めると「既存の取引先または顧客からの紹介」が68・6％で最も多い結果となった。

一方、「銀行などの金融機関からの支援・紹介」が「大きなきっかけ」や「かなりあった」との回答はなく、「商工会などの業界団体を通しての紹介」も同様に少数となっている（図表26）。

a 取引先または顧客からの直接的な問い合わせ

業種別にみると、「製造業」は「大きなきっかけ」が3割を超え、何らかのきっかけになったとする割合は7割に達しており、「非製造業」よりもきっかけとなるケースが多いとみられる。

資本金別にみると、「大きなきっかけ」は「1000万円以上5000万円未満」「1000万円未満」で3割を超えており、何らかのきっかけになったとする割合は「10億円以上」で8割となっている。

創業年数別にみると、「ほとんどない」「まったくない」の合計は「100年以上」で57・2％、「75年以上100年未満」で33・3％とやや高い結果となっている（図表27）。

b 既存の取引先または顧客からの紹介

業種別にみると、「大きなきっかけ」は「製造業」が20・0%に対し「非製造業」からの回答はなかった。何らかのきっかけになったとする割合でみると大きな差異はみられなかった。

資本金別にみると、何らかのきっかけになったとする割合は「10億円以上」で8割となっている。

創業年数別にみると、何らかのきっかけになったとする割合は「100年以上」で71・4%、「50年以上75年未満」で70・5%と7割に達している(図表28)。

c 展示・相談会・販売会などの催事への参加

業種別にみると、「ほとんどない」「まったくな

図表28

海外市場進出のきっかけ…「既存の取引先または顧客からの紹介」

		n=	大きなきっかけ	かなりあった	少しあった	ほとんどない	まったくない	無回答
全体		(51)	13.7	23.5	31.4	7.8	11.8	11.8
業種	製造業	(35)	20.0	25.7	25.7	8.6	11.4	8.6
	非製造業	(16)		18.8	43.8	6.3	12.5	18.8
資本金	1,000万円未満	(3)	33.3		66.7			
	1,000万円以上5,000万円未満	(19)	5.3	36.8	36.8		10.5	10.5
	5,000万円以上1億円未満	(14)	14.3	7.1	21.4	14.3	21.4	21.4
	1億円以上10億円未満	(10)	20.0	30.0	20.0	20.0		
	10億円以上	(5)	20.0	20.0	40.0		20.0	
創業年数	25年未満(2000年～)	(2)	50.0	50.0				
	25年以上50年未満(1975～1999年)	(16)	18.8	31.3	18.8	12.5	6.3	12.5
	50年以上75年未満(1950～1974年)	(17)	17.6		52.9		11.8	17.6
	75年以上100年未満(1925～1949年)	(9)		22.2	33.3	22.2	11.1	11.1
	100年以上(～1924年)	(7)		57.1	14.3		28.6	

カッコ内は創業年

1%未満のデータラベルは非表示　(%)

い」の合計は「製造業」で6割とやや高い結果となったが、何らかのきっかけになったとする割合では大きな差異はみられなかった。

資本金別にみると、何らかのきっかけになったとする割合は、最も高い「10億円以上」で4割にとどまるなど、資本金規模にかかわらず低水準となっている。

創業年数別にみると、「ほとんどない」「まったくない」の合計は「100年以上」で71・4%、「50年以上75年未満」で58・8%など、きっかけとして期待するケースは少数であるとみられる(図表29)。

d 銀行などの金融機関からの支援・紹介

業種別にみると、何らかのきっかけになったと

図表29

海外市場進出のきっかけ…「展示・相談会・販売会などの催事への参加」

		n=	大きなきっかけ	かなりあった	少しあった	ほとんどない	まったくない	無回答
全体		(51)	9.8	7.8	15.7	27.5	25.5	13.7
業種	製造業	(35)	8.6	8.6	14.3	34.3	25.7	8.6
	非製造業	(16)	12.5	6.3	18.8	12.5	25.0	25.0
資本金	1,000万円未満	(3)			33.3		66.7	
	1,000万円以上5,000万円未満	(19)	21.1	5.3	10.5	21.1	26.3	15.8
	5,000万円以上1億円未満	(14)	7.1		21.4	14.3	35.7	21.4
	1億円以上10億円未満	(10)		20.0	10.0	60.0		10.0
	10億円以上	(5)		20.0	20.0	40.0	20.0	
創業年数	25年未満（2000年～）	(2)	50.0			50.0		
	25年以上50年未満（1975～1999年）	(16)		12.5	18.8	18.8	31.3	18.8
	50年以上75年未満（1950～1974年）	(17)	11.8	11.8		41.2	17.6	17.6
	75年以上100年未満（1925～1949年）	(9)	11.1	11.1	22.2	33.3	11.1	11.1
	100年以上（～1924年）	(7)	14.3	14.3		14.3	57.1	

カッコ内は創業年　　1%未満のデータラベルは非表示　(%)

する割合は「少しあった」が「製造業」で11・4%、「非製造業」で18・8%となった以外に回答はなく、業種にかかわらず少数となっている。

資本金別にみると、「1000万円以上5000万円未満」では何らかのきっかけになったとする回答がなく、「ほとんどない」「まったくない」の合計が84・3%に上っている。

創業年数別にみると、「ほとんどない」「まったくない」の合計は「100年以上」で85・7%、「50年以上75年未満」で82・4%と高く、金融機関がきっかけを作る事例は少数となっている(図表30)。

e 商工会や業界団体などを通しての紹介

業種別にみると、「大きなきっかけ」は「非製

図表30
海外市場進出のきっかけ…「銀行などの金融機関からの支援・紹介」

		n=	大きなきっかけ	かなりあった	少しあった	ほとんどない	まったくない	無回答
全体		(51)			13.7	31.4	41.2	13.7
業種	製造業	(35)			11.4	37.1	42.9	8.6
業種	非製造業	(16)			18.8	18.8	37.5	25.0
資本金	1,000万円未満	(3)			33.3		66.7	
資本金	1,000万円以上5,000万円未満	(19)				21.1	63.2	15.8
資本金	5,000万円以上1億円未満	(14)			14.3	28.6	35.7	21.4
資本金	1億円以上10億円未満	(10)			20.0	60.0	10.0	10.0
資本金	10億円以上	(5)			40.0	40.0	20.0	
創業年数	25年未満(2000年~)	(2)					100.0	
創業年数	25年以上50年未満(1975~1999年)	(16)			12.5	25.0	43.8	18.8
創業年数	50年以上75年未満(1950~1974年)	(17)				47.1	35.3	17.6
創業年数	75年以上100年未満(1925~1949年)	(9)			44.4	22.2	22.2	11.1
創業年数	100年以上(~1924年)	(7)			14.3	28.6	57.1	

カッコ内は創業年　　1%未満のデータラベルは非表示　(%)

造業」のみ12・5%となった。何らかのきっかけになったとする割合も「非製造業」が37・5%と「製造業」の11・4%を大きく上回っている。

資本金別にみると、「ほとんどない」「まったくない」の合計は「1億円以上10億円未満」で80・0%、「1000万円以上5000万円未満」で68・4%など、資本金規模にかかわらず低調となっている。

創業年数別にみると、何らかのきっかけになったとする割合は、最も高い「75年以上100年未満」でも33・3%にとどまり、資本金や創業年数にかかわらず低い結果となっている(図表31)。

f 自社の営業活動などの販売拡大活動

業種別にみると、何らかのきっかけになったと

図表31

海外市場進出のきっかけ…「商工会や業界団体などを通しての紹介」

凡例：大きなきっかけ／かなりあった／少しあった／ほとんどない／まったくない／無回答

区分		n=	帯グラフの値（左から順）
全体		(51)	3.9／15.7／27.5／39.2／13.7
業種	製造業	(35)	11.4／37.1／42.9／8.6
	非製造業	(16)	12.5／25.0／6.3／31.3／25.0
資本金	1,000万円未満	(3)	100.0
	1,000万円以上5,000万円未満	(19)	5.3／10.5／15.8／52.6／15.8
	5,000万円以上1億円未満	(14)	7.1／21.4／14.3／35.7／21.4
	1億円以上10億円未満	(10)	10.0／70.0／10.0／10.0
	10億円以上	(5)	40.0／40.0／20.0
創業年数	25年未満（2000年～）	(2)	100.0
	25年以上50年未満（1975～1999年）	(16)	18.8／18.8／43.8／18.8
	50年以上75年未満（1950～1974年）	(17)	5.9／5.9／41.2／29.4／17.6
	75年以上100年未満（1925～1949年）	(9)	11.1／22.2／22.2／33.3／11.1
	100年以上（～1924年）	(7)	28.6／28.6／42.9

カッコ内は創業年

1%未満のデータラベルは非表示 (%)

する割合はともに6割前後で、差はみられなかった。

資本金別にみると、何らかのきっかけになったとする割合は「1億円以上10億円未満」で7割と最も高いが、資本金規模にかかわらず販売拡大活動から海外取引へとつなげている様子がうかがえる。

創業年数別にみると、何らかのきっかけになったとする割合は「100年以上」で85・8%、「75年以上100年未満」で66・6%と高く、長年の活動の蓄積がきっかけにつながっていることがうかがえる(図表32)。

g ホームページやECなどのネットワークの活用

業種別にみると、何らかのきっかけになったとする割合はともに3割台にとどまっている。

図表32
海外市場進出のきっかけ…「自社の営業活動などの販売拡大活動」

		n=	大きなきっかけ	かなりあった	少しあった	ほとんどない	まったくない	無回答
全体		(51)	17.6	25.5	17.6	9.8	15.7	13.7
業種	製造業	(35)	17.1	25.7	17.1	14.3	17.1	8.6
	非製造業	(16)	18.8	25.0	18.8		12.5	25.0
資本金	1,000万円未満	(3)		33.3	33.3		33.3	
	1,000万円以上5,000万円未満	(19)	21.1	36.8	5.3	10.5	10.5	15.8
	5,000万円以上1億円未満	(14)	14.3	14.3	21.4		28.6	21.4
	1億円以上10億円未満	(10)	30.0	20.0	20.0	20.0		10.0
	10億円以上	(5)		20.0	40.0	20.0	20.0	
創業年数	25年未満(2000年～)	(2)		50.0		50.0		
	25年以上50年未満(1975～1999年)	(16)	6.3	31.3	18.8	12.5	12.5	18.8
	50年以上75年未満(1950～1974年)	(17)	17.6	23.5	5.9	17.6	17.6	17.6
	75年以上100年未満(1925～1949年)	(9)	22.2	11.1	33.3		22.2	11.1
	100年以上(～1924年)	(7)	28.6	28.6	28.6		14.3	

カッコ内は創業年
1%未満のデータラベルは非表示 (%)

資本金別にみると、何らかのきっかけになったとする割合は「10億円以上」で6割となった以外は4割を下回り、限られた企業の取組みとの印象が強い。

創業年数別にみると、「ほとんどない」「まったくない」の合計は「25年以上50年未満」「50年以上75年未満」「100年以上」で5割を超えており、何らかのきっかけになったとする事例は少数となっている（図表33）。

❺ 海外市場進出の課題

海外市場進出で「大きな課題」として挙げられたのは「海外対応や海外戦略など組織的な体制の強化」が13・7％、「コスト・為替などを含んだ適切な価格の設定」「ロジスティックスや特約店などの流通チャネルの開拓」が11・8％などとなった。「か

図表 33

海外市場進出のきっかけ…「ホームページやＥＣなどのネットワークの活用」

凡例：大きなきっかけ／かなりあった／少しあった／ほとんどない／まったくない／無回答

区分		n=	値（%、表示順）
全体		(51)	2.0 / 9.8 / 21.6 / 23.5 / 29.4 / 13.7
業種	製造業	(35)	11.4 / 20.0 / 34.3 / 25.7 / 8.6
	非製造業	(16)	6.3 / 6.3 / 25.0 / 37.5 / 25.0
資本金	1,000万円未満	(3)	33.3 / 66.7
	1,000万円以上5,000万円未満	(19)	5.3 / 15.8 / 15.8 / 15.8 / 31.6 / 15.8
	5,000万円以上1億円未満	(14)	14.3 / 21.4 / 14.3 / 28.6 / 21.4
	1億円以上10億円未満	(10)	10.0 / 60.0 / 20.0 / 10.0
	10億円以上	(5)	60.0 / 20.0 / 20.0
創業年数	25年未満（2000年～）	(2)	50.0 / 50.0
	25年以上50年未満（1975～1999年）	(16)	12.5 / 12.5 / 18.8 / 37.5 / 18.8
	50年以上75年未満（1950～1974年）	(17)	29.4 / 23.5 / 29.4 / 17.6
	75年以上100年未満（1925～1949年）	(9)	11.1 / 33.3 / 22.2 / 22.2 / 11.1
	100年以上（～1924年）	(7)	14.3 / 14.3 / 14.3 / 28.6 / 28.6

カッコ内は創業年　　1%未満のデータラベルは非表示　(%)

なりあった」「少しあった」を含めると「コスト・為替などを含んだ適切な価格の設定」が78・5％、「言語も含めて、取引先または顧客の把握」が78・4％と8割近くに上ったほか、「海外顧客に合った商品・サービスの開発」が72・5％、「海外対応や海外戦略など組織的な体制の強化」も約7割となり、県外市場に比べ海外市場進出にはより多くの課題があるものとみられる（図表34）。次に、各項目について「業種」「資本金」「創業年数」により分析する。

a 言語も含めて、取引先または顧客の把握

業種別にみると、何らかの課題があるとする割合はいずれも7割前後で、業種にかかわらず高い。

資本金別にみると、何らかの課題があるとする割合は「1000万円以上」の企業で7割を超えており、多くの企業で課題と捉えていることがうかがえる。

創業年数別にみると、業歴の長さにかかわらず何らかの課題があるとする企業が多く、「100年以上」でも71・4％に上っている（図表35）。

図表 34

海外市場進出の課題（海外取引ありと回答した先）

大きな課題 かなりあった 少しあった ほとんどない まったくない 無回答

n=

言語も含めて、取引先または顧客の把握 (51) 7.8 29.4 41.2 17.6 0 2.0

海外顧客に合った商品・サービスの開発 (51) 9.8 29.4 33.3 17.6 3.9 5.9

コスト・為替などを含んだ適切な価格の設定 (51) 11.8 27.5 39.2 11.8 5.9 3.9

ロジスティックスや特約店などの流通チャネルの開拓 (51) 11.8 19.6 13.7 43.1 5.9 5.9

言語も含めて、広告や宣伝などの販売促進活動 (51) 17.6 29.4 31.4 11.8 9.8

設備拡大など商品・サービス提供能力の拡大 (51) 3.9 17.6 31.4 25.5 13.7 7.8

拡大に応じた資金調達力の強化 (51) 3.9 11.8 21.6 41.2 15.7 5.9

海外対応や海外戦略など組織的な体制の強化 (51) 13.7 15.7 39.2 17.6 7.8 5.9

その他 (51) 3.9 2.0 7.8 2.0 11.8 72.5

1%未満のデータラベルは非表示 (%)

図表 35

海外市場進出の課題…「言語も含めて、取引先または顧客の把握」

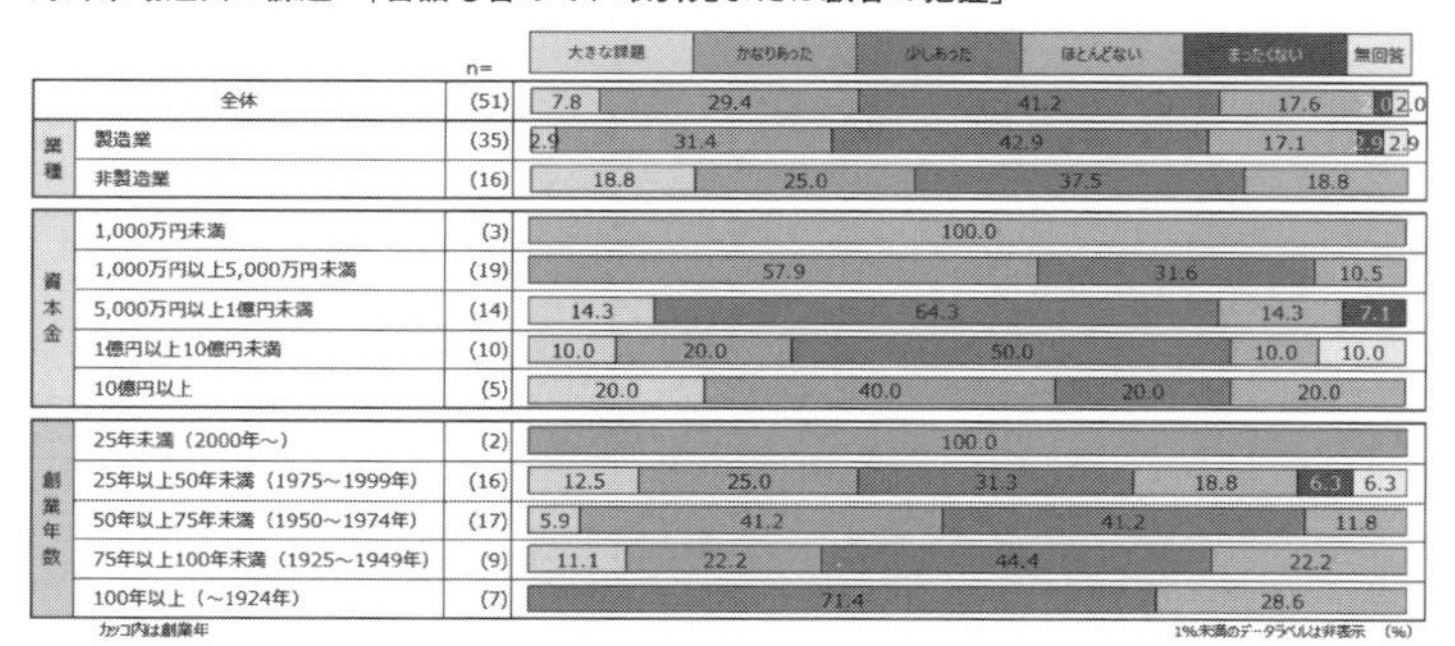

b　海外顧客に合った商品・サービスの開発

業種別にみると、何らかの課題があるとする割合は「非製造業」が50・1％に対し、研究開発投資が大きいとみられる「製造業」が82・8％と圧倒的に高い結果となった。

資本金別にみると、何らかの課題があるとする割合は「10億円以上」で100％となったほか、「1000万円以上」の階層で6割以上となり、多くの企業で課題と捉えていることがうかがえる。

創業年数別にみると、何らかの課題があるとする割合は「50年以上75年未満」「75年以上100年未満」で9割近くに上っている（図表36）。

c　コスト・為替などを含んだ適切な価格の設定

業種別にみると、何らかのきっかけになったとする割合はいずれも8割前後となり、業種にかかわらず大きな課題となっている。

資本金別にみると、「10億円以上」では「大きな課題」が60・0％で、何らかの課題があるとする割合は100％となっている。

創業年数別にみると、何らかの課題があるとする割合はいずれも3分の2以上を占め

図表 36

海外市場進出の課題…「海外顧客に合った商品・サービスの開発」

凡例：大きな課題／かなりあった／少しあった／ほとんどない／まったくない／無回答

区分	項目	n=	数値（%）
	全体	(51)	9.8 / 29.4 / 33.3 / 17.6 / 3.9 / 5.9
業種	製造業	(35)	11.4 / 37.1 / 34.3 / 11.4 / 2.9 / 2.9
業種	非製造業	(16)	6.3 / 12.5 / 31.3 / 31.3 / 6.3 / 12.5
資本金	1,000万円未満	(3)	33.3 / 33.3 / 33.3
資本金	1,000万円以上5,000万円未満	(19)	5.3 / 36.8 / 31.6 / 21.1 / 5.3
資本金	5,000万円以上1億円未満	(14)	7.1 / 21.4 / 50.0 / 14.3 / 7.1
資本金	1億円以上10億円未満	(10)	40.0 / 20.0 / 20.0 / 20.0
資本金	10億円以上	(5)	60.0 / 20.0 / 20.0
創業年数	25年未満（2000年～）	(2)	100.0
創業年数	25年以上50年未満（1975～1999年）	(16)	6.3 / 6.3 / 37.5 / 25.0 / 6.3 / 18.8
創業年数	50年以上75年未満（1950～1974年）	(17)	5.9 / 58.8 / 23.5 / 5.9 / 5.9
創業年数	75年以上100年未満（1925～1949年）	(9)	33.3 / 22.2 / 33.3 / 11.1
創業年数	100年以上（～1924年）	(7)	57.1 / 42.9

カッコ内は創業年　　1%未満のデータラベルは非表示　（%）

図表 37

海外市場進出の課題…「コスト・為替などを含んだ適切な価格の設定」

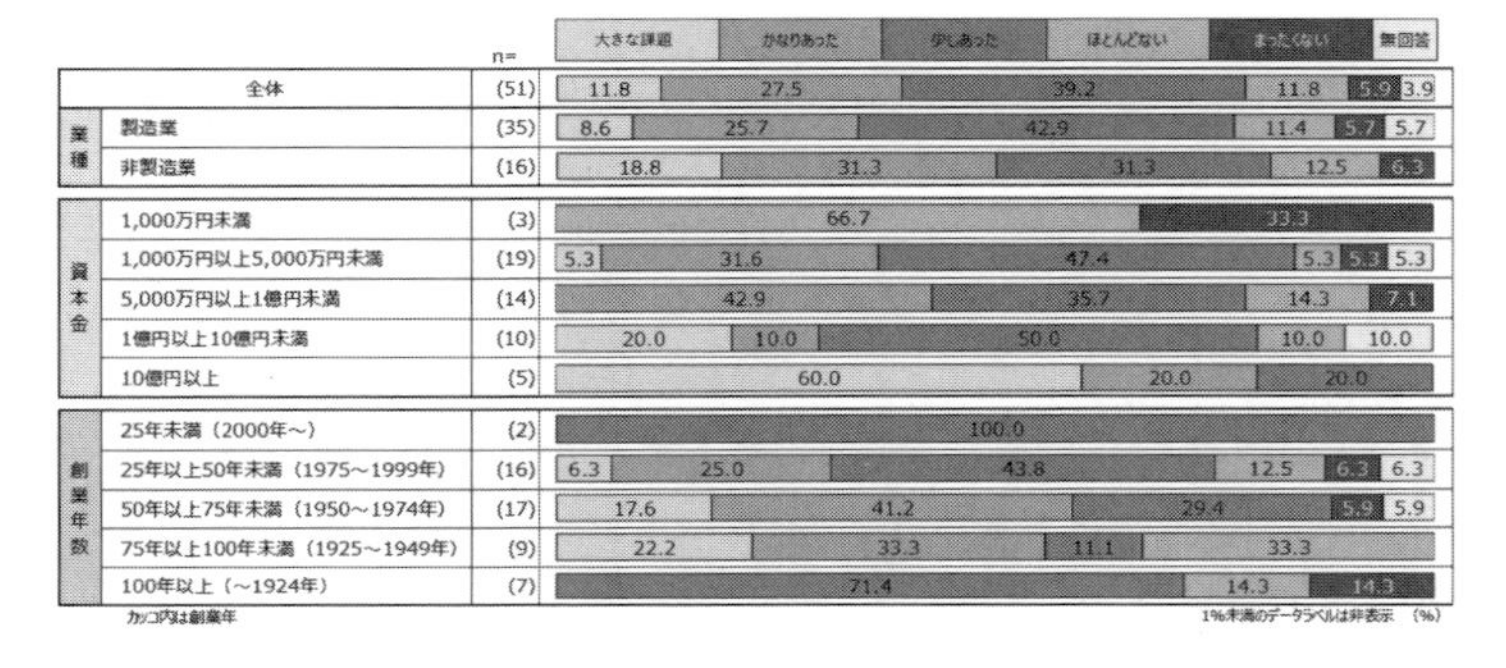

ており、共通の課題認識となっている（図表37）。

d　ロジスティックスや特約店などの流通チャネルの開拓

業種別にみると、何らかの課題があるとする割合はいずれも4割台で差はみられないが、「非製造業」は「大きな課題」が18・8％と「非製造業」よりも10ポイント以上上回っている。

資本金別にみると、何らかの課題があるとする割合は資本金規模が大きくなるほど高い傾向がみられ、「10億円以上」では100％となっている。

創業年数別にみると、何らかの課題があるとする割合は「75年以上100年未満」で3分の2を占める一方、「100年以上」は「ほとんどない」「まったくない」の合計が7割を超えている（図

図表 38

海外市場進出の課題…「ロジスティックスや特約店などの流通チャネルの開拓」

区分		n=	大きな課題	かなりあった	少しあった	ほとんどない	まったくない	無回答
全体		(51)	11.8	19.6	13.7	43.1	5.9	5.9
業種	製造業	(35)	8.6	25.7	11.4	42.9	5.7	5.7
	非製造業	(16)	18.8	6.3	18.8	43.8	6.3	6.3
資本金	1,000万円未満	(3)				100.0		
	1,000万円以上5,000万円未満	(19)		15.8	15.8	47.4	10.5	10.5
	5,000万円以上1億円未満	(14)	14.3	28.6	7.1	42.9	7.1	
	1億円以上10億円未満	(10)	10.0	20.0	20.0	40.0		10.0
	10億円以上	(5)	60.0	20.0	20.0			
創業年数	25年未満（2000年～）	(2)		50.0		50.0		
	25年以上50年未満（1975～1999年）	(16)	12.5	6.3	25.0	37.5	6.3	12.5
	50年以上75年未満（1950～1974年）	(17)	5.9	29.4	5.9	47.1	5.9	5.9
	75年以上100年未満（1925～1949年）	(9)	33.3	22.2	11.1	33.3		
	100年以上（～1924年）	(7)		14.3	14.3	57.1	14.3	

カッコ内は創業年

1%未満のデータラベルは非表示　（%）

表38)。

e 言語も含めて、広告や宣伝などの販売促進活動

業種別にみると、何らかの課題があるとする割合は「製造業」で51・4%となり、「非製造業」の37・5%を大きく上回っている。

資本金別にみると、何らかの課題があるとする割合は「5000万円以上」で5割を超え高い。

創業年数別にみると、「ほとんどない」「まったくない」の合計は「50年以上75年未満」で53・0%、とやや高い結果となっている(図表39)。

f 設備拡大など商品・サービス提供能力の拡大

業種別にみると、何らかの課題があるとする割

図表 39

海外市場進出の課題…「言語も含めて、広告や宣伝などの販売促進活動」

凡例：大きな課題／かなりあった／少しあった／ほとんどない／まったくない／無回答

区分		n=	構成比（帯の左から順）				
全体		(51)	17.6	29.4	31.4	11.8	9.8
業種	製造業	(35)	20.0	31.4	25.7	14.3	8.6
	非製造業	(16)	12.5	25.0	43.8	6.3	12.5
資本金	1,000万円未満	(3)	66.7	33.3			
	1,000万円以上5,000万円未満	(19)	15.8	21.1	47.4	5.3	10.5
	5,000万円以上1億円未満	(14)	21.4	35.7	21.4	21.4	
	1億円以上10億円未満	(10)	10.0	50.0	10.0	10.0	20.0
	10億円以上	(5)	40.0	20.0	20.0	20.0	
創業年数	25年未満（2000年～）	(2)	50.0	50.0			
	25年以上50年未満（1975～1999年）	(16)	43.8	18.8	18.8	18.8	
	50年以上75年未満（1950～1974年）	(17)	17.6	23.5	47.1	5.9	5.9
	75年以上100年未満（1925～1949年）	(9)	44.4	11.1	33.3	11.1	
	100年以上（～1924年）	(7)	14.3	42.9	28.6	14.3	

カッコ内は創業年

1%未満のデータラベルは非表示 (%)

合は「製造業」で60・0%となり、「非製造業」の37・6%を大きく上回っている。

資本金別にみると、何らかの課題があるとする割合は「10億円以上」で8割、「1000万円以上5000万円未満」7割近くに上っている。

創業年数別にみると、「ほとんどない」「まったくない」の合計は「100年以上」で42・9%、「75年以上100年未満」で33・3%とやや高い結果となっている（図表40）。

g 拡大に応じた資金調達力の強化

業種別にみると、何らかの課題があるとする割合は「非製造業」で5割に達し、「製造業」の31・5%を大きく上回っている。

資本金別にみると、何らかの課題があるとする

図表 40

海外市場進出の課題…「設備拡大など商品・サービス提供能力の拡大」

		n=	大きな課題	かなりあった	少しあった	ほとんどない	まったくない	無回答
全体		(51)	3.9	17.6	31.4	25.5	13.7	7.8
業種	製造業	(35)	2.9	25.7	31.4	25.7	8.6	5.7
	非製造業	(16)	6.3		31.3	25.0	25.0	12.5
資本金	1,000万円未満	(3)		66.7			33.3	
	1,000万円以上5,000万円未満	(19)		21.1	47.4	10.5	10.5	10.5
	5,000万円以上1億円未満	(14)		7.1	28.6	35.7	28.6	
	1億円以上10億円未満	(10)		30.0	20.0	30.0		20.0
	10億円以上	(5)	40.0	20.0	20.0	20.0		
創業年数	25年未満（2000年～）	(2)		100.0				
	25年以上50年未満（1975～1999年）	(16)		12.5	25.0	25.0	18.8	18.8
	50年以上75年未満（1950～1974年）	(17)	5.9	17.6	29.4	29.4	11.8	5.9
	75年以上100年未満（1925～1949年）	(9)	11.1	22.2	33.3	22.2	11.1	
	100年以上（～1924年）	(7)			57.1	28.6	14.3	

カッコ内は創業年　　1%未満のデータラベルは非表示　（%）

割合は「10億円以上」で6割、「5000万円以上1億円未満」で50・0%と高い。

創業年数別にみると、何らかの課題があるとする割合は「75年以上100年未満」「50年以上100年未満」で4割台となっている(図表41)。

h 海外対応や海外戦略など組織的な体制の強化

業種別にみると、何らかの課題があるとする割合は「製造業」で65・7%、「非製造業」で75・1%となり、業種にかかわらず体制強化が必要と考える企業は多い。

資本金別にみると、「1000万円以上」では何らかの課題があるとする割合が6割を超えており、資本金規模にかかわらず多くの企業が課題と

図表41

海外市場進出の課題…「拡大に応じた資金調達力の強化」

		n=	大きな課題	かなりあった	少しあった	ほとんどない	まったくない	無回答
全体		(51)	3.9	11.8	21.6	41.2	15.7	5.9
業種	製造業	(35)	2.9	14.3	14.3	45.7	17.1	5.7
	非製造業	(16)	6.3	6.3	37.5	31.3	12.5	6.3
資本金	1,000万円未満	(3)				66.7	33.3	
	1,000万円以上5,000万円未満	(19)	5.3	5.3	15.8	42.1	21.1	10.5
	5,000万円以上1億円未満	(14)		7.1	42.9	35.7	14.3	
	1億円以上10億円未満	(10)	10.0	10.0	20.0	50.0		10.0
	10億円以上	(5)		60.0		20.0	20.0	
創業年数	25年未満(2000年~)	(2)		50.0	50.0			
	25年以上50年未満(1975~1999年)	(16)	6.3		25.0	37.5	18.8	12.5
	50年以上75年未満(1950~1974年)	(17)	5.9	11.8	23.5	47.1	5.9	5.9
	75年以上100年未満(1925~1949年)	(9)		22.2	22.2	33.3	22.2	
	100年以上(~1924年)	(7)		14.3		57.1	28.6	

カッコ内は創業年

1%未満のデータラベルは非表示 (%)

捉えている。

創業年数別にみると、「100年以上」「75年以上100年未満」の業歴が長い企業では「ほとんどない」「まったくない」の合計が4割を超えやや高い（図表42）。

Ⅲ まとめ

今回のアンケート調査結果より、県外市場へ進出している企業は製造業を中心に7割に上る。売上高に占める県外取引の割合も製造業で「50%以上」が74・6%となり、「ものづくり県」である福島県の特徴がみられた。一方、海外市場へ進出している企業は製造業で26・1%となったが、全体では16・6%にとどまり、県外市場・海外市場

図表42

海外市場進出の課題…「海外対応や海外戦略など組織的な体制の強化」

		n=	大きな課題	かなりあった	少しあった	ほとんどない	まったくない	無回答
全体		(51)	13.7	15.7	39.2	17.6	7.8	5.9
業種	製造業	(35)	8.6	20.0	37.1	20.0	8.6	5.7
	非製造業	(16)	25.0	6.3	43.8	12.5	6.3	6.3
資本金	1,000万円未満	(3)		100.0				
	1,000万円以上5,000万円未満	(19)	5.3	21.1	42.1	10.5	10.5	10.5
	5,000万円以上1億円未満	(14)	28.6	14.3	35.7	14.3	7.1	
	1億円以上10億円未満	(10)	10.0	10.0	50.0	20.0		10.0
	10億円以上	(5)	20.0	20.0	40.0		20.0	
創業年数	25年未満（2000年～）	(2)		50.0	50.0			
	25年以上50年未満（1975～1999年）	(16)	6.3	12.5	43.8	12.5	12.5	12.5
	50年以上75年未満（1950～1974年）	(17)	23.5	17.6	41.2	5.9	5.9	5.9
	75年以上100年未満（1925～1949年）	(9)	11.1	22.2	22.2	33.3	11.1	
	100年以上（～1924年）	(7)	14.3		42.9	42.9		

カッコ内は創業年

1%未満のデータラベルは非表示　（%）

両方に進出している割合は全体で15・6%となっている。売上高に占める海外取引の割合も「5%未満」が4割を超えており、海外を主戦場とする県内企業はごく僅かとみられる。

県外市場・海外市場進出の課題については、取引先等の把握や適切な価格設定などに多くの回答がみられた。特に海外については言語や為替といった要素も加わることから、進出を検討する企業にとって高いハードルとなり、断念せざるを得ない企業も多いものとみられる。

企業が県外市場・海外市場への進出を検討するにあたっては、より多くの情報提供や支援が必要と考えられる。また、自社単独での取組みには限界があることから、他社と連携した共同での課題解決に期待する企業もあるとみられる。そこでの「つなぎ役」が求められるが、現状では金融機関や業界団体による支援・紹介がきっかけとなるケースは少ないとみられることから、これら関係機関の取組み強化により、県内企業のボーダーレス化・グローバル化の進展につながることが期待される。

〈参考文献〉

序　章　地域を超えて、地域に貢献する「在地超地企業」

・神田良「地域発　現場検証シリーズ　連載開始にあたって」生産性新聞　2022年4月5日号
・神田良「地域発　現場検証シリーズ　連載開始にあたって」『福島の進路』　2022年5月号　2－4頁

第1章　株式会社アリーナ

・神田良「企業訪問　株式会社アリーナ〜実装技術で世界の一歩先を目指す企業〜」『福島の進路』　2007年6月号40－42頁

第2章　株式会社ノーリン

・斎藤邦雄「時代のニーズに沿った事業展開－林業に求められているものは何か」『福島の進路』　2022年7月号　7－9頁
・「編集長インタビュー――斎藤邦雄㈱ノーリン代表取締役――これからの林業は、たくさんのチャンスがある」『財界ふくしま』　2022年6月号　58－63頁

第3章　株式会社くつろぎ宿

・神田良「3旅館を一体再生――地元ファンド設立し挑戦」『福島の進路』　2024年2月号　17－21頁
・深田智之「会津東山温泉の旅館経営を通じて感じる地方都市での街づくりとサービス　業の目指すべき方向」『福島の進路』2019年5月号　2－3頁
・一般社団法人福島県中小企業診断協会「㈱くつろぎ宿－インタビュー8」『産業復興10年を検証する』　2021年度　279－286頁

第4章　株式会社ハニーズホールディングス

・江尻義久『最旬のファッション、最速の決断、最高の満足』　2023年　ダイヤモンド社
・江尻義久「江尻義久の経営学」『私の経営学5』　2016年　商工中金経済研究所
・神田良「流行を読み、創る－帽子店から転身、挑戦44年――地域発現場検証シリーズ――」生産性新聞　2022年5月25日号
・「地域発光る企業」日本経済新聞　2024年1月18日号

・「ハニーズ——EC事業拡大」日本経済新聞　２０２３年３月17日号

第５章　大七酒造株式会社

・大七酒造株式会社『八代目太田七右衛門物語』（私家版）　２００７年
・「大七酒造（２００９年度ファミリー・ビジネス優秀賞）」『日経トップリーダー』　２０１０年５月号　36－41頁
・「起きて造って寝て売れ：大七酒造」『人事マネジメント』　２０１３年３月号　50－54頁
・「芸術の高みを極め、普遍的な価値を持つ酒を提供する：大七酒造」『財界ふくしま』　２００９年４月号　１４８－１５５頁

第６章　日本全薬工業株式会社（ゼノアック）

・福井貞一「しゃくなげの咲く時」日本全薬工業　１９８３年
・福井邦顕「しゃくなげの咲く時　Ｐａｒｔ２」日本全薬工業　２０２１年
・「動物用医薬製品製造を一筋に新製品開発で世界に挑む」『財界ふくしま』　２００９年５月号　１６４－１７０頁
・神田良「日本全薬工業——地域発！　現場検証シリーズ——」生産性新聞　２０２２年10月15日号

終　章　在地超地企業に学ぶ成長マネジメント

・高井透　神田良「ボーン・アゲイン・グローバル企業の持続的優位性に関する研究」『情報科学研究』第21号　２０１２年5－32頁
・高井透　神田良「長期存続企業から学ぶ新規事業創造」『商学紀要』第33号　２０１７年　59－91頁
・Kanda, Makoto, "Elm : The Globalization of a Rural Company", H. Hill et al, Global Business Today : Asia-Pacific Perspective 4th ed., MacGraw-Hill Australia, pp.51-53, 2016

[著者紹介]

神田　良（かんだ　まこと）
明治学院大学名誉教授

一橋大学大学院商学研究科博士後期課程修了、明治学院大学経済部教授（経営組織論、経営戦略論、人的資源管理論ほか担当）を経て、2022年に名誉教授。この間、英国 Aston University 在外研究、仏 Institute d 'Etudes Politeques Aix-en Provence、豪 Queensland University of Technology 客員教授。また、（公財）日本生産性本部、（一財）日本科学技術連盟などで調査研究を行い、東京商工会議所中央支部で老舗企業塾の創設に参加し、企業内ビジネススクールで主任講師を務めるなど、実務に近い研究教育にも従事している。現在、一般社団法人RIMSジャパン理事長、戦略研究学会理事、日本生産性本部生産性運動基盤センター統括アドバイザー、日本科学技術連盟 ISO 審査登録センター顧問。

髙井　透（たかい　とおる）
新潟国際情報大学教授

早稲田大学大学院博士後期課程修了（博士）商学 桜美林大学経済学部助教授（経営戦略論、国際経営論を担当）、日本大学商学部教授（経営戦略論、国際経営論を担当）を経て2024年4月より現職。日本大学名誉教授。現在、国際ビジネス研究学会理事、戦略研究学会理事ほか。中堅・中小・ベンチャー企業の戦略行動およびグローバル戦略を中心に研究を進めている。主な著書に『グローバル事業の創造』（千倉書房）、『東南アジアにおける日系企業の現地法人マネジメント：現地の人材育成と本社のあり方』（共著、中央経済社）、『コア事業転換のマネジメント』（共著、同文館）、『グローバル企業の市場創造』（共編著、中央経済社）ほか。

一般財団法人 とうほう地域総合研究所

とうほう地域総合研究所は、1982年に東邦銀行創立40周年記念事業の一環として「財団法人福島経済研究所」の名称にて地域経済全般に関する総合的な調査研究を行い、福島県内経済および地域社会の健全な発展に寄与することを目的に設立された。2012年に一般財団法人とうほう地域総合研究所に移行し、現在に至る。地域シンクタンクとして景気動向調査やボーナス支給額推計などの定例的な調査研究や、「キャッシュレス」「経済格差」等時宜を得た調査研究を行い、機関誌「福島の進路」誌上にて発表している。自治体や事業者に対するコンサルティングも行っており、認定経営革新等支援機関として常に経営者の立場に寄り添う伴走型の経営コンサルティングにより、企業のバリューアップをサポートしている。

コンサルティングの特徴として、「地域の、地域による、地域のための専門家集団」として2022年９月「とうほう地域総合研究所専門家プラットフォーム」を設立。「福島に由来のある、福島を愛し、福島を想う」弁護士、公認会計士、税理士、司法書士、中小企業診断士、社会保険労務士、経営コンサルタント、企業経営者など総勢40名の外部専門家で構成。福島の「地域支援エコシステム」「中間支援機構」プラットフォームとして、幅広く地域支援に取り組んでいる。

地域発 エクセレント・カンパニー

地域を超えて地域に貢献する「在地超地企業」

2025年3月10日　初版 第1刷発行 ©

著　者　神田 良　髙井 透　一般財団法人とうほう地域総合研究所
発行者　髙松 克弘
発行所　生産性出版
〒102-8643　東京都千代田区平河町 2-13-12
日本生産性本部
電　話　03-3511-4034
https://www.jpc-net.jp/

印刷・製本　サン
装丁・本文デザイン　田中 英孝

ISBN 978-4-8201-2161-9